지식재산 강국을 꿈꾸다

김명신

지식재산 강국을 꿈꾸다

초판 1쇄   2021년 11월 8일

지은이   김명신
발행인   김재홍
마케팅   이연실
디자인   현유주

발행처   도서출판지식공감
등록번호   제2019-000164호
주소   서울특별시 영등포구 경인로82길 3-4 센터플러스 1117호(문래동1가)
전화   02-3141-2700
팩스   02-322-3089
홈페이지   www.bookdaum.com
이메일   bookon@daum.net

가격   25,000원
ISBN   979-11-5622-637-6   03360

값 25,000원

ISBN 979-11-5622-637-6

지식재산 강국을 꿈꾸다

열정의 반세기, 변리사 김명신

추천의 말씀

『지식재산 강국을 꿈꾸다』의 저자 김명신 회장님을 개인적으로 가장 존경하고 있습니다.

저자는 대한변리사회 회장, 아시아변리사협회 회장, 지식재산포럼 회장, 국제라이온스협회 354복합지구 의장과 유니세프 한국위원회 부회장 등을 역임하면서 산업재산권제도, 지식재산제도, 변리사제도 및 사회봉사활동 분야에서 혁혁한 공적을 쌓아 왔습니다.

그중에서도 특히 저자는 지식재산기본법의 제정, 고등법원급의 특허법원 설립, 특허침해소송의 관할법원 집중, 변리사회관 마련, 변리사시험과목에 민사소송법 채택, 지적재산권 민사·형사판례집 발행 등을 선견지명을 가지고 주도하여 우리나라의 지식재산제도 입국으로의 기반 마련에 적극 헌신하여 오신 분입니다.

이렇게 저자는 지구가 둥글 듯이 국내적으로나 국제적으로나 사면팔통으로 지식재산제도의 발전을 위하여 혼신의 노력을 다해오신 분이라 자부합니다.

따라서 이 책은 4차산업혁명에 관심을 가지고 있는 모든 분들에게, 특히 지식재산강국을 염원하는 과학기술자, 기업인, 변리사 및 행정공무원들에게 좋은 참고서가 될 것을 확신하면서 일독을 권하는 바입니다.

대한민국 헌정회
국가과학기술자문회의
의장 이상희

오래전에는 새해 명절이 되면 집안에서 토정비결을 보는 풍습이 있었다. 그 점괘를 믿는다기보다는 웃음으로 한 해의 신수를 보면서 덕담을 주고받았던 기억이 있다. 흔히 나오는 점괘 중에 '귀인을 만날 괘'라는 것이 있었다. 김명신 회고록의 저자, 소담(素潭) 김명신 변리사는 내가 만난 귀인 중의 한 분이었다.

회고록에서는 겸손하게 표현을 했지만 나는 세 가지 관점에서 열정과 패기와 성취에 가득 찬 김명신 변리사의 일생을 언급하고자 한다.

첫째, 우리는 출생이나 성장 및 교육과정이 달랐지만 1980년대 초 대한민국이 통상 위기에 봉착했을 때 처음으로 만나서 손잡고 같이 일하기 시작함으로써 인연이 맺어졌다.

우선 한국이 처음으로 미국에 수출한 컬러 TV에 미 통상법 301조에 의한 보복을 받은 적이 있었다. 선진 각국의 정부는 물론 해당 제조업의 연합체들은 한국기업이 선진국의 지적재산권을 도용하여 제작하거나 위조한 상품을 수출하여 국제통상질서를 왜곡한다고 세차게 항의했다. 사력을 다하여 이 위기를 극복하고자 노력하는 상공부 공무원들을 돕는 과정에서 나는 김명신 변리사를 비롯한 지식재산권 분야의 지도적 인물을 많이 만나서 머리를 맞댄 일이 자주 있었다.

이러한 과정에서 우리는 의기투합하여 사단법인 한국지적소유권학회를 창립하고 국익을 위하여 같이 열심히 일한 바 있다. 이 학회는 이 분야의 전문가적인적 자원을 모두 집결하여 우리 국민의 낙후된 지적재산권에 관한 인식을 제고하고 선진국의 통상압력에 효율적으로 대응하려는 목적으로 탄생한 것이었다. 이 학회는 당시의 수준과 환경에서 첨단적이고 적극적인 교육 홍보활동 외에, 빈번하게 방한하여 항의하는 선진국의 통상사절단에 논리적으로 대응하는 역할을 해내었다. 이 과정에서 나는 배짱이 두둑하고 매사에 시원시원하고 긍정적으로 사물을 보는 김명신 변리사를 만나서 많은 도움과 협력을 받은 기억이 또렷하다. 그 후로 우리는 참으로 여러 가지 문제가 발생할 때마다 지식재산권에 관한 정책적 문제, 또는 이론적 연구, 논리적 대응, 특허청 자문 및 국제적 소통 등에 관하여 죽이 척척 맞았고 김명신 변리사의 전문가적 지원과 자문에 힘입은 바 크다. 그는 참으로 실력 있는 전문가이고 매력적 파트너였다.

사실 내가 고등고시를 합격하여 법조계로 진출했을 때에는 변리사라는 직역에 대하여 잘 알지 못했다. 당시에 상공부 특허청에 근무하다가 나와서 변리사를 하거나, 변호사가 변리사를 겸하는 경우가 많았지만, 그 전체의 숫자가 퍽 적었다. 내 주변의 변리사들은 당시 주로 일본어나 영어를 해독함을 무기로 하여 미국이나 일본의 상표 등을 한국에서 등록하는 절차를 대리하는 일이 대부분이었다. 그리고 이러한 일도 변리사를 겸한 변호사들이 두각을 나타낸 것으로 기억한다.

그러나 김명신 변리사는 당시 흔치 아니한 변리사시험 출신으로서 응분의 실무수습과정을 마치고 착실하게 독야청청 그 나름대로의 입지를 구축해온 분이어서 더욱 존경의 마음을 갖게 되었다. 험난한 일이 없지 않았지만 다양한 경험을 하면서 전문가로서 성장하는 그의 발자취를 진솔하게 담은 회고록은 그만큼 독자에게 울림을 준다. 내가 다른 일로 분주하고 한국을 떠나 있을 때에도 그가 지식재산기본법을 입법하기 위하여 바삐 뛰어다니면서도 꼭 그 경과를 알려줄 때마다 이분의 정확한 판단과 강한 집념에 늘 감복했다.

아마도 지식재산포럼을 창립하고 이를 토대로 획기적 입법을 관철함과 동시에 대통령 직속기구로서 국가지식재산위원회를 설치한 기초적 작업은 어느 나라와 비교해도 가장 바람직한 김 변리사의 최고의 업적으로 길이 남을 것이다. 회고록의 이 부분은 사료(史料)로서의 가치도 충분하다고 본다.

둘째로 나는 서슴없이 김 변리사의 일생을 가난하고 병든 사람들을 돕는 자선후원활동으로 가득 찬 본보기로 내세우고 싶다. 원래 그는 라이온스클럽에 일찍부터 관여하여 누구도 흉내 내기 어려운 여러 가지 활동을 수행했다. 국내와 북한은 물론 미얀마 등 외국에까지 손을 뻗어 가면서 그가 라이온스의 세계적 지도자로서 이룩한 업적은 참으로 괄목할만하다. 라이온스를 통한 한 가지 봉사만도 버거운데, 내가 간곡하게 권유했더니 유니세프에도 적극적으로 관여하게 되면서 그와 내가 다시 긴밀하게 협업하는 과정이 복원되었다. 나는 참으로 고마움과 든든함을 느꼈다.

유니세프 한국위원회는 김 변리사의 탁월한 추진력, 기획력, 친화력은 물론 여러 가지 당면 문제에 대한 풍부한 경험을 토대로 오랜 현안문제를 하나씩 풀어나갈 수 있었다. 그는 사옥이 좁아서 야기되는 많은 문제를 마포에 있는 큼직한 건물을 매입하는 결단으로 일거에 해결하였다. 세입자를 내보내는 어려운 일을 전담하여 해결하고 온갖 난관을 무릅쓴 채 건물의 용도변경, 개보수, 시설현대화 등을 이룩하여 쾌적한 업무공간을 마련했다.

그는 내가 이사로 모신 후 필요한 경우에는 임시 사무총장이나 부회장 또는 현안의 조사위원장 등 어려운 임무를 부탁할 때마다 흔쾌히 수락하여 일을 시원하고도 신속하게 처리하여 주었다. 그가 보여준 업무추진능력, 안목, 판단 능력은 아마도 유니세프 한국위원회가 기반을 다지고 미래로 뻗어나가는 데에 큰 보탬이 될 것으로 믿는다. 유니세프에 30년간 봉사한 내가 임기를 마치기 전에 본보기로 기부를 했더니 곧바로 그도 명예의 전당에 이름을 올릴 만큼의 거액을 출연하여 부탄의 어린이들의 교육 개선에 커다란 도움을 주었다. 재능기부 외에 거액의 현금기부까지 함으로써 기업인이나 연예인도 아닌 분이 가난하고 병들고 교육기회가 박탈된 어린이들에게 특별하게 마음을 쓰는 것에 감복하지 않을 수 없었다. 그가 유니세프에 정성과 열의를 가지고 기부를 하고 모범을 보인 발자취는 오래도록 기억될 것이다. 회고록은 이 부분을 아주 겸손하게 기록하고 있다.

셋째로 김 변리사는 자신의 전문분야는 물론 자선활동에서도 국제사회에 우뚝 선 문자 그대로의 국제적 인물이다. 라이온스나 유니세프는 국내 봉사는 물론 외국에서 지원과 봉사가 더 요청되고 있다. 그는 이러한 상황에서 탁월한 교섭력을 발휘하여 후원을 받는 후진국의 장애요인을 극복하고 효율적인 원조에 앞장섰다. 항상 그의 희생적 활동에는 국제적으로 울림이 있다.

전문분야에서는 2000년에 아시아변리사협회 회장으로 당선되어 그가 펼친 지식재산제도의 발전을 위한 줄기찬 노력, 변리사제도와 산업재산권제도의 개선을 위하여 그가 제시한 거창한 포부와 탁월한 식견 및 누구라도 우러러보는 리더십에 탄복하지 않을 수 없게 된다. 우리가 한참 같이 활동하던 시기에도 열심히 일본어와 영어를 공부하고 바쁜 중에 중국어를 연습하는 모습은 그가 국제적 지도자로 자리매김을 하게 된 이유의 편린을 엿볼 수 있게 한다.

이 나라를 지식재산강국으로 만들고자 반세기 이상 몸 바친 열정의 지도자인 김명신 변리사는 청년시절부터 품어온 지식재산 강국의 꿈을 위하여 일생을 달려온 지식재산전도사라고 할 수 있다. 김명신 회고록, 『지식재산 강국을 꿈꾸다』는 우리나라의 대표적 지식재산전도사의 귀중한 기록이므로 널리 읽히기를 바라면서 이 귀한 회고록에 대한 추천의 말씀으로 갈음하고자 한다.

국제형사재판소 전(前) 소장
유니세프한국위원회 전(前) 회장

송 상 현

축사

일반인들이 변리사가 무슨 업무를 취급하는지도 모르던 1969년에 변리사시험에 합격한 김명신 씨는 대한변리사회 회장과 아시아변리사협회 회장 등 중책을 역임하면서 변리사제도, 지식재산제도에 많은 발전과 개혁을 이루었고, 특히 2011년 7월부터 시행된 지식재산기본법의 제정 운동을 주도하였을 뿐만 아니라, 사회봉사활동에도 남다른 봉사업적을 달성하여 사회지도층의 모범이 되었습니다.

지식재산 강국을 꿈꾸어 온 김명신 변리사의 열정의 50년은 우리나라의 국가생존전략을 수립하는 기초 작업의 일부라고 생각합니다. 이러한 시대적인 배경에서 나온 이 책의 발간에 즈음하여 이공학을 전공한 기업인의 한 사람으로서, 진심으로 축하하여 마지않습니다.

한편, 영국과 캐나다처럼 산업재산권과 저작권을 한 개의 정부조직에서 취급하여 시너지효과를 극대화하여 앞으로 다가오는 디지털경제시대에 미리 대비하면 좋겠다는 점을 국가지식재산위원회 위원장을 하면서 느꼈으며, 국가지식재산위원회가 대통령 직속기구인 만큼, 국가지식재산위원회의 의결사항이 대통령에게 반드시 보고되면 좋겠습니다.

끝으로 우리나라가 지식재산 강국으로 나아가는데 이 책이 좋은 참고서가 되기를 바랍니다.

국가지식재산위원회
전(前) 위원장 윤종용

축사

지난 반세기 김명신 변리사님은 우리나라가 선진국으로 도약하기 위해 반드시 준비해야 했던 산업재산권제도를 비롯한 지식재산제도 전반에 걸친 개선 작업에 지대한 공적을 남김으로써 우리나라의 산업발전의 토대를 마련하였음을 인정받아, 그 공로로 대통령의 동탑산업훈장과 은탑산업훈장을 수상하였습니다.

또한 김명신 변리사님은 대한변리사회 회장과 아시아변리사협회 회장을 역임하면서, "자기 직업에 긍지를 가지고 근면 성실하게 힘써 사회에 봉사한다."라는 라이온스 윤리강령을 실천하여 지역사회와 인도주의 봉사에도 앞장선 참봉사인으로서, 국제적으로 한국인의 위상을 드높인 점도 우리 모두가 본받아야 할 것입니다.

특히 김명신 변리사님은 국제라이온스협회를 창설하신 멜빈 존스(Melvin Jones) 씨의 "남을 위해 훌륭한 일을 시작할 때까지는 결코 성공하였다고 할 수 없다"라는 명언과, 맹농아의 장애를 극복하고 크게 성공하신 헬렌 켈러(Hellen Keller) 여사의 "혼자서 이룰 수 있는 것은 적지만, 함께하면 많은 것을 이룰 수 있다"라는 명언을 몸소 실천하면서 라이온스활동을 통하여 미얀마, 중국, 네팔 등 국내외에 걸쳐 5,316명에게 무료안과수술을 해 온 주역이었습니다. 또 라이온스 불모지인 미얀마에 2개의 라이온스클럽을 창립하여 스스로 어려운 이웃들을 돕도록 지도하였으며, 2001년~2002년에는 국제라이온스협회 354-A지구 총재와 354복합지구 의장을 겸직하여 성공적인 임기를 마치고 라이온스 최고훈장인 친선대사상까지도 수상하였습니다.

　더욱이 김명신 변리사님은 2020년 유니세프 한국위원회 부회장 재임 시, 후원자 415,000명으로부터 1,246억 원을 기부받아 전 세계 개발도상국 어린이들을 위하여 봉사함으로써, 인구대비 전 세계의 최고금액을 모금하도록 지도하여 신기록을 수립하였습니다.

　지난 반세기 동안, 특히 지식재산제도의 발전을 위해 동분서주하신 김명신 변리사님의 발자취가 고스란히 담긴 회고록의 발간을 진심으로 축하드립니다.

국제라이온스협회
전(前) 회장 최 종 열

차 례

제3편 사회봉사 활동으로

열정의 반세기, 변리사로서

내 고향 경상북도 포항은 나의 유년기에는 특별한 생산품이 없는 바닷가 도시였지만, 지금은 세계적으로 널리 알려진 포항제철이 자리 잡은 철강산업 도시로 발전하였다. 6·25 전쟁 직후 초등학교 4학년 때 유니세프(UNICEF)에서 원조해 준 분말 우유와 밀가루를 먹고 자라면서 '내가 이다음에 커서 어른이 되면 나보다 어려운 사람들을 도와주겠다'고 스스로 다짐하였다.

나는 비교적 평범한 가정에서 자랐다. 대학원 재학 시 은사님의 권고로 변리사시험에 응시하여 합격한 것이 계기가 되어 지금까지 50년간 평생 변리사로 일하여 왔다. 변리사라는 직업은 새로운 기술을 개발한 사람들에게 독점적인 권리를 부여하고 이에 관련된 심판이나 소송을 대리하는 직업이다 보니 나는 항상 어떤 조직이나 제도를 보더라도 능률적인 조직과 보다 나은 제도를 생각하면서 여러 가지 건의를 하게 되었는데, 운 좋게도 나는 주위 사람들의 적극적인 협조를 얻어 내가 추진한 모든 일들이 대부분 성공을 거두게 되었다.

이제 은퇴를 앞두고 내가 지난 50년 동안 변리사로서 무엇을 하고 살아왔는지 되돌아보면서 잊혀가는 기억을 하나씩 더듬어 정리하여 보았다. 대개 다른 사람들의 이러한 글들은 자신이 체험한 여러 가지 일들을 미화하여 소개하고 있으나, 나는 사실 그대로를 기재하면서 특히 내가 잘못하였던 부분까지도 공개하여 다른 사람들에게 참고가 되도록 노력하였다. 뭐 그리 자랑할 만한 일은 별로 없다 할지라도 항상 최선을 다하면서 살아온 삶이 아니었나 되새겨 보면서, 미래의 우리나라가 지식재산 강국으로 우뚝 서는 것을 꿈꾸어 보며, 아울러 우리 후배들이 사회 봉사활동을 하는 데에 조금이라도 참고가 되었으면 하는 마음으로 이 책을 엮어보았다. 그동안 코로나19와 무더위 속에서도 나와 함께 원고 정리하느라 수고해준 이영신 대한변리사회 전(前) 사무차장과 도서출판 지식공감의 김재홍 대표 및 편집진 여러분께도 감사 인사를 드린다.

특히 지금까지 살아오면서 부족한 나를 도와준 많은 분들께 감사를 드리며, 6남매 장남의 아내로서 온갖 어려운 일을 겪어오면서도 항상 나를 믿고 평생을 헌신하여 온 아내에게 더없이 무한한 사랑과 감사의 마음을 전한다.

서울 연희동 寓居에서

소담(素潭) 金明信

김 명 신

제1편
지식재산제도 발전을 위한 열정의 반세기

제1장
—
변리사가 되어서

지식 재산
강국을
꿈꾸다

상공부 특허국에서의 변리사 실무연수

　나는 1969년 제8회 변리사시험에 합격해 변리사의 길을 걷게 되었다. 당시에는 시험에 합격해도 특허국이나 변리사사무소에서 1년간 실무연수를 받은 후, 최종 실무전형 시험에 합격하여야 변리사 자격을 취득할 수 있었다. 당시 모 변리사사무소에 취직하여 일하면서 실무수습을 마치려 면접까지 보기도 했었다. 하지만 "실무를 가르쳐주므로 연수비를 받아야 하겠지만, 그럴 수는 없으니 무보수로 1년간 일하려면 하라."고 말하는 변리사 선배의 무정함에 탄식을 금할 수 없었다. 결국 무보수로 변리사사무소에서 1년간이나 일하느니 차라리 서울 광화문에 있던 고려빌딩 내 상공부 특허국에서 실무를 배우는 것이 낫겠다는 결론을 내렸다. 특허국 직원들과 친분도 쌓을 겸, 나와 시험합격 동기인 이수웅 씨와 함께 1년간 무보수로 일하게 되었다.

　그렇게 1년간의 실무수습을 마치고 변리사 실무전형시험을 치렀는데, 같이 수습을 받은 이수웅 씨와 나는 불합격하였다. 이 당시 선배 시험위원들은 변리사시험에 응시하는 수험생을 동업계의 경쟁자로 인식하고 있었던 게 아닌가 짐작된다. 특허 실무전형시험 문제는 흔히 있는 주전자에서 물이 나오는 구멍 부분이 세상에서 처음 개발되었다고 전제한 후 그 부분을 특허청구범위로 기재하여 명세서를 쓰라는 것이었다. 주전자에서 물을 따를 때 약간 기울여도 물이 흘러넘쳐 나오지 않도록 설계한 것과, 물이 나오는 주둥이 출구의 단면이 타원형으로 되어 있어 그릇 바깥쪽으로 넘쳐 흐르지 않게 되는 것이 기술의 핵심이나, 이를 기술적으로 표현하기엔 여간 어렵지 않았다. 결국 미숙한 명세서 작성으로 실무전형시험에 불합격하여 우리 두 사람은 1년을 재수하게 되었다. 지금도 양은 물주전자를 보면 그때의 추억이 떠올라 그다지 유쾌하지 않다.

변리사 실무전형시험 과제 주전자

이와 관련하여 나의 뇌리에는 항상 떠나지 않는 숙제가 남게 되었다.

나는 법대를 나와 변리사시험에 합격하여 변리사로 활동하여 왔으나, 전문기술 분야의 지식이 없이 일하여 왔기 때문에 그야말로 절름발이 변리사였다. 실무전형 시험 때의 물주전자에 관한 특허명세서 작성이 바로 그 좋은 예이다. 과연 변호사가 변리사법에 따라 변리사의 자격을 자동으로 취득하는 것이 바람직한 것인지? 또 이렇게 취득한 자격으로 과연 의뢰인으로부터 수수료를 받고 기술 분야의 업무를 제대로 대리할 수 있을는지?

나는 지금까지 특허법원에서 상표사건 이외에 특허사건에 관한 변론을 한 건도 해 본 적이 없는데, 그 이유는 내 양심에 거리끼기 때문이었다. 변리사, 세무사 등 제도가 발전하기 이전 초창기에는 사회 지도층이었던 변호사에게 다른 전문직의 자격까지 자동으로 부여하여도 어쩔 수 없는 상황이었다. 그러나 사회가 발전하면서 각종 전문직도 발전하고 있으며, 각종 자격사들은 수시로 바뀌는 법령과 제도와 실무에 대해서 연수를 받아가며 일하고 있다. 더구나 변리사의 경우, 각 전공 분야별로 사건을 수임하여 처리하고 있다. 이에 반하여, 변호사는 자동으로 자격을 취득하면서, 더욱이 아무런 연수도 받지 않아도 된다고 주장하는 것은 시대의 조류에도 역행할 뿐만 아니라, 실제로 수행할 수 없는 업무를 하겠다는 주장으로밖에 들리지 않는다.

또 다른 예를 들어보면, 나는 대학원에서 상법을 전공하여 석사학위를 취득하였는데, 당시에는 상법을 전공하여 석사학위를 받으면 세무사 자격을 자동으로 취득하였기 때문에 나도 세무사 자격을 가지고 있다. 그렇다고 한국세무사회에 입회하지도 않고, 수시로 바뀌는 법령이나 제도에 대하여 연수도 받지 아니한 채 세무사 업무를 수행한다고 하면, 수입에는 도움이 될지 몰라도 부실한 업무처리로 결국 국민들을 기만하는 행위가 되어버릴 것이다.

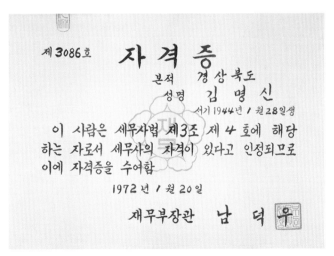

세무사자격증

어떤 분야든 초보자는 자신이 무엇을 모르는지 모르나, 경륜이 쌓여 가면서 전문가가 되면 그때에는 자신이 어떤 부분이 부족하며 무엇을 모르는지 비로

소 알게 된다. 따라서 이제는 변호사가 더 이상 변리사 자격을 덤으로 취득하는 법 규정이 삭제되어야 할 시기가 되었다고 생각된다.

1970년에 나는 고려대학교 선배인 임석재 변리사의 사무소에 취직을 하였으며, 변리사시험 동기생인 이수웅 씨는 하상구 변리사의 사무소에 취직해 일하면서 변리사 실무전형시험 준비를 하게 되었다.

대학교 시간강사 생활

나는 장래에 필요하지 않을까 생각되어 대학교의 시간강사 경력을 쌓아 갔다. 그중 한 곳은 경기도 고양시 화전에 있던 한국항공대학이고, 다른 한 곳은 강원도 춘천에 있는 강원대학교, 그리고 고려대 경영대학원이었다.

한국항공대학에서는 법학개론을 가르쳤고, 강원대학교에서는 법학개론과 영문 법률 서적 강의를 맡았다. 한국항공대학의 시간강사는 고려대 선배께서 강의하시다가 이탈리아로 박사학위 과정을 밟기 위하여 유학을 가시는 바람에 난 자리였는데, 강사료가 아주 적었던 것으로 기억된다. 강원대학교는 청량리에서 완행 기차로 오갔는데, 가고 오는 시간에 공부는 물론이고 강의 준비까지 하면서 다녔다.

특히 강원대학교 4학년에 재학하던 길인배라는 학생은 시각장애인이었으나 영어성적이 우수하였는데, 후일 강원대학교에서 법학박사 학위를 취득하였으며, 지금은 춘천에서 길인배침술원을 운영하고 있다.

고려대학교 경영대학원에는 공업소유권법(이후에 '산업재산권법'으로 명칭이 바뀜) 시간강사로 나갔었는데, 이 시기가 1979년부터 1984년까지다. 고대 경영대학원의 공업소유권법 과목은 석사 코스와 연구생 코스로 채택된 과정이었는데, 전방에서 사단장으로 근무하던 육군 소장이 승진에 도움이 된다고 하여 군사훈련으로 땀에 젖은 야전복을 입은 채 석사학위를 받기 위하여 저녁 시간에 졸면서 공부하던 모습이 특히 인상에 남는다.

또 연구생 코스의 한 학생은 수업에도 출석하지 아니하고 학기말 시험 때도 나타나지 않았음에도 불구하고 내 사무소까지 찾아와서 학점을 달라고 애걸하였으나, 단호하게 거절하여 보낸 기억이 새롭다.

변리사자격증(1971. 9. 2.)

변리사사무소 개업

나는 1971년 9월에 뒤늦게 변리사 자격을 취득하여, 그 이듬해에 변리사사무소를 개업하였다.

이 시기에는 '변리사'를 '병아리 감별사'와 혼동하는 사람들이 꽤 있을 정도로 일반인은 물론이고 기업에서조차도 변리사라는 직업이 생소하던 때였다. 서울시청 앞에 있던 삼정빌딩에 간판은 걸었지만, 사건이 없었다. 사건을 개척한답시고 국내회사라도 방문하면, 바로 변리사 선배들이 '왜 내 고객 회사를 접촉하느냐'고 항의 전화가 오기도 하였다.

이런 상황에서 할 수 있는 일이란 전 세계를 돌아다니면서 특허나 상표사건을 유치하는 수밖에 없었는데, 나는 이공계의 기술적인 배경도 없이 운 좋게도 과도기 때 자격을 취득하여 변리사로서 성공할 수 있는 기회를 가질 수 있었지 않았나 생각된다.

변리사로 일하는 동안에 많은 일들이 있었지만, 특별히 기억나는 몇 가지만 소개하여 본다.

라텍스 완구

1973년 여름, 변리사사무소 운영만으로는 사무소를 유지하기가 어려워 라텍스 고무로 만든 풍선에 라텍스 고무줄을 달아 손으로 튕기면서 노는 놀이 완구를 개발하여 제조·판매하게 되었다.

실용신안과 의장(현행 법제의 '디자인')으로 등록하고 서울 도봉구 방학동에 있는 라텍스 고무장갑공장에서 제조하게 되었는데, 이 공장주는 외가로 6촌 누나의 남편과 친구였다.

이 제품은 여름철 바닷가에서 어린이들이 좋아하는 인기 품목이어서 엄청난 수요가 있었으나, 미처 물량을 제대로 공급하지 못하여 많이 팔지는 못하였다. 일일이 바닷가에 있는 소매상들을 상대할 수 없어 쩔쩔매던 시기에 서울 남대문시장에 있던 완구도매상이 접근하여 왔다. 처음에는 사전에 대금을 선불로 지불하다가 차츰 영업실적을 올리면서는 조금씩 외상거래를 하게 되었다. 나중에 외상거래액이 점점 커지게 되자 약속어음을 받게 되었고, 급기야는 완구도 매상이 부도를 내버렸다. 엄청난 손해가 났다고 생각하면서, 결산을 해 보니 미수금이 수익금이었고 라텍스 풍선 제조장치가 남았으며, 그동안 번 돈으로 생활을 하였으니 적자는 아니었다. 이 라텍스 풍선 제조장치는 공장주에게 무상으로 주어 버리고 사업을 정리하게 되었다. 이때 얻은 경험은 제조업이 사업 운만 닿으면 그 수익금이 엄청나다는 것이었다.

외국 여행

1974년 아시아변리사협회(APAA) 정기총회가 소공동의 반도호텔(지금의 롯데호텔 자리)에서 열렸다. 난생처음 국제회의에 참석하여 앞으로 내가 어떻게 변리사 활동을 펼쳐 나가야 할 것인지를 생각해 보게 되었다. 막상 국제회의에 참석하여 보니 나는 영어도 일본어도 의사소통이 제대로 되지 않아 스스로 실망할 수밖에 없었다.

변리사 업무는 국제적 교류가 필연적이라서 빈번히 외국을 왕래하게 된다. 외국에 나가려면 여권이 있어야 하는데, 70~80년대 당시에는 복수여권은 상상도 할 수 없었던 때였다. 심지어 단수여권조차도 정부에서 외화 부족으로 엄격하게 통제하던 때여서 국제회의가 열리면 회원들끼리 가위, 바위, 보로 한두 명을 스스로 정하여 여권을 신청하였다. 또 여권을 받았다 해도 비자 때문에 다시 고생하던 시절이었다. 특히 신용카드가 없던 시기에 미화 5백 달러 이상을 소지하고 출국할 수 없어서 해외여행에서의 애로는 이루 말할 수 없었다.

어쩌다 외국에 나가게 되면, 여비를 절약하려고 주중에는 업무 때문에 어쩔 수 없이 호텔에 숙박하다가 주말에는 방값이 싼 모텔로 옮겨 그동안 밀렸던 빨래를 하였다. 술이라도 한 잔 마시고 손빨래를 하다 보면, 제대로 세척이 될 리가 없었다. 그래서 세탁비를 절약하려고 내의, 양말, 와이셔츠를 여러 벌 가지고 나가는 바람에 자연히 큰 가방 2개를 가지고 출국하게 되었다. 그런데 당시에는 지금과는 달리 큰 여행용 가방에 바퀴가 없어 무거운 가방을 직접 들어서 운반할 수밖에 없었다. 더구나 큰 여행용 가방 안에 달러를 넣어 두었기 때문에, 가방을 더욱 소중하게 다루지 않으면 안 되는 시기였다. 특히 일본 도쿄에 있는 중앙역은 층수가 무려 5층이나 되는데, 그 무거운 여행용 가방을 양손에 들고 운반하다 보면 중노동도 보통 중노동이 아니었던 기억은 지금도 잊히질 않는다.

당시 일본의 물가는 왜 그리 비쌌던지 서서 먹는 라면 이외에 식당에서 앉아서 주문하는 메뉴는 비싸서 내 수준으로는 사 먹을 수가 없었다. 어려운 형편에 모처럼 여권을 취득하여 나간 해외여행이라 되도록 많은 사람들을 만나고자 휴식시간과 식사시간까지 쪼개어 촘촘한 일정으로 동분서주했다.

세계 각국의 시골까지 누비고 다녔으니 지금 생각하면 초인적인 노력이었다. 저녁 늦게 호텔로 돌아와 너무 피곤하여 옷을 입은 채 잠들기도 하였고, 다음 날 아침에는 식사할 시간도 없어서 고양이 세수를 하고 사람들을 만나기도 했다. 또 약속 시간에 맞추려 점심도 제대로 먹지 못한 적이 한두 번이 아니었다. 외국 지리에 어두워 약속장소를 먼저 찾고 난 뒤에 점심 식사를 하게 되면 시간이 부족하였기 때문에 어쩔 도리가 없었다. 언젠가는 미국에서 40여 일을 여행한 후, 귀국 때 잠시 도쿄를 들렀는데, 수면 부족에 식사도 제 때에 못 하면서 얼마나 스트레스를 받았던지 수면 시 환청이 생기고 숨이 막혀 잠을 잘 수가 없었던 경험도 있었다. 뉴욕에서는 지하철을 이용할 줄 몰라서 동서남북으로 택시로 하루종일 움직이다 보니 엄청난 택시비를 지불한 적도 있었다.

건물의 종이 무게

1988년에는 특허청이 서울 강남 테헤란로에 있는 풍림빌딩에 세 들어 있었다.

당시 건물주인 풍림산업(주)는 특허청이 가지고 있던 각종 서류와 책 등 종이 무게로 건물에 균열이 생겼으니 하루빨리 임대계약을 취소하고 나가 달라고 하던 때였다.

이 얘기를 듣고 나는 종이 무게를 줄일 획기적인 아이디어가 떠올랐다. 그것은 다름 아닌 특허청에 제출하던 서류의 종이 규격을 B5 크기에서 A4 크기로 늘리고, 제출하는 종이 규격 내의 사각선을 폐지하며, 특허 출원 시 첨부하던 주민등록 등본과 회사등기부 등본을 첨부하지 않도록 하는 것이었다.

당시 특허출원을 할 때에는 특허출원 명세서를 적어도 5부를 만들어야 하였는데, 심사관 심사용 1부, 공개공보용 1부, 공고공보용 1부, 대리인사무소 보관용 1부, 의뢰인 송부용 1부였다. 5부를 만들 때는 먹지를 대고 수동타자기나 전동타자기로 힘껏 눌러 타이핑해야 했기 때문에 타자하는 여직원들은 퇴근 시간이면 누구나 찬물에 손가락을 담가 냉찜질을 하곤 하였다. 더구나 명세서 각 장마다 반드시 간인(間印)을 날인하도록 하였으니 그 수많은 서류에 간인만 날인하던 여직원들은 몇 달만 근무하면 진력이 나서 사표를 제출하곤 하였다.

당시 박홍식 특허청장과 국장들에게 설득할 때에, 남자 심사관들의 부부싸움 횟수를 줄이기 위하여도 간인제도를 폐지하여야 한다고 하였더니 모두 의아해하였다. 심사관들이 매일 심사를 할 때에 많은 특허명세서 서류들을 넘기다 보면, 와이셔츠에 인주가 저절로 묻게 되는데 심사관 아내들은 이를 립스틱으로 오해할 수 있다고 푸념하자 폭소가 터져 나왔으며, 국제적으로 보아도 이제는 간인제도를 가지고 있는 나라가 없다고 설명하였다. 이런 과정을 거치며 특허청을 이해시키고 다음으로 총무처 국장들을 설득하여야 했다.

드디어 특허출원 시 사용하던 종이 규격과 정부에 제출하는 모든 종이 규격이 B5에서 A4로 바뀌었고, 사각선 내에 타자하던 제도도 폐지되었으며, 간인을 날인하지 않아도 되었다. 또 글자 정정 시 그 줄의 우측 가장자리에 '몇자 정정'이라고 기재한 후 날인하던 제도도 폐지하였으며, 정부에 민원서류 제출 시 반드시 첨부하였던 회사등기부 등본이나 주민등록 등본도 첨부하지 않아도 되었다.

결국 외화가 부족한 가운데 종이 원료인 펄프를 수입하던 시대에 종이 사용도 절약하였지만, 건물의 무게도 획기적으로 줄이게 되었으며, 간인만 날인하던 여직원들도 기계적으로 반복하던 날인 작업에서 해방될 수 있었다.

사무기기의 발달

1972년 변리사사무소를 개업하여 외국 고객과 긴급한 사항을 연락할 때에는 국제전보를 이용하였다. 당시 국제전보의 요금은 수신인의 주소를 포함한 글자 수로 계산하였기 때문에 글자 수를 줄이기 위하여 우편 주소가 아닌 전보용 주소(Cable Address)를 미리 전신국에 등록하여 이용했다. 그런데 내 사무소의 전보용 주소는 "KMSPAT,SEOUL,KOREA"였다. 당시에는 국제전보에 사용하는 글자 수를 줄이기 위하여 예를 들면, "I LOVE YOU"는 "I LOV U","I RECEIVED YOUR LETTER"는 "I RCVD YR LTTR"로 표기하였는데, 글자 수를 너무 생략하다 보니 서로 이해할 수 없는 경우도 가끔 있었다. 그 후 텔렉스(Telex)라는 국제전신용 기계가 시중에서 판매되어 굳이 전화국이나 전신국에 가지 않고도 편리하게 사용할 수 있게 되었다. 하지만 이 텔렉스 역시 글자 수가 많으면 사용시간이 길어져서 요금이 많이 나오기 때문에 국제전보처럼 되도록 약자를 많이 사용하였다.

1987년에 텔렉스(Telex)의 가격이 약 700만 원으로 꽤 비쌌으나, 국내 변리사사무소에 몇 대밖에 없는 텔렉스를 구입하게 되었다. 뉴욕의 한 고객은 날짜에 쫓겨, 명세서는 텔렉스로 보내고 도면은 대한항공 승무원 편으로 보내어 직원이 김포공항에서 도면을 찾아온 적도 있었다. 이메일이 없던 시기라 어쩔 수 없었다. 팩시밀리(Facsimile)는 훨씬 뒤에 나온 기계였다.

텔렉스

팩시밀리

도시바(東芝)와의 인연

도시바(東芝)와 인연은 1987년에 우연히 생겼다.

1987년에 우리나라의 지식재산권법이 대폭 개정되었고, 나는 당시 고려대학교 경영대학원에서 '산업재산권법'에 관한 강의를 하고 있었다.

1987년 8월에 일본 통상산업성(通商産業省) 산하 통상산업조사회(通商産業調査会)에서 한국의 개정된 특허법, 상표법에 관한 강의를 나에게 요청하여 도쿄에서 한 번, 오사카에서 한 번 강의한 적이 있다. 이 강의가 인연이 되었다고 하면서 그해 11월에 가부시키가이샤 도시바(株式會社 東芝), 외국출원 담당 이마이 가즈히사(今井 和久) 과장이 갑자기 서울시청 앞에 있던 내 사무소를 방문하였다. 방문 목적은 도시바의 계류 중인 특허 사건과 향후 신규 특허 사건 전부를 맡아 달라는 것이었다.

너무나 의외의 제안이었기 때문에 무척 놀랐다. 나는 지금 당장 일본어로 회화도 되지 않는 데다가 전자공학 전공도 아니어서 도시바(東芝)가 불편할 것이라고 실토하였음에도 불구하고 이미 모든 사정을 알고 있다는 것이었다. 그렇다면 한국 변리사업계에도 직업윤리가 있으므로 계류 중인 사건은 종전의 사무소에서 처리하고, 신규 특허 사건은 기꺼이 받아 최선을 다하여 취급하겠다고 답변하였다.

그리고 한 달쯤 지나 도시바(東芝)에서 서신이 도착하였다. 본사에서 회의한 결과, 내가 비록 전자공학 전공도 아니고 당장 일본어로 통신도 안 되지만, 한국 변리사업계의 선배 입장을 고려하여 신규사건만 받겠다는 그 매너에 큰 점수를 주게 되었다고 하면서 가전계통의 모든 특허 사건을 보내도록 결정하였다는 것이었다. 다만 전자전공 변리사와 직원을 채용하고, 사건보고는 일본어로 해달라는 조건이 있었기 때문에 공판타자기로 느린 속도였지만 모든 보고서는 일본어로 보내게 되었다. 후일 알게 되었지만, 반도체 관련 사건은 고(故) 김윤배 변리사사무소로 보내고 있었다.

도시바(東芝)와의 인연으로 나는 매일 일본어를 열심히 공부하게 되어 지금까지 34년간 일본어 공부를 이어오고 있다. 그 후 본사인 가부시키가이샤 도시바(株式會社 東芝)뿐만 아니라, 관련 자회사의 특허 사건들을 모두 취급하게 되어 사무소의 운영에 큰 보탬이 되었다. 그리고 이때에는 삼성전자(주)의 상표사건도 취급하고 있었는데, 당시 고등학교 동기동창인 Y가 삼성전자(주)의 종합기획관리실장으로 재직하고 있었다.

어느 날 도쿄에 있는 도시바(東芝) 본사에서 이마이 가즈히사(今井和久) 과장을 만난 자리에서 현재 내가 삼성전자(주)의 상표사건을 취급하고 있는데, 도시바(東芝)와 직접적인 이해충돌은 없지만, 삼성전자의 상표사건 취급을 그만두어야 할 것 같은데 어떻게 생각하는지 의견을 물어보았더니, 특허 사건이라면 이해충돌이 있어서 안 되겠지만 상표사건은 상관없다고 하였다.

귀국 후 상도의상 삼성전자의 상표사건의 취급을 포기하여야 할 것 같다고 Y 실장에게 말하였다. 이 시기에는 삼성전자의 특허 사건이 그리 많지 않았다. 그랬더니 Y 실장은 내가 도시바(東芝) 특허 사건을 취급하면서 삼성전자의 특허 사건은 취급할 수 없으나, 상표사건은 취급하여도 아무런 문제가 없다고 확답하였다. 그리고 당시 삼성전자의 상표를 세계 각국에 출원 중이었기 때문에 이런 업무를 중지하면 나에게 큰 손해가 생길 것이라고 충고까지 하여 주었다. 하지만 끝내 나는 삼성전자의 상표사건을 포기하였는데, 결과적으로 도시바(東芝) 측에는 보다 많은 신뢰를 구축하게 되었지만, 이로 인해 삼성전자로부터 얻었을 더 많은 수입은 놓친 셈인지 모른다. 그러나 사람이 살아가면서 자신의 본분에 맞는 욕심을 가져야지 너무 많은 것을 얻으려다 보면 오히려 더 많은 것을 잃어버리는 경우도 많이 봐 왔다. 도시바의 배려로 크게 성공할 수 있게 된 점에 대하여 지금도 감사하고 있다.

검정색 치즈

1988년에는 국내 D 회사가 화장비누에 사용하고 있던 '샤넬' 상표에 대하여 프랑스의 샤넬(주)가 상표등록 갱신무효 소송을 청구하여 이 사건을 내가 대리하여 대법원에까지 상고하여 승소하게 되었다. 그래서 샤넬(주)의 사장은 샹빠뉴(Champagne) 지방에 가지고 있던 자신의 별장으로 나를 초대하여 특별한 대접을 베풀어 주었다. 전통 요리에 오래된 코냑(Cognac)까지 맛있게 먹고 있었는데, 갑자기 검정색의 치즈를 가리키며 '이것이 제대로 된 프랑스 음식'이라고 적극적으로 권하는 바람에 사양할 수 없어 받아먹게 되었다.

이 검정색의 치즈는 양치즈로서, 불에 타고 남은 재 속에서 발효된 것이었는데, 그 냄새가 아주 고약하였다. 엄지손가락의 절반 정도를 입에 넣고는 도저히 삼킬 수가 없어서 바로 화장실로 직행하였고 그날 저녁에 먹은 음식 전부를 토하게 되었다. 그 맛이 얼마나 고약하였던지 마치 부패한 생선을 입에 담았던 느낌이었다. 그 후로는 비록 양치즈가 아니라도 검정색 치즈는 아예 멀리하게 되었다.

닌텐도(任天堂)의 역사

1989년부터 닌텐도가부시키가이샤(任天堂株式会社)의 상표업무를 취급하게 되었다. 일본을 대표하는 게임기 전문회사 닌텐도는 원래 화투를 만드는 회사였다.

1889년 닌텐도는 초대 사장의 조부인 야마우치 후사치로가 뽕나무판에 손으로 일일이 전통 화투를 새겨 닌텐도곳파이(任天堂骨牌)라는 회사를 창립한 것이 그 시초였고, 1947년에 주식회사를 설립했다. 화투장사가 잘되어 대량생산을 하였고, 닌텐도배 전국 화투대회를 열기도 하였다.

INAO

프랑스 와인에 관한 원산지명칭협회(Institut Nationale des Appellations d'Origine, INAO)의 업무를 취급하면서 프랑스 와인의 명칭에 대하여 공부할 기회를 가졌다. 코냑과 샴페인도 와인의 원산지 명칭이지만, 프랑스 원산지명칭협회의 엄격한 규정에 합격한 술에만 코냑이나 샴페인이라는 명칭을 사용할 수 있다.

원산지 명칭은 1958년에 체결된 '원산지 명칭에 관한 리스본협정(Lisbon Agreement for the Protection of Appellations of Origin and their International Registration)'에 따라 세계지식재산기구(WIPO)에 등록하여 보호하고 있다. 우리나라는 아직 이 리스본협정에 가입하고 있지 않으나, 우리 상표법에서 세계지식재산기구(WIPO)에 등록되어 있는 원산지 명칭을 사실상 보호하여 주고 있다.

나의 캐리커처

변리사사무소를 운영하면서, 몇 가지 일화

변리사로서 사무소를 운영하면서 겪고 보아왔던 수많은 일들 중에 특별한 몇 가지만을 이곳에 담아 본다.

한·일 산업재산권보호협정

1965년 6월 22일 대한민국과 일본국의 기본관계에 관한 조약이 체결되고 9년 후인 1974년에 한국과 일본은 산업재산권보호협정을 체결하게 되었다.

1972년도에 실용신안등록 제9,170호로 등록된 전기보온밥솥은 우리나라에서 돈을 많이 번 유명한 사건이었다.

전기보온밥솥 내의 온도를 섭씨 $80°±5°$로 유지하는 것이 실용신안권리의 핵심이었는데, 당시 실용신안권자인 H 회사의 제품과 유사한 제품을 생산한 업체들 사이에 무효심판, 권리범위확인심판, 가처분, 침해금지청구 및 손해배상청구소송 등 수많은 소송이 있었다.

결론은 일본 A신문 광고문안에 이 기술의 핵심내용이 소개되어 있었고, 이 실용신안 고안내용이 특허청에 출원되기 전에 국내에 이미 일본 A 신문이 배포된 것이 입증되어 후일 이 실용신안권이 무효로 되었다.

전기보온밥솥

한편, 일본 대기업의 주요 상표를 한국사람들이 일본회사의 사전동의도 받지 아니하고 일방적으로 등록한 사례가 많이 있었는데, 이러한 상표들에 대하여 일본 회사들이 일일이 무효심판을 청구하기가 번거로울 뿐만 아니라, 상당한 시일이 소요되므로 국내 상표권자들에게 대가를 지불하고 상표권을 매수한 일화도 있었다.

군화

군화를 신는 군대에서는 비상훈련을 알리는 출동 비상벨이 울릴 때마다 빠른 시간 내에 군화 끈을 제대로 묶지 못하고 출동대열에 늦게 도착하는 바람에 기합을 받기 일쑤였다. 부팅시간이 느린 컴퓨터가 사람의 인내심을 시험하다 결국 버려지듯이, 부팅(군대에서 '군화를 신고 출동준비를 한다'는 뜻으로 통용)이 느린 군인은 항상 기합을 받기 마련이었다.

종래의 군화는 양측 결속부가 각각 상하 직선으로 절개되어 있고, 끈 구멍이 모두 같은 간격으로 뚫려 있어서 끈을 묶고 잡아당길 때, 한 번에 조일 수가 없었다. 잡아당기면 윗부분만 조여지기 때문에 아래쪽부터 차례대로 조여야 하였다. 장거리 행군을 할 때에는 끈 구멍이 있는 결속부의 가운데 부분이 발목 부분 위에 접혀서 발목을 압박하기 때문에 피로가 빨리 오고 심지어 발목이 부어서 걸을 수 없는 지경에 이르게 되었다. 그러나 요철형 끈 결착부를 가진 군화는 대구의 안유호라는 사람이 고안하여 실용신안으로 등록한 후, 국방부에 납품하였을 뿐만 아니라, 군화 제조업자들이 로열티를 지불하고 외국에 수출까지 한 군화였다.

내가 바로 이 군화의 실용신안등록출원 대리를 하였기 때문에 나도 아이디어를 보탠 군화였다. 윗부분으로 올라갈수록 구멍을 점점 넓게 뚫고, 구두끈의 각도도 위로 갈수록 크게 해서 양쪽 끈 구멍에 결속되는 힘이 윗부분과 아랫부분에 골고루 미치도록 고안하였다. 군화 끈을 잡아당기면 한 번에 묶을 수 있고, 군화 끈을 풀 때에도 쉽게 풀리며, 발이 편하다는 장점이 있었다.

요철형 끈 결착부가 있는 군화

미생물특허

특허절차상 미생물기탁의 국제적 승인에 관한 부다페스트(Budapest) 조약은 1977년에 체결되어 1980년 8월 19일에 발효되었다. 우리나라는 1988년에 가입하였고 현재의 가입국은 85개국이다.

해외 특허출원 시, 미생물에 관한 특허출원인 경우, 출원대상 각국의 기탁기관에 미생물을 기탁하여야 하는 번거로움을 덜기 위하여 조약국 상호간에는 출원 미생물을 공인된 국제기탁기관에 기탁하고 그 기탁증명서를 특허출원서에 첨부하도록 되어 있다. 참고로 국내기탁기관은 한국생명공학연구원 생물자원센터, 한국미생물보존센터, 한국세포주은행, 농촌진흥청 국립농업과학원 미생물은행이므로 이 네 곳 중 어느 한 곳에 기탁하면 된다.

1994년의 일이다.

나는 덴마크 Y 제약회사의 특허출원 사건을 취급한 적이 있었는데, 내용은 미생물을 이용한 의약품특허에 관한 것이었다. 미생물을 이용한 특허를 출원할 때에는 그 미생물이 통상적으로 쉽게 입수할 수 있는 것을 제외하고는 부다페스트조약에 따라 국제적으로 공인된 기탁기관에 그 미생물을 반드시 기탁하도록 규정하고 있다. 그런데 당시 나는 그 미생물을 기탁하여야 하는 것인지를 몰랐다. 그랬더니 의약품담당 심사관은 미생물이 공인된 기탁기관에 기탁되어 있지 않으므로 특허를 내줄 수 없다고 나에게 통지하였다.

나의 실수로 특허가 나오지 않았으니 그 책임은 전적으로 나에게 있었다.

문제의 핵심은 이 미생물이 통상적으로 쉽게 입수할 수 있는 미생물인지 아닌지에 달려 있었다. 검토하여 본 결과, 완전히 새로운 종류의 미생물이 아니라 통상적으로 쉽게 입수할 수 있는 미생물을 약간 변형한 것이었기 때문에 이것을 근거로 문제의 미생물은 반드시 기탁하여야 하는 대상이 아니라는 의견서를 제출하면서 이를 다투게 되었다. 그러나 유감스럽게도 최종적으로 특허심사를 통과할 수 없게 되어 이 통지서를 가지고 덴마크 코펜하겐에 있는 Y 제약회사에 가서 경위를 설명하게 되었다. 이 회사도 기탁대상이 되는 미생물임을 스스로 인정하여 더 이상 우리나라에서 특허법상 다투는 것을 포기하기로 결론을 냈다. 남은 문제는 나의 무지로 미생물을 기탁하지 않음으로써 생긴 덴마크 Y 제약 회사의 손해를 얼마나 배상하여야 하는지가 관건이었다.

몇 달에 걸친 경위 설명과 사과와 해명을 한 후에, 통상적으로 쉽게 입수할 수 있는 미생물을 약간 변경한 것이기 때문에 정상을 참작하여 더 이상 나에게 사건을 보내지 않는 선에서 책임 문제는 마무리되었다. 너무도 고마운 결정이었다.

이와 같이 미생물을 이용한 특허는 의약품, 화장품, 건강식품 등 그 분야가 다양한데, 항상 국제적으로 공인된 기탁기관에 기탁하여야 할 것인지가 실무적으로 중요한 과제이다.

특허권의 소멸

1998년 12월의 일이다. 일본 굴지의 S 화학회사의 특허사건이 특허청의 심사를 통과하여 특허결정통지서가 나의 사무소에 송달되었다. 특허권을 취득하기 위해서는 소정의 세금을 기한 내에 납부하여야 특허증이 발급된다. 그런데 직원들의 실수로 이 세금을 기한 내에 납부하지 못하여 그만 특허결정이 무효로 되었다. 이에 대한 법적 책임을 지려니 눈앞이 캄캄하였다. 이런 실수가 일어나지 않도록 나는 직원들이 짜증을 낼 만큼의 이중·삼중의 체크를 해오고 있었으나, 막상 사건이 터지니까 어처구니가 없었다. 특허결정통지서가 송달되면, 이 통지서 이면에 결재 고무인을 날인한 후, 담당 직원이 세금납부대장에 기일, 사건번호, 당사자명 등을 기재하고, 세금납부 대장과 결재란에 각각 서명할 뿐만 아니라, 또 다른 직원은 컴퓨터에 동일한 정보를 입력하며, 마지막으로 이와 같은 정보입력이 제대로 된 것인지를 상급자가 다시 재확인하고 결재란에 서명하도록 하고 있었다. 이와 같은 절차를 세 사람이 반복한 후에야 나에게 서류가 올라오게 되는데, 이 사건의 경우 결재란에 세 명의 서명이 있었기 때문에 나는 안심하고 결재를 하고 말았다. 그러나 알고 보니 세금납부대장과 컴퓨터에 입력하지도 않은 채, 세 사람이 건성으로 결재란에 서명만 하였기 때문에 세금납부를 못 하였던 것이다. 담당 여직원이 이 사건의 심각성을 알아차리고 울며불며 나에게 용서를 구했지만, 운다고 해결될 일이 아니었다. 사무소의 간판을 내려야 할지 모를 중대사건이었다. 특허결정은 새로운 발명에 대하여 특허청에서 허가를 내주기 때문에 이와 같이 무효처분이 되어버리면 이를 수정하여 재출원하여도 신규성이 없다는 이유로 특허가 나오지 않도록 되어 있다. 즉 무효로 된 권리를 어떻게 하여도 살릴 길은 없는 것이다.

몇 날 며칠을 고민하며 속을 태우다가 사건을 보낸 일본 변리사의 사무소가 있는 도쿄에 가서 이실직고를 하게 되었다. 청천벽력과 같은 사실을 알게 된 도쿄 변리사는 이 사건이 당시 일본에서만 연간 5억 엔의 특허사용료를 받고 있었다고 나에게 설명하였다. 그렇다면 20년간 유효할 한국에서의 특허권의 평가액은 과연 얼마일까 상상하면서 무거운 발걸음으로 사건을 보낸 오사카의 S 회사로 향하였다. 이 회사의 사장실에 들어가 특허결정통지서를 보여주면서 사건 경위를 설명한 후, 어떤 처분도 감수하겠다고 사죄하였다. 당시 사장은 '경위는 잘 알겠으니 일단 귀국하여 기다리면 추후에 어떻게 할 것인지 통지하여 주겠다'고 하였다.

두 달쯤 지났을 때, 일본 변리사가 보낸 통지문에 따르면 그토록 큰 실수를 하였으니 앞으로 나에게 사건을 보내는 것을 일체 중지한다는 내용밖에 없었다. 너무나 의외의 결과여서 그 경위를 알아보니 S 회사도 자체 전산처리와 대장 관리가 미흡하였을 뿐만 아니라, 일본 대리인사무소의 기일 체크도 제대로 되어 있지 않았으므로 결국 이 모든 책임은 세 군데 사무소의 공동 책임이어서 S 회사의 담당 상무를 몇 달간 직무 정지시키는 선에서 결론을 냈다는 것이었다.

이때의 고마움은 지금도 잊을 수가 없다. 이 사건을 계기로 나는 소멸된 특허권의 회복제도에 대하여 지대한 관심을 가지게 되어, 후일 소멸된 특허권을 회복할 수 있도록 특허법 조문을 개정하였다.

한국지식재산센터

2001년 당시 임래규 특허청장과 이상희 한국발명진흥회 회장 재임 시의 일이다. 서울 강남구 테헤란로에 지상 19층, 지하 8층, 연건평 15,000평의 한국지식재산센터 건물을 마련하는 데에는 당시 이상희 회장과 임래규 청장의 노력이 컸었다. 이상희 회장이 김대중 대통령에게 발명회관의 필요성을 직접 건의함으로써 이 건물을 마련하는 계기가 되었고, 예산확보는 임래규 특허청장이 전윤철 기획예산처 장관의 도움을 받아 성사되었다고 한다. 그리하여 한국지식재산센터의 건물을 마련함으로써 20여 발명관련 단체들뿐만 아니라, 우리나라 지식재산 분야의 큰 초석을 만들었다.

해마다 개최되는 발명의 날에 한 번도 대통령이 참석하지 않았으나, 이상희 회장과 임래규 특허청장의 노력으로 제36회 발명의 날에 처음으로 김대중 대통령 내외분이 참석하시어 100만 발명인들의 사기를 드높였다.

영화제작시도

나는 우리 국민들에게 지식재산권의 중요성을 단시일 내에 홍보할 수 있는 방안으로 영화 제작을 시도하여 보자고 특허청장에게 제안해 본 적이 있었다. 당시 특허청 수장은 임래규 청장이었는데, 임 청장은 1993년에 산업자원부 산업정책과장으로서, 신산업정책을 입안하는 실무 책임자였다. 그때 그는 관계부처와 협의하는 과정에서 여러 가지 어려움이 있었으나, 영상산업(영화 포함)을 신산업정책에 포함시켰다고 한다. 그리하여 영화제작사가 더 이상 명동의 사채시장에 의존하지 않고 은행권에서 제작비를 대출받을 수 있도록 하였다는 것이다.

이와 같이 임 청장은 평소에 영화 제작에 깊은 이해가 있었기 때문에 나의 제안에 선뜻 동의하였고 이를 바로 실천하게 되었다. 임 청장은 2002년도에 영화 제작을 위한 기획단계에서부터 필요한 자금을 신청하여 예산을 확보하였다.

그리하여 서울 강남의 한정식집에서 임래규 청장과 나, 정진우 영화감독과 배우 김지미 씨가 만나 저녁식사를 하면서 영화 제작에 관한 방향을 논의하였다.

이 자리에서 나는 첨단기술의 스파이 사건으로서, 전자전공 여성 변리사가 등장하고, 특허청 심사관과 변리사의 면담, 특허무효소송의 진행, 국가정보원의 수사, 기술을 절취한 중국인 체포 등이 시나리오에 들어가면 좋겠다고 건의하였다. 그때 정진우 감독은 그런 제안을 참고로 하되, 역시 영화는 흥행이 되어야 하므로 멜로드라마로 엮어야 하고, 그 구체적인 시나리오는 자신에게 일임하여 달라고 하였고, 추가예산이 확보되면 본격적으로 영화를 제작하기로 약속하였다. 그러나 그 후 유감스럽게도 추가예산이 확보되지 않아 영화 제작은 실현되지 못하였다.

기저귀 특허소송

다국적 기업인 미국 K 회사와 합작한 국내 Y 회사는 용변이 새지 않도록 기저귀의 안쪽에 붙인 유출방지용 날개와 유체 투과성 플랩(flap)에 대한 특허를 가지고 있었다. 플랩(flap)이 달린 기저귀는 아기들의 변이 넘쳐 기저귀에 압력을 가하면 용변이 날개로 흘러가고, 그것을 날개 바깥쪽에서 다시 흡수하도록 고안된 것이었다. 바깥으로 흘러내리는 것을 막고 아기 엉덩이가 짓무르는 것을 막아주는 특징이 있었다.

1995년 국내 S 회사는 국내 Y 회사의 기저귀 특허에 대한 무효심판을 청구하여 2002년 대법원에서 일부 무효 판결을 받았다. 한편, 1996년 국내 Y 회사는 국내 S 회사를 상대로 특허권침해소송을 청구하여 2003년 서울남부지방법원에서 특허권 침해라는 판결을 받았으나, 2005년 서울고등법원에서는 특허권 침해가 아니라는 판결을 받았다. 그 후 Y 회사는 2006년 대법원에 상고하여, 대법원이 이례적으로 이 특허기술에 대해 무려 10여 차례의 기술설명회를 갖게 할 정도로 집요하게 다투었으나, 2006년 12월 양사는 합의로 소송이 취하되어 버렸다. 이 소송이 초미의 관심을 끈 이유는 다국적기업을 상대로 한 소송에서 국내회사들이 승소했다는 결과 때문이기도 하다. 하지만 그보다 더한 이유는 당시 국내 기저귀 시장에서 관련 회사들의 연매출액이 1,534억 원이나 될 정도로 엄청나게 큰 시장이었기 때문이었다.

이 기저귀 소송은 최초에 특허 무효심판 청구일로부터 대법원에서 합의하여 소송이 취하될 때까지 무려 11년 8개월이나 소요되었다. 이와 같이 특허소송의 판결을 받는 데 너무나 오랜 기간이 소요되었기 때문에 이 사건을 계기로 특허소송의 관할법원을 집중하여 조기에 특허소송이 종결되도록 후일 법원조직법이 개정되는 결정적인 계기가 마련되었다.

한자(漢字)는 문자가 아니다?

아시아변리사협회(APAA) 국제협력분과위원회가 인도네시아 자카르타에서 개최된 1986년의 일이다.

당시 인도네시아는 중국 화교들이 와서 돈만 벌었지 사회를 위하여 그 어떤 봉사도 하지 아니한다고 반중국정책을 시행하고 있었는데, 이러한 영향으로 인도네시아 법무부 산하 특허국에서는 한자(漢字)를 문자로 보지 아니하고 단순한 도형으로 간주하여 상표심사를 하고 있었다. 나는 당시 APAA 상표분과위원장으로서 이 문제를 이사회에 보고하여 만장일치로 그 개선을 촉구하는 결의문을 세계지식재산기구(WIPO)에 보내어 항의하였던 바, 그 후 인도네시아 정부는 한자를 문자로 간주하는 정책으로 바꾸게 되었다. 당시 이 이슈에 이해관계를 가진 APAA 회원국가는 한국, 일본, 대만, 홍콩, 마카오, 싱가포르 등이었다.

상표분쟁의 중재

1987년 일본 오사카에 있는 뜨개질바늘 등 여성용품 전문 회사인 크로바가

부시키가이샤의 'CLOVER' 상표분쟁이 9
년 만에 서로 합의로 종결되었다.

한국의 상표권자 K는 자신의 CLOVER
상표를 1947년부터 사용하여 온 크로바

가부시키가이샤로 양도하고, K는 한국 내에서 CLOVER 상표의 통상 사용권
자로서 사용권을 취득하며, K가 CLOVER 상표로 외국에 수출(일본제외)할
수 있도록 하되, 그 품질과 가격 및 수량에 대하여 크로바가부시키가이샤의 관
리를 받도록 합의하였다. 크로바가부시키가이샤의 오카다 히데가즈(岡田 秀一)
사장은 9년간 지속된 분쟁을 종결시켜 주어서 고맙다고 오사카에서 유명한 술
집 타이코우엔(太閤園: 太閤은 도요토미 히데요시의 직위에 대한 별칭임)에 나
를 초대하여 그동안의 노고를 치하하여 주었다.

그런데 그 음식들이 화려하고 예쁘게 보이기는 하였으나, 양이 아주 적었으
며, 특히 권하는 일본의 사케(酒) 잔이 얼마나 작았던지 밤새 마셔도 취하지 않
을 것 같았다. 그래서 아주 큰 술잔을 부탁하였더니 가져온 술잔이 겨우 소주
잔 정도였었다. 이렇게 대접받고 호텔에 돌아왔으나, 식사의 양도 부족하고 술
도 부족하여 오사카(大阪) 신사이바시(心斎橋)에 있는 니코 오사카(日航 大阪)
호텔 뒤 포장마차에서 우동에다 소주를 마신 후에야 잠들게 되었다.

삼성과 애플의 핸드폰 특허 전쟁

2014년 5월 홍콩에서 국제상표협회 연차총회가 개최되는 계기에 많은 외국
변리사들이 한국의 특허소송제도가 어떻게 되어있길래 2012년 서울중앙지방
법원의 판결에서 애플이 삼성에 4,000만 원을 배상하고, 삼성은 애플에 2,500
만 원을 배상하라는 판결이 나왔는지를 설명하여 달라는 주문이 쇄도하였다.
그래서 홍콩의 한 호텔로 많은 외국 변리사들을 초청하여 강의하게 되었다.

2011년 4월, 애플이 삼성을 상대로 미국 캘리포니아 북부연방지방법원에 특허

권침해금지청구소송과 손해배상청구소송을 제기하자, 삼성도 2011년 4월 서울, 도쿄 및 독일의 만하임(Mannheim) 지방법원에 애플을 상대로 각각 특허권침해금지청구소송과 손해배상청구소송을 제기하게 되었다. 그 후 이 소송은 네덜란드, 영국, 프랑스, 이탈리아 및 오스트레일리아 등에서도 특허소송이 진행되었고, 한국에서는 2012년 8월 서울중앙지방법원에서 판결이 나왔다. 판결내용은 애플이 삼성의 특허권 일부를 침해하였으므로 4,000만 원을 배상하고, 삼성은 애플의 특허권 일부를 침해하였으므로 2,500만 원을 배상하라는 것이었다.

이러한 판결에 대하여 애플과 삼성은 각각 2012년 9월에 서울고등법원에 항소하여 사건 계류 중에 양사가 전 세계의 모든 특허권침해금지청구소송과 손해배상청구소송 등에 대하여 일괄하여 합의함으로써 각각 소송을 취하하게 되었다.

우리나라의 민사소송법상 1억 원 이상의 손해배상청구사건은 3인의 판사로 구성된 합의부에서 심리하게 되어있다. 그런데 통상 이 3인의 판사 중 재판장을 맡는 판사는 지방법원 판사들 중에서 상당한 경력이 있는 사람이 맡게 된다. 아울러 피고가 원고에게 어느 정도의 손해를 입힌 것인지를 원고가 입증하여야 한다. 하지만 실무적으로 이를 입증하기가 어려운 점 등을 고려하여 일단 1억 원의 손해를 입혔다고 주장하면서 손해배상청구를 하였던 것이다. 삼성과 애플은 한국에서 각각 1억 원의 손해배상을 청구하여 이 중에서 40%인 4,000만 원과 25%인 2,500만 원의 손해가 인정된 판결이 나왔다.

문제는 이런 손해가 생긴 원인이 상대방의 특허권침해가 인정되었기 때문이므로 최종적으로 특허권침해중지 판결을 받는 것이 그 목적이었다. 삼성과 애플은 천문학적인 소송비용을 투입하여 전 세계적으로 전개된 손해배상청구소송과 특허권침해금지소송을 상호 합의하여 취하하게 되었고, 서로 상대방 회사의 특허권을 사용할 때, 소정의 특허사용료를 지불하는 것으로 모든 사건을 매듭짓게 되었다.

이 사건을 계기로 하여 피고가 원고에게 얼마의 손해를 입혔는지를 원고가 입증하기 어려운 점을 감안하여 후일 손해배상액의 한도를 판사가 정할 수 있는 법정손해배상액제도가 신설되었다.

신용조회

내 사무소가 서울시청 앞에 있을 때인 1985년의 일이다. 어떤 고객이 특허상담차 방문하여 상담을 하게 되었는데, 사건에 관한 얘기보다는 나의 학력과 가족에 관한 질문이 많았다. 이상하게 느껴 퇴근 후 서울 중구 북창동에 있는 포장마차에 같이 가서 이런저런 얘기를 나누다가 상담차 온 사람이 자신의 방문 목적을 실토함으로써 나는 깜짝 놀라게 되었다.

자신은 네덜란드 DSM화학그룹의 장학금을 받아 네덜란드에서 박사과정을 밟고 있는 사람인데, 이 회사가 작성한 나에 관한 신원조회보고서가 사실과 일치하는지를 확인하러 방문하였다는 것이었다. 그런데 나의 부모와 형제는 말할 것도 없고, 고모, 외삼촌, 이모, 사촌, 외사촌 그리고 할아버지, 할머니까지 기록된 상세한 가계도를 보여주는 것이 아닌가?

도대체 이런 정보를 어떻게 입수하였는지도 궁금하였지만, 이 가계도를 보고 놀라기도 하였다. 그래서 나는 화학전공자도 아니고 당시 내 사무소에 화학전공 직원도 없는데 왜 이런 조사를 하느냐고 물었더니, 이미 사무소의 사정은 모두 알고 있는데 신원 조회보고서가 사실과 일치하는지와 나의 신용도가 어느 정도인지를 재확인하는 것이 주목적이었다고 하였다.

이런 일이 있고 난 지 두 달이 지났을 무렵, 네덜란드의 DSM회사에서 화학사건이 오게 되었다. 너무나 고마워서 성의를 다하여 처리하였더니 특허가 나오는 비율이 매우 높은 사건들이었다. 명세서 내용도 국제기준에 맞추어 훌륭하였지만, 아마 한국에서의 선행기술도 어떤 루트를 통하여 사전에 조사하여 작성한 것으로 추측되었다.

이런 회사의 일을 약 20년간이나 계속하여 취급하여 오다가 어느 날 갑자기

중단되었다. 그 이유는 화학사건 담당 변리사가 이 회사의 2개 사건에 대하여 의견서 제출기한을 1달씩 1년간이나 일방적으로 연장한 사실을, 상하이에서 근무하는 이 회사의 아시아지역 담당 전무가 내 사무소를 방문하여 항의함으로써 내가 알게 되었다. 1년간 기간연장신청에 소요된 인지대도 상당하였지만, 무슨 변명을 하여도 설득할 수 없는 기일 체크의 대실패였다.

결국 이 회사의 사건은 다른 사무소로 이관되었지만, 좋은 고객을 놓치게 되어 무척 아쉬웠다. 이 사건을 계기로 내 사무소에서 삼중으로 각종 사건의 기일 체크를 하게 되었는데, 대장, 카드 그리고 컴퓨터에 입력하여 매주 월요일에 어느 직원이 실수하여도 다른 직원이 찾아낼 수 있도록 하여 오늘에 이르고 있다. 변리사사무소를 운영해 나가는 데 있어서는 변리사 본연의 업무도 중요하지만, 각종 기일 체크를 정확히 하여야 하는 변리사 업무의 특성상 이 또한 매우 중요한 업무임을 망각하여서는 안 될 것이다. 특히 젊은 후배 변리사들이 개업하였을 때, 많은 직원들이 근무하는 것처럼 과장하여 안내장을 보내는 것은 삼가야 한다. 대기업일수록 신용조회로 금방 알 수 있기 때문이다.

1990년의 일이다. 한국에서 미국으로 수출한 상품이 미국에 등록된 산업디자인이나 저작권을 침해하였다는 이유로 미국의 통상관세법이 적용되어 고통을 받던 시기이다.

뉴욕의 한 변호사가 우리나라 J 중소기업이 일본회사의 산업디자인을 침해하여 미국 세관에 한국수출품의 통관이 보류되어 있는데, 손해배상으로 30만 달러를 자기에게 주면 수출상품을 통관시켜 주겠다고 요청하여 왔다. 그 법적 근거가 일본회사의 산업디자인권 침해라는 것이었다. 무언가 이상한 느낌이 들어 뉴욕의 로펌에 의뢰하여 이 미국 변호사의 신원을 조사하여 보았더니 전형적인 사기 브로커였음이 판명되었다. 그가 방한하여 내 사무소를 방문하였을 때, 그의 신원에 관한 상세한 텔렉스 보고서를 하나씩 읽어 나가자 그는 안색이 변하였다. 나는 그의 방한 중에 상호 합의가 되지 않으면 출국할 수 없을 것이라고 하였더니 즉석에서 합의서를 작성하여 주어 문제의 산업디자인 사건을 해결하게 되었다. 이와 같이 비록 상대가 미국 변호사라 하더라도 그 신원을 조사하여 대처하는 방법이 있음을 소개하여 본다.

인감증명의 증명

한국인이 일본 특허청에 특허출원을 하기 위해 일본 변리사에게 사건을 위임할 때, 한글로 된 성명의 인장을 날인하였더니 일본 특허청 출원과에서 한글의 뜻이 한국인의 이름이라면, 그 한국인이 위임장에 날인하였음을 입증하라는 어처구니없는 보정통지서가 발급되었다. 이는 마치 인감증명을 증명하라는 것과 무엇이 다른가? 이 통지서를 가지고 나는 일본 특허청 출원과를 방문하여 항의한 적이 있었다.

일본사람이 한국 특허청에 특허출원을 하기 위해 한국 변리사에게 사건을 위임할 때에는, 한자로 된 성명이 아닌 성만 각인된 인장을 위임장에 날인하여도 일본의 관습을 존중하여 한국 특허청은 수리하고 있었다. 만약 한국 특허청도 동일한 취지의 보정통지서를 일본사람에게 발급하였다면, 이를 어떻게 입증할 수 있겠느냐고 반문하였다. 더구나 일본의 관습에 따른 성만 날인할 것이 아니라, 성명 전체를 각인한 인장으로 날인하고, 위임장에 날인한 일본사람이 출원서에 기재된 출원인임을 어떻게 입증할 수 있을까?

이는 분명히 국제법상 호혜주의 원칙에도 어긋난다는 주장과 함께, 허위로 위임장에 날인하였다면 그 문서의 위조나 변조에 대하여 당사자가 법적 책임을 질 것이며, 최근에는 위임장 제출도 생략하는 것이 국제적인 경향임을 참고하여 달라고 설득하여 이 문제를 해결한 적이 있다.

특허법인 '명신'

　개업할 때의 사무소 이름은 "Kim Myung Shin Patent & Law Office(金 明信特許法律事務所)"였다. 영문자로 된 사무소 이름에 Kim이라는 성이 들어 간 다른 사무소도 많이 있어 외국 고객들이 혼동하여 심지어 사건을 잘못 보 내는 경우마저 생기게 되었다.

　한국의 문화를 잘 모르는 많은 외국사람들은 나의 성이 Shin인지 Kim인지 구별하지 못하여 "Dear Mr. Shin, Dear Mr. Kim"이라고까지 하는 경우도 있었다. 실제로 Shin & Kim, Kim & Co., Kim & Kim, Kim International & Co., 등 유사한 사무소 이름들이 있었기 때문이었다. 그리하여 사무소 이름 을 변경하고자 소내 현상광고를 하였던 바, 여직원 이순덕이 사무소 이름에서 성에 해당하는 'KIM'과 '金'을 삭제하는 제안을 하여 이를 채택하게 되었다.

　이 제안에 따라 사무소 이름을 'MYUNG-SHIN & PARTNERS(明信特許 法律事務所)'로 변경하게 됨에 따라 통상적으로 사무소 이름에 성을 사용하는 관례와는 달리 성이 없는 내 개인의 이름을 사무소 이름으로 사용하게 되었다. 다른 사무소의 이름과 명백하게 구별되어 특허청에 서비스표로 등록까지 하여 두었다.

김씨 성을 가진 후배들이 사무소를 개업할 때, 이 점에 유의할 것을 권고한다. 1998년에는 내가 공직으로 갈 수도 있어 사무소 이름을 '明信合同特許法律事所'로 변경하여 사용하다가 2016년에 다시 '明信特許法律事務所'로 변경하였다. 그러나 영문명은 계속해서 'MYUNG-SHIN & PARTNERS'를 사용하여 왔다.

이러한 사무소 이름은 2021년 7월 1일자로 '特許法人 明信'으로 변경되었으나, 영문 이름은 종전과 같이 'MYUNG-SHIN & PARTNERS(www.mspat. co.kr)'를 사용하고 있다.

나의 외국여행 체험담

1972년 변리사 개업을 한 후, 업무상 자주 전 세계를 여행하면서 내가 직접 체험한 여러 가지 체험담이 있는데, 그중에서 몇 가지만 간추려 본다.

비행기표

우선 비행기표를 구입할 때, 인터넷으로 가격이 싼 표를 구입하는 경향이 있는데, 푯값이 쌀 때에는 여러 가지 제약이 있다는 점에 유의하여야 한다. 예를 들면 업무상 일정을 갑자기 변경한 경우, 다른 나라의 비행기를 탑승할 수 없는 경우도 있고, 그 표의 유효기간이 지나 사용할 수 없는 경우도 있다. 나는 일정이 변경되어도 언제든지 어떤 비행기라도 탑승할 수 있는 표를 구입하기 때문에 내가 구입하는 비행기표는 대체로 비싼 편이다.

시차

캐나다의 밴쿠버에서 토론토에 살고 있는 친구에게 내가 안부 전화를 하였으나, 당시 3시간의 시차가 있는 줄을 몰라 친구의 새벽잠을 깨운 적도 있었다.

관습의 차이

런던에서 업무협의 차 상대 변리사에게 미팅 제안을 해 놓고 약속한 호텔 2층에서 아무리 기다려도 나타나지 않아 내가 그 사람의 사무소에 전화를 하였더니 나를 만나러 외출하였다는 전갈이었다. 혹시나 하여 3층으로 올라가서 보니 3층에서 기다리는 것이 아닌가? 나는 미국식 2층에서 기다리고 그는 영국식 2층(미국식은 3층)에서 기다렸던 것이다.

아라비아 숫자의 표기

프랑스 파리의 니꼬 드 파리호텔(Nikko de Paris Hotel)에서 묵을 때의 얘기이다.

어느 날, 체크아웃을 할 때, 수만 달러의 비용이 내 방으로 청구되어 깜짝 놀라게 되었다. 그 이유를 자세히 알아본 결과, 중동의 어느 부자가 매일 파티를 연 비용이었는데, 아라비아 숫자 1과 4와 7이 들어가 있는 방 번호의 표기를 손으로 쓸 때 그 표기가 각각 비슷하여 혼동을 초래하였다. 이런 숫자 중 어느 한 숫자라도 들어가 있는 방을 사용할 때에는 투숙객의 서명과 내 방 번호를 면밀히 대조하여 볼 필요가 있다.

택시요금

프랑스 파리 시내의 풍경은 얼핏 보면, 비슷비슷하여 택시 운전기사가 목적지로 가는 도중에 시내를 빙글빙글 돌아서 가도 처음으로 파리에 온 외국인은 이를 알 수가 없다. 나는 항상 팁을 더 줄 테니 바로 직행하여 달라고 부탁한다. 그렇지 않으면 시간은 더욱 소요되면서 택시비를 비싸게 지불하여야 하기 때문이다.

여행가방

싱가포르에서 APAA회의가 열려 서울에서 홍콩을 경유하여 싱가포르로 가게 되었는데, 홍콩에서 다른 비행기로 내 여행가방을 운반하던 포터가 실수로 그만 독일행 비행기로 실어 보내버려 내가 싱가포르에서 큰 고생을 하였다.

그 후 나는 장거리 여행을 할 경우, 가방 두 개에 짐을 분산하여 여행하는 버릇이 생겼으며, 혹시 가방 하나가 잘못 운반되더라도 나머지 가방으로 업무를 볼 수 있도록 준비하게 되었다.

요즈음 젊은이들이 여행가방에 자신이 관광한 도시의 로고나 전에 사용하였던 비행기 짐표를 잔뜩 멋으로 붙이고 다니는 사람들이 있는데, 공항에서 일하는 노동자들이 가장 싫어하는 취미임을 알아야 한다.

팁

미국회사의 호의로 코네티컷주에서 뉴욕 맨해튼의 호텔까지 고급 링컨컨티넨탈 승용차를 타고 간 적이 있었다. 현지 호텔 종업원들은 아마 내가 일본 야쿠자이든가, 아시아의 재벌 2세쯤으로 보았던지 간단한 룸서비스를 주문하여도 2~3명이 함께 서비스하면서 많은 팁을 바라는 모습에 질려서 다음 날 다른 호텔로 옮겨 버린 적도 있었다.

술값

일본 도쿄의 아카사카 도큐호텔(赤坂 東急ホテル)에 숙박하던 때의 일이다.

미국에서 귀국길에 도쿄에 들렀기 때문에 너무나 피곤하여 위스키 몇 잔을 마시려고 길 건너의 아카사카 술집거리로 나가게 되었다. 한국말로 친절하게 안내하길래 허름한 술집에 들어가 위스키 더블 한 잔을 주문하였더니 위스키 잔에 1센티 높이의 술을 담아 간단한 안주도 없이 가져왔다. 얼마냐고 물으니 3만 엔이라는 것이었다. 이상한 느낌이 들어 술도 마시지 않은 채 나가려니, 일단 술을 주문하였으니 3만 엔을 지불하지 않고는 나갈 수 없다고 협박하는 것이 아닌가? 실랑이를 벌인 끝에, 15,000엔을 지불하고나서야 그 술집을 나올 수 있었는데, 호텔에 돌아와 물어보니 여행객을 상대로 바가지를 씌우는 야쿠자(ヤクザ) 술집이라고 하였다. 지금도 아카사카(赤坂)에는 이런 술집이 많다.

술대접

영국의 모 변리사가 사건을 가끔 보내주고 있어 그가 서울에 왔을 때, 강남의 클럽에 가서 술을 제대로 크게 대접하여 보냈더니 내가 영국에 오면 자기도 한 잔 사겠다고 하였다.

그 후 어느 날 내가 런던에 들렀을 때, 그는 나를 위해 술집(Pub)에서 팝콘 안주에 위스키 싱글 한 잔을 사고는 가버리는 것이 아닌가? 하기야 그는 술 한 잔을 산다고 하였지 크게 술을 산다고 한 적은 없었다. 그 섭섭함은 결국 문화의 차이였다.

기부금의 사전 준비

뉴욕 맨해튼(New York Manhattan)의 남쪽 에섹스 하우스호텔(Essex House Hotel) 건너편 센트럴파크에서 일어난 일이다.

센트럴파크에서 아침 일찍 산책하고 있던 도중에 긴 코트를 걸친 흑인이 다가오면서 '굿모닝'이라고 하길래 나도 화답 인사를 하였다. 그때 그는 갑자기 자기 코트 안의 권총을 나의 옆구리에 대면서 10달러를 달라고 요구하였다. 나는 무척 놀라 당황하면서 바지 뒷주머니에서 천천히 100달러를 꺼내어 주었더니 90달러를 돌려주지 않은 채, 즐거운 하루가 되라고 인사하면서 유유히 사라지는 것이 아닌가? 당시 나는 100달러 몇 장과 1달러 몇 장밖에 없었다. 이런 사람들은 이렇게 협박하여 모은 돈으로 마약을 한다는 것이다. 이때 돈을 꺼낸다고 갑자기 위 저고리 안이나 바지 뒷주머니 쪽으로 손을 넣으면 권총을 꺼내는 것으로 오해할 소지가 있으므로 주의가 필요하며, 미국여행 시에는 항상 10달러 몇 장과 1달러 몇 장을 소지하고 다닐 필요가 있다.

중간 기착지의 재확인

1975년경 캐나다의 토론토에서 AIPPI 국제회의가 열려 이 회의에 참석한 후, 미국 워싱턴 디 씨(Washington, D.C.)로 가려고 아메리칸 에어라인(American Airline)을 탑승하게 되었다. 얼마쯤 비행하고 난 뒤에 기내방송으로 미국에 도착하였다고 하길래 고(故) 장용식 선배와 나 그리고 몇몇 일본사람들도 함께 타고 간 비행기에서 내리게 되었다. 알고 보니 워싱턴 디 씨(Washington, D. C.)가 아니라 뉴욕에 있는 라구아디아(LaGuadia)공항이었다. 천신만고 끝에 흑인 여성경찰의 도움을 받아 겨우 비행기로 되돌아갔으나, 우리 일행 때문에 비행기 출발이 늦게 되었고, 스튜어디스 연습생이 뉴욕의 라구아디아(LaGuadia)공항이라고 해야 할 말을 미국이라고 하여 실수하였다고 기장이 사과까지 하게 되었다. 이 비행기는 다시 워싱턴 디 씨(Washington, D. C.)를 경유하여 멕시코시티까지 가는 비행기였다. 그 후로는 비행기표 구입 시, 항상 중간 기착지가 어디이며 목적지 도착 시각이 현지 시각으로 몇 시인지를 꼭 챙기게 되었다.

할인 비행기표

아르헨티나의 부에노스아이레스(Buenos Aires)에서 AIPPI 국제회의가 열렸다.

마침 K 항공화물회사를 경영하던 친구가 일본항공에서 제공한 이코노미석 75% 할인표를 나에게 주어 이 표를 사용하게 되었다. 귀국길에 상파울루(São Paulo), 카리브해(Caribbean Sea)에 있는 산 후안(San Juan), 뉴욕의 제이 에프 케네디(J. F. Kennedy) 공항, 알래스카 앵커리지(Anchorage)를 경유하여 나리타(成田) 공항에 도착하는데, 공항 대기시간을 포함하여 비행시간이 무려 34시간이나 소요되었다. 물론 이코노미석이라도 맨 뒤편 좌석이라 화장실에서 가까운 데다가 비행기 소음 때문에 잠을 자기가 어려웠다.

이런 표일수록 미리 예약하지 않으면 좌석을 확보하기가 어려우며, 주로 밤 비행기에 이런 표가 있어 여비가 부족한 사람에게는 숙박비도 절약할 수 있는 표였다. 한 비행기로 승무원이 4교대 하여 나리타공항에 도착하니 젊을 때였어도 코피가 터졌다. 너무나 힘든 여정이었다. 아르헨티나로 갈 때는 이와 반대되는 코스였다.

비행 스케줄의 변경

멕시코 시티에서 칸쿤(Cancun)으로 가족과 함께 관광 갔을 때의 일이다. 비행기표를 사서 비행기가 출발하는 게이트 앞 좌석에 앉아 아무리 기다려도 소식이 없어 안내직원에게 물어보니 우리가 탈 비행기는 이미 떠났다고 하였다. 스페인어로 출발 게이트가 변경되었음을 방송하였으나, 스페인어를 모르는 우리는 알 수가 없었다. 이런 일이 있은 후로 나는 항상 출발 시각이 임박하면, 비행스케줄 안내판을 보면서 현지 직원에게 재차 확인하게 되었다.

사우나

1990년경 독일 뮌헨의 퓌어 야레스자이텐(Vier Jahreszeiten)호텔에 숙박하던 때의 일이다. 일정에 쫓겨 너무 피곤하여 휴식을 취하려고 사우나를 이용하게 되었다. 종업원의 안내에 따라 사우나 실내로 들어간 순간 나는 깜짝 놀라게 되었다. 실내에 여자 손님들이 있었기 때문이었다. 바로 뛰어나가 종업원에게 남성용 사우나 시설이 어디 있느냐고 물으니, 처음 들어갔던 그 사우나 방향을 가리키는 것이 아닌가? 다시 한번 확인해보니 남녀 공용이란다. 이런 문화를 모르고 들어갔다가 황당한 경험을 하게 되었다.

2인 1실 호텔방 사용

한국, 일본, 중국사람들은 단체로 여행할 때 방값을 절약하기 위하여 두 사람이 한 개의 호텔방을 사용하는 것이 일반적이다. 그러나 독일, 프랑스 등 북유럽 국가나 미국, 캐나다 등지에서는 여비를 절약하기 위하여는 등급이 낮은 호텔이나 모텔을 이용할지언정 가족을 제외하고 특별한 경우가 아니면 한 방에 남자 두 사람이나 여자 두 사람이 숙박하는 경우는 거의 없다.

최근에는 많은 아시아 사람들이 유럽이나 미주 지역으로 단체여행을 하고 있어 이런 오해의 가능성이 많이 줄기는 했지만, 이곳 문화권에서는 남자 두 사람이나 여자 두 사람이 한 방에 둘이서 숙박을 하게 되면, 동성연애자로 오해할 가능성이 많으며, 아직도 이상한 시선으로 보고 있는 것이 사실이다.

프랑스의 한 변리사는 정년퇴직 후 소일거리로 관광가이드 자격을 취득하여 일하고 있었다. 그런데 어느 날 그는 "한국사람이나 일본사람들 중 동성애자들이 그렇게 많으냐?"라고 나에게 물어왔다. 많은 사람들이 2인 1실을 사용하는 광경을 목격했다는 것이다. 나는 그 물음에 대해 '그것은 문화의 차이이고 오해'라고 분명하게 설명해주었다.

제2장

———

변리사제도
개선을 위하여

지식 재산
강국 을
꿈 꾸 다

대한변리사회 회장에 당선

1996년 2월, 나는 대한변리사회(www.kpaa.or.kr) 정기총회에서 회장으로 당선되었다.

회장 당선 인사에서 나는 특허법원 설립, 변리사회관 건립과 변리사시험에 민사소송법을 2차 주관식 과목으로 채택되도록 하겠다는 공약을 하였다. 짧은 2년 동안 이 세 가지 공약을 지킬 수 있도록 회원들의 적극적인 지지를 호소하였으며, 후일 나는 이 세 가지 약속을 모두 지키게 되었다.

당시 이 세 가지 공약을 지킬 수 있도록 도와 주었던 고(故) 김영길 부회장, 김성택 부회장, 강일우 부회장, 김연수 총무이사, 최선수 재무이사, 문승영 기획이사, 김종윤 국제이사, 고(故) 김태원 업무이사, 이인실 섭외이사, 황종환 홍보이사 등 변리사들과 이청 사무국장 및 이영신 사무차장에게 감사를 드린다.

당시 변리사회 사무국에는 전용차량이 없었다. 그러나 이러한 공약들을 수행하려면 사무국 직원들도 엄청나게 바쁘게 뛰어다녀야 하므로 자동차를 구입하여 사무국 전용차량을 마련해 주었다. 1997년 2월 정기총회에서 회원들은 어려운 변리사회 예산으로 어떻게 사무국 차량까지 구입하였느냐고 따졌으나, 이미 이때에는 공약 중의 하나인 회관건립기금 모금운동이 본격적으로 진행되고 있었기 때문에 회원들의 양해를 구할 수 있었다.

한 · 일변리사회 합동이사회(1996.10.18.)(필자는 앞줄 좌로부터 넷째)

한 · 중변리사회 합동이사회(1998.2.9.)(필자는 좌측)

한편, 대한변리사회 기관지 『특허와 상표』는 1967년 7월에 월간지로 창간되었으나, 1991년 8월부터 월 2회로 발행되었고, 내가 회장으로 재직하던 1996년 7월부터는 종래의 세로쓰기 편집형태를 가로쓰기로 바꾸고, 지면 수도 8페이지에서 16페이지로 늘리며, 부수도 4,000부에서 8,000부로 늘렸다.

창간 때부터 사용하여 온 『특허와 상표』라는 제호는 시대의 조류와 변리사의 장래 업무영역을 고려하여 『변리사』나, 『지식재산』으로 변경하자고 역대 변리사 회장들에게 건의하였으나, 차일피일 미루어 오다가 금년에 회원들에게 앙케트 조사를 하는 등 적극성을 띠고 있으나, 과연 어떤 제호로 결정될지 궁금하다.

변리사회관 마련에 매진

내가 대한변리사회 회장으로 취임한 1996년 3월에는 서울 강남구 역삼동에 있던 혜천빌딩의 한 층을 회관으로 사용하고 있었는데, 이 면적으로는 도저히 회관 구실을 할 수 없다고 판단하여 독립회관을 마련하고자 모금운동을 벌이기로 결심했다.

나는 모금운동을 시작하기 전에 먼저 회원들의 관심을 끌기 위해 국민은행 역삼동지점에 어떤 회원이든 변리사회원증명서를 제출하면, 무담보 신용대출로 최고 3,000만 원까지 당시 은행금리로서 가장 싼 이자로 대출해 줄 수 있도록 준비하였는데, 이 시기는 아이엠에프(IMF) 사태가 터지기 직전이라 이런 혜택은 회원들에게 깜짝 놀랄 뉴스였다.

이러한 대출이 실행될 수 있도록 하기 위해서 나는 크게 성공한 몇몇 친구들에게 국민은행 역삼동지점에 은행계좌를 개설하여 거액의 거래를 하도록 간청했던 바, 고맙게도 친구들이 나의 간청에 기꺼이 응낙해 준 덕분에 이러한 특혜가 가능하게 되었다.

그런데 어느 날 갑자기 지점장으로부터 '이 신용대출의 총액이 무려 12억 5천만 원이나 되었다'고 전화가 왔을 때, 나는 너무나 놀라 신용대출을 중단하도록 하지 않을 수 없었다. 그 이유는 회원들이 그렇게 많은 금액의 대출을 하리라고는 상상도 하지 못하였을 뿐만 아니라, 어느 회원이라도 대출금을 갚지 않으면 내가 대납하기로 보증을 섰기 때문이었다.

결국 어느 한 사람이 채무를 불이행하였기 때문에 내가 그 채무를 부담하게 되었는데, 내 평생 두 번 다시 이런 어처구니없는 봉사는 하지 않기로 맹세하였다.

　한편, 이와 같은 신용대출 캠페인과 함께 회관건립기금을 마련하기 위하여 전국을 동분서주하며 회원들에게 열심히 모금운동을 펼친 결과, 7억7천3백만 원을 모금하게 되었다. 그러나 이 금액은 신용대출금액과 비교하여 보면 아주 적은 금액이지만, 아이엠에프(IMF) 사태가 터지기 직전의 경제 사정을 고려하면 그래도 최선을 다한 금액이 아니었나 생각된다.

　김앤장 법률사무소에서 5천만 원을 기부해 주었고, 고(故) 장용식 변리사가 3천만 원을 기부해 주었는데, 특히 내가 장용식 변리사사무소를 여러 차례 방문하여 고액을 기부하여 달라고 떼를 쓰면서, "나는 비록 형편은 안 되지만 크게 성공하신 장 선배께서 기부해 주시는 금액만큼 나도 동일한 금액을 기부하겠다."라고 말해버리는 바람에 어쩔 수 없이 나도 무리하게 3천만 원을 기부하게 되었다. 또 대한변리사회 부회장으로 일하였던 고(故) 김영길 회원이 생전에 1천만 원을 기부하겠다고 구두로 약속하였는데, 위암으로 갑자기 사망하면서도 유언으로, "약속한 1천만 원 기부를 지키라."고 부인에게 당부하여 그의 사후에 부인이 이 돈을 기부하는 등 모금운동은 비교적 성공적으로 추진되었다.

　이러 저러한 과정들을 겪으면서 1977년에 고(故) 이윤모 회장의 기부금 300만 원으로 시작된 변리사회관건립 모금운동에 어려운 경제 사정에도 불구하고 많은 회원들이 참여하였고, 여기에 내가 제안한 특별회비 증지로 모은 회관건립기금을 합한 2억1,600만 원이 1983년 7월 서울 강남구 역삼동의 혜천빌딩 5층 130평을 구입하는 종잣돈이 되었다. 여기에 당시 변리사회가 소유하고 있었던 혜천빌딩 매각대금 3억6천7백만 원, 내가 제안한 변리사 공제조합기금에서 연리 6%로 빌린 21억 원, 모금운동으로 모은 7억7천3백만 원을 합하여 전체 32억4천만 원으로 1997년 4월에 서울 서초구 서초3동 1497-13번지에 대지 240여 평, 지상3층 지하 1층의 건물을 구입하게 된 것이다.

대한변리사회관 개관식[임석재 회장(좌로부터 둘째), 고(故) 전준항 회장(좌로
부터 셋째), 최홍건 특허청장(좌로부터 넷째), 필자(우로부터 다섯째), 가재환
사법연수원장(우로부터 넷째), 다나카 마사하루 일본변리사회장(우로부터 셋
째), 고(故) 장용식 회장(우로부터 첫째)]

　이 과정에서 1997년 10월, 변리사회관 입주와 더불어, 지금까지 공개되지 않
은 인물 한 분을 소개하지 않을 수 없다.

　당시 건물의 주인은 경상북도도민회 회장이었고, 대한체육회 부회장을 지낸
엄삼탁 씨였으며, 고향 선배의 소개로 이분의 건물을 구입하게 되었다. 그 당시
이 건물 지하 옆으로 전철이 지나고 있어 다소의 소음이 있기는 하나, 근처에
있는 정보사령부가 다른 곳으로 이사한다는 소문이 있었고, 법조타운인 서초
동의 대로변이면서, 서초 전철역에서 도보로 10분 거리에 있어 우리 예산 규모
로 마련할 회관으로서는 그런대로 괜찮은 건물이었다.

　어느 날 엄삼탁 회장을 한정식당에 초대하여 변리사가 무슨 업무를 취급하

는 직업인지 설명하기 위해서 당시 대한변리사회창립 50주년 기념행사차 만든 영상물을 상영하였다. 이때 엄 회장은 이미 모 건설회사에 자신의 건물을 매도하기 위한 약속을 마쳤으나, 산업발전을 위한 변리사 역할의 중요성에 감명을 받았다고 하면서 변리사회에 자기 건물을 매도하겠다는 약속을 하게 되었다. 엄 회장은 2008년에 고인이 되셨지만, 변리사회의 발전을 위한 그때의 결정에 대하여 이 지면을 통해 다시 한번 감사를 드린다. 비록 회관이라고 해 봐야 조그마한 건물이었지만, 독립회관을 마련하였다는 자부심으로 입주 시 회관의 벽이 너무나 허전하여 내 집에 있던 그림과 시계 등을 가져와 여기저기 걸기도 했던 기억이 마냥 새롭게 느껴진다.

그리고 23년의 세월이 흐른 2020년 11월 12일에 내가 지상 6층 지하 2층의 신축 변리사회관의 현판식에 초청되어 회관을 둘러볼 기회가 있었는데, 만감이 교차하였다. 어려운 경제환경임에도 불구하고, 2차 회관기금모금운동에 회원들이 적극적으로 참여하여 2021년 9월 1일 현재 30억3천3백만 원을 기부하여 주신 데 대하여 회관마련운동을 최초로 추진하였던 변리사회 고문으로서 이 지면을 빌어 감사의 말씀을 드린다. 나는 1976년에 3,000만 원을 기부하였고, 금년에 다시 3,000만 원을 기부하여 모두 6,000만 원을 기부하게 되었다. 이 회관은 2014년 2월 윤동열 전(前) 회장이 변리사회관 신축을 제안해서 정기총회에서 이를 통과시켰고, 2014년 고영회 전(前) 회장은 회관건립추진위원회(위원장: 최규팔, 위원: 이정열, 이준서, 송세근, 길용준, 류혜미)를 구성하고, 회관건립추진자문위원회(위원: 최규팔, 이영필, 윤동열, 김원호)를 구성하여 건축설계공모를 하였으나, 당시 일조권에 관한 건축법시행령의 개정으로 착공을 보류하고 있다가 2018년에 건축법시행령이 개정되어 2019년 8월 오세중 전(前) 회장 임기 때 착공하여 2020년 9월에 준공되었다. 좁은 면적에 훌륭하게 건축을 회관건립위원들과 회관기금모금운동을 적극적으로 펼친 회관건립추진자문위원들의 노고에 감사드리고, 변리사회관이 전 회원들의 요람이 되어 지식재산

강국을 이루는 초석이 되기를 진심으로 바라며, 대한변리사회의 무궁한 발전을 기원한다.

변리사회관 건물

변리사시험과목에 민사소송법 추가

특허법상 항고심판소의 위헌시비가 한창 불붙고 있던 1995년경부터 내가 '법원조직법을 개정하여 특허법원을 설립하자'는 운동을 진행하고 있을 때, 특허법원의 소송대리권을 변리사에게 줄 수 있는지가 법조계의 큰 관심사였다.

그러나 특허·상표 등 산업재산권사건에 관한 대법원 상고사건의 대리를 이미 오래전부터 수행하여 온 변리사들에게 2심인 특허법원의 소송대리권을 갑자기 주지 않는다면 법적 논리가 모순되어 합리적인 설명이 되지 않았다.

일반적으로 변리사들이 민사소송절차를 잘 모르고 있었기 때문에 차제에 변리사의 소송실력 향상을 위하여 민사소송법을 변리사시험 2차 주관식 과목으로 채택하고, 기회 있을 때마다 민사소송실무 연수를 받는 것이 좋겠다고 판단하였다. 그리하여 1995년 대한변리사회 회장 후보로서 전국으로 선거운동을 다니면서 이 공약을 내걸게 되었다. 그리고 1996년 2월 변리사회 정기총회에서 내가 이 공약으로 당선되었기 때문에 이러한 지지를 근거로 당시 정해주 특허청장에게 건의하여 1997년에 민사소송법이 변리사시험 2차 필수과목으로 채택될 수 있었다. 그러나 이공계가 대부분인 회원들로부터 법률 과목 중에서도 어려운 민사소송법을 변리사시험의 주관식 과목으로 채택하였다고 엄청난 비난을 받았으나, 지금에 와서는 오히려 선견지명이 있는 용단이었다고 모두들 칭찬하고 있다.
.

변리사의 민사소송실무 연수

　1996년도 내가 변리사회장 재임 시, 특허법원 설립 운동과 함께 변리사시험에 민사소송법을 2차 주관식 시험과목으로 채택되도록 하는 운동을 펼치고 있었다. 비록 종래에 변리사가 대법원에 상고하는 사건의 대리를 하고 있었으나, 변리사들에게 민사소송실무 연수를 받도록 하는 것이 좋겠다고 생각하였다.

기간:1996.9.17(화) ~ 12.13(금)　'96 변리사민사소송실무연수　주관:대한변리사회
장소:사법연수원,한국과학기술회관　　　　　　　　　　　교육기관:사법연수원

변리사민사소송실무연수식(1996. 9. 17.)

　그리하여 당시 윤관 대법원장에게 건의하여 사법연수원에서 사법연수원 교수들이 민사소송실무 연수를 지도할 수 있도록 해 달라고 간청하였다. 마침내 윤관 대법원장과 가재환 사법연수원장의 허락을 받아서 사법연수원과 한국과학기술회관에서 연수를 받게 되었다.

1996년에 3개월간 계속된 민사소송실무 연수가 해마다 계속되어 지금은 1년에 한 번 내지 두 번을 이틀로 단축하여 실시하고 있다. 이렇게 시작된 민사소송실무연수가 25여 년간 지속되어 변리사들이 민사소송실무를 배우는 좋은 계기가 되었다고 생각된다.

대한변리사회 창립 50주년기념행사

1996년 12월, 대한변리사회창립 50주년기념행사가 "미래를 위하여, 인류를 위하여, 21세기를 준비하며"라는 캐치프레이즈(Catchphrase)로 서울 강남구 테헤란로에 있는 리츠칼튼호텔에서 내 외빈 450여 명을 초청한 가운데 성대하게 개최되었다. 이 행사는 정해주 특허청장이 참석한 가운데 열렸는데, 당시 김영삼 대통령을 비롯하여 김수한 국회의장과 조순 서울특별시장까지 축하 메시지를 보내왔다.

당시 변리사회장이었던 나는 이 행사를 더욱 빛나게 하기 위하여 아시아변리사협회(APAA) 아사무라 기요시(浅村 皓) 회장을 비롯하여 일본변리사회 이나기 쓰키유키(稲木 次之) 회장, 중국변리사회 거보(戈泊) 회장, APAA 일본부회 마츠바라 노부유키(松原 信行) 회장, APAA 오스트레일리아부회 로버트 쉘스톤(Robert Shelston) 회장, APAA 대만부회 킹손 씨 라이(Kingson C. Lai) 회장, APAA 홍콩부회 헨리 제이 에이취 훼어(Henry J. H. Wheare) 회장, APAA 싱가포르부회 머지아나 하크(Murgiana Haq) 회장, APAA 태국부회 분마 테자바니아(Boonma Tejavania) 회장, APAA 필리핀부회 마뉴엘 씨 케이시스(Manuel C. Cases) 회장, 국제상공회의소 모조품방지위원회 알랭 트리에(Alain Thrierr) 위원장 등 귀빈 11명을 내 사비로 왕복 이등석 항공요금과 2박 3일 호텔 숙박료까지 부담하여 초청하였다.

이 행사를 기념하기 위하여 지식재산권과 관련되는 논문과 표어까지 현상공모하여 당선작도 발표하였다.

그러나 이 행사를 마치고 한 달쯤 지났을 때, 어느 한 회원이 내가 공금으로 세계 각국의 변리사회장들을 초청하여 개인선전을 하였다고 험담을 하길래 변리사회로 이 회원을 오게 하여 사무국 실무자로 하여금 내가 사비로 초청하였다는 사실을 해명하자 이 회원이 사과하고 돌아갔다.

대한변리사회 창립 50주년 기념행사
(세계 각국의 변리사회장들과 함께. 필자는 좌로부터 일곱째)

대한변리사회 창립 50주년 기념행사(좌로부터 고(故) 전준항 전(前) 회장, 박홍식 전(前) 청장, 고(故) 문기상 전(前) 국장, 정해주 청장, 필자, 고(故) 남상선 전(前) 회장, 고(故) 정우훈 전(前) 회장)

공신력 제고를 위한 3인 공인감정제도

　1996년 8월, 내가 대한변리사회장 재임 시, 공신력 제고를 위해 대한변리사회의 감정사건운용규정을 전면 개정하였다. 법원, 검찰 또는 경찰에서 변리사회로 특허, 실용신안, 디자인, 상표 등 산업재산권에 관한 감정을 의뢰하여 오면, 종전에는 한 사람의 변리사가 감정하던 것을 세 사람이 합동으로 하되, 감정사건과 직접적으로 관련이 있는 기술 분야의 감정인 1인과, 부감정인 1인, 나머지 법률전공 부감정인 1인 등 세 사람의 회원을 선정하여 감정토록 하는 3인 공인감정제도를 채택하였다. 이 세 사람도 의뢰받은 감정사건과 관련하여 출원, 이의신청 또는 심판대리를 하였거나, 고문을 맡는 등 이해관계가 있는 회원은 감정인 선정과정에서 제척하였다. 그리고 감정인으로 지명되더라도 이해관계가 있으면 스스로 회피하도록 하였다.

　아울러 감정서를 관계기관에 송부한 후, 일정한 기간이 경과하면 감정서 내용을 공개함으로써 감정서의 공개에 자신이 없는 회원들은 스스로 감정하지 않도록 유도하였다. 또 감정서 작성 시 소수의견도 기재하도록 하여 판사나 검사의 기록 검토 시 실질적인 도움을 주도록 배려하여 법원행정처장과 검찰총장으로부터 크게 칭찬을 받은 적이 있다.

　그리고 종래에는 법원, 검찰, 경찰 등 공공기관의 의뢰가 있어야만 공인감정을 수행하였으나, 공공기관이 아닌 일반인들도 의뢰할 수 있도록 하여 불필요한 분쟁을 사전에 줄여나가도록 배려하였다.

변리사 무료상담제도 신설

회장 재임 당시 보람 있게 생각되는 또 한 가지 일은 변리사의 무료상담제도를 신설한 일이다. 기존에는 특허상담을 받으려면 변리사 사무소로 찾아가야 했는데, 출원인의 불편을 덜어주고자 관계기관 내에 변리사를 상주시켜 상담을 해줄 수 있도록 했다.

1996년 3월 대한변리사회장 재임 시에 서울 여의도에 있는 중소기업청 산하 중소기업진흥공단 내에 특허상담센터를 개설하고 자원봉사회원들을 매일 이 센터로 파견하여 중소기업들을 위한 무료특허상담을 실시하였다.

또 1996년 6월에는 서울 강남구 테헤란로에 있는 특허청 종합민원실 내에도 특허상담실을 마련하여 여기에도 자원봉사회원들을 매일 파견하여 일반 민원인들이 부담 없이 무료로 특허상담을 받을 수 있도록 하였다. 이때 시작한 특허청 종합민원실 내의 무료특허상담은 지금도 회원들의 자원봉사로 수행되고 있어 보람 있는 시도였다고 생각한다.

한·중·일 3국 변리사회장의 공동선언문 채택

대한변리사회 회장 재임 시, 나는 개발도상국 발전을 위하여, 한·중·일 3국 변리사회장의 공동선언문을 채택하여 변리사의 활발한 국제 활동의 발판을 다져 놓을 수 있었다.

1997년 10월 24일, 일본변리사회 다나까 마사하루(田中 正治) 회장과, 중국 변리사회 거보(戈泊) 회장과 나는 일본 삿포로시에서 만나 다음과 같은 사항에 대하여 합의하고 공동선언문에 서명하여 이를 언론에 발표하였다. 이 선언문의 취지에 따라 한국과 일본 및 중국 변리사회는 네팔, 라오스, 마카오, 몽골, 미얀마, 베트남, 스리랑카, 캄보디아 등의 나라에 변리사제도와 변리사회 설립을 적극적으로 지원하여 왔다.

1. 한 · 중 · 일 변리사회는 아시아국가 중 변리사제도가 없는 나라에 변리사제도를 만들도록 지원한다.
2. 한 · 중 · 일 변리사회는 아시아국가 중 변리사회가 없는 나라에 변리사회를 설립하도록 지원한다.
3. 한 · 중 · 일 변리사회는 아시아국가 중 변리사제도가 없는 나라에 변리사제도와 변리사회가 창립되면, 이 나라의 지식재산제도 발전을 위하여 적극적으로 지원한다.

JOINT STATEMENT

Summit Meeting of the Patent Attorneys Associations
of Japan, Korea, and China

24th October, 1997, Sapporo

The Presidents of the Japan Patent Attorneys Association, the Korea Patent Attorneys Association, and the All-China Patent Agents Association have mutually reached a common understanding on the point that the importance of intellectual property rights and the roles of patent attorney systems will become ever greater as the 21st century approaches.

We, therefore, hereby declare that, for the purpose of establishing better systems for the protection of intellectual property rights as well as the development of patent attorney's professional services in the world, particularly in the Asian region, our three associations shall cooperatively strive to perform the following activities:

1. To give support to the establishment of patent attorney systems in those Asian countries where no patent attorney systems have ever existed.

2. To give support to the activities of the patent attorneys for the establishment of patent attorney associations in their respective countries.

3. To organize conference for patent attorneys from respective countries to enable these patent attorneys to exchange information and views with our associations on the activities mentioned in the foregoing.

By: _____
Masaharu Tanaka, President
JAPAN PATENT ATTORNEYS ASSOCIATION

By: _____
Myung Shin Kim, President
THE KOREA PATENT ATTORNEYS ASSOCIATION

By: _____
Dr. Ge Bo, President
THE ALL-CHINA PATENT AGENTS ASSOCIATION

한 · 중 · 일 변리사회장의 공동선언문(1997. 10. 24.)

영국변리사회와 자매결연 체결

1997년 10월, 내가 대한변리사회 회장으로 재임하고 있을 때, 영국변리사회 로버트 베크햄(Robert Backham) 회장과 지식재산분야에서 상호 정보를 교환하고 서로 협력하여 양국의 통상마찰을 중재하기로 약속하는 자매결연식을 서울 강남구 서초동의 변리사회관에서 개최하여 유럽의 각종 지식재산분야의 정보를 영국변리사회를 통하여 입수할 수 있게 되어 유럽과의 통상에 도움이 되었다.

이로써 대한변리사회는 1981년 9월에 일본변리사회와, 1990년 11월에는 프랑스변리사회와, 1991년 6월에는 중국변리사회와 각각 자매결연을 체결한 데 이어, 내가 회장으로 재임하던 1997년 10월에는 영국변리사회와 자매결연을 맺게 되었다. 그리고 그해 12월에는 미국지식재산법협회(미국변리사회에 해당)와도 공동세미나를 개최하는 등 더욱 본격적인 국제업무교류를 시작하였다.

특히 영국변리사회와 자매결연을 맺은 후, 저녁 식사시간에 로버트 베크햄 영국변리사회장이 군사무기에 관한 기술도입을 할 때에 유의사항을 언급해 준 기억이 지금도 생생하다. 일반적으로 첨단군사무기를 외국으로부터 도입할 때에는 반드시 기술도입계약이 체결되고, 그 로열티가 무척 비싸므로 이러한 군사기술도입계약에 관한 전문가를 양성할 필요가 있다는 것이었다. 국방부를 비롯하여 공무원들의 빈번한 인사이동이 있는 우리나라의 실정을 감안하여 볼 때, 꽤 의미심장한 충고였다고 되새겨진다.

한 · 영변리사회 자매결연 (1997. 10. 29.)

한 · 영변리사회 자매결연서(1997.10.29.)

특별회비 증지제도 실시

1979년 무렵에는 서울 강남구 반포동에 있던 대한변리사회 사무국에는 몇 명의 직원이 일하고 있었는데, 매달 월급을 제 때에 주는 것이 큰 걱정거리였고, 임대료 역시 제때 지불하기도 어려웠었다. 그때에는 회원이면 누구나 똑같은 금액의 일반회비를 납부하고 있었는데, 당시 회원 수가 고작 88명에 불과하여 이러한 회원 수로는 사무국 유지는 물론이고, 변리사회가 활발하게 활동할 수가 없었다. 그리하여 고육지책으로 생각해 낸 것이 특별회비제도였다.

회원이면 누구나 다 똑같은 금액을 월회비로 납부하던 통상적인 회비납부제도와는 달리, 특허청의 협조를 얻어 각 사무소가 취급한 사건이나 심판건수의 통계를 받아 이를 근거로 특별회비를 부과하여 변리사회의 수입으로 하자는 제도였다.

1978년에 특허청에 출원된 사건 수가 약 29,000건 정도였다. 1979년 변리사회 제22대 회장이신 고(故) 김의창 회장을 모시고 총무이사를 하던 내가 창안하여 제안한 특별회비 납부용 증지제도를 8월부터 시행하게 되었다. 사건 종류와 수임료의 등급에 따라 변리사회에서 회원들이 증지를 구입하여 위임장에 자발적으로 첨부하여 모은 기금 중 일부는 회관건립기금으로, 나머지 일부는 공제조합기금으로 적립하기로 하였다.

이 시기에는 지금과 달리 외국사건과 국내사건의 수수료에 큰 차이가 있었는데, 특허출원, 상표출원 및 심판사건 수수료를 각각 얼마 이상 받아도 된다고 경제기획원 장관이 인가하여 주던 시절이었다. 지금 같으면 「공정거래에 관한 법률」 위반문제 때문에 이러한 제도는 상상할 수도 없을 것이다.

임시총회를 개최하여 특별회비 징수를 위한 증지발급에 대하여 회원들이 만장일치로 의결을 하고, 이를 근거로 특허청에 업무협조를 요청하였다. 만약 위임장에 소정의 증지를 첨부하지 아니하면, 특허청 출원과나 특허심판원 서기과에서 변리사회로 통보하도록 하고, 이를 당해 회원에게 연락하여도 납부하지 아니하면, 변리사회에 공인감정의뢰 사건이 왔을 때 그 회원에게는 사건 배정을 하지 않을 뿐만 아니라, 그 명단을 회원들에게 공개하는 등의 조치로 이 제도가 차츰 자리 잡게 되었다. 그러나 당시 증지도난사건까지 발생하여 이에 대한 대책으로 증지 발행 시기에 따라 증지에 일련번호를 인쇄하고, 증지판매 시 구매한 회원명을 증지판매대장에 기입하는 등의 조치를 취하는 번거로움까지 겪었다.

1999년 1월 1일부터 특허, 상표 등 출원 업무를 온라인으로 처리하게 되었기 때문에 이 특별회비증지제도는 다시 예전 방식과 같이 특허청 통계에 따른 특별회비를 은행에 납부하고 있지만, 아직까지 그 어떤 나라에서도 이런 특별회비 납부제도를 가진 변리사회는 없는 것으로 알고 있다.

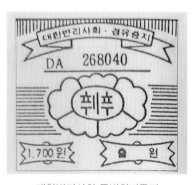

대한변리사회 특별회비증지

변리사의 공제조합기금 조성

　대한변리사회가 변리사회원들의 공제조합기금을 조성하게 된 배경에는 노령으로 생활이 어렵게 된 변리사가 사무장으로부터 월급을 받고 있는 사실을 알게 되었기 때문이었다. 특별회비의 일부로 적립된 공제조합기금이 마련되면, 노령으로 폐업 직전의 변리사에게 생활비를 보조하여 드림으로써 사실상 변리사의 명의대여를 예방하는 효과가 있을 것으로 생각하였다.

　작고하신 Y 변리사에게 내가 이 공제기금에서 마련한 돈을 생활비로 직접 전달한 기억이 있다. 그 후 세월이 흐르면서 노령의 변리사 수가 급증하고, 특별회비 증지제도는 출원 사건 통계에 따라 은행에 납부하는 제도로 환원되면서 공제조합제도 자체가 폐지되었다.

전문인 손해배상보험제도

어떤 전문직이나 업무수행 중 과실로 고객에게 손해를 입혔을 때에는 그 손해를 배상하게 된다. 특히 변리사는 특허를 취득하기 위한 절차를 수행하는 과정에 수많은 기일을 엄수하여야 하며, 특허를 받은 이후에도 소정의 기일 내에 세금을 납부하여야 그 특허권이 유지된다. 이러한 기일 체크를 게을리하거나, 잘못된 정보입력으로 고객에게 손해를 입혔을 때에는 그 손해를 배상하여야 한다.

내가 변리사회장으로 재임하고 있던 1996년에는 변리사는 물론이고 의사, 변호사, 공인회계사 등 전문직에 종사하는 사람들을 위한 손해배상보험제도가 없었다.

변리사의 경우, 기술명세서의 번역을 잘못하여도 정당한 권리를 행사할 수 없게 되어 손해배상청구의 대상이 된다. 일단 고객으로부터 손해배상청구가 들어오면 특히 외국사건의 경우, 그 금액이 엄청나므로 사전에 이에 대한 대비책으로 보험을 들어두지 않으면 큰 낭패를 볼 수밖에 없는 실정이었다. 그리하여 몇 군데 보험회사에 이런 상품을 개발하도록 권유하여 보았으나, 당시에는 그 수요가 그다지 많지 않다고 생각하였던지 소극적인 반응이었다.

그 후 열심히 설득하여 지금은 H 보험회사에서 변리사의 손해를 배상하는 보험을 실시하고 있는데, 우리 사무소의 경우 변리사 1인이 1건에 연간 10억 원의 손해를 고객에게 배상할 수 있는 보험에 들고 있다. 변리사 2인이나 3인이 공동대리를 하여 사고가 생기면 20억 원, 30억 원을 배상할 수 있게 된다.

이 보험회사는 변리사뿐만 아니라 변호사, 공인회계사, 의사, 세무사 등 전문직에 종사하는 사람들의 보험으로까지 확대하여 최근에는 보험사업이 성공적으로 진행되고 있다.

앞으로 인간의 정신적 창작물인 지식재산이 발전해 갈수록 그 가치가 점점 커질 것이 예견되는 만큼, 이러한 업무를 취급하는 변리사의 과실로 고객에게 입힐 수 있는 손해액 또한 점점 커질 것으로 전망된다. 따라서 모든 변리사가 이러한 손해배상보험제도를 이용하는 것이 좋을 것으로 생각된다.

대한변리사회를 법정단체로 되돌려 놓다

변리사를 업으로 활동하려면 모든 변리사는 반드시 대한변리사회에 가입하여야 한다는 변리사법에 의한 강제조항이 1999년에 삭제됨에 따라 대한변리사회가 임의단체로 되어 공익 법정단체로서의 의미가 퇴색되어 버렸었다.

대한변리사회 이상희 전 회장이 변리사회의 법정단체화를 위하여 적극적으로 입법활동을 함으로써 2005년 8월 국회 산업자원위원회 이병석 의원의 대표발의로 여·야 의원 15명이 변리사법개정안을 마련하여 2006년 2월 국회를 통과시킴으로써 임의단체로 전락하였던 변리사회가 7년 만에 다시 법정단체로 환원되었다. 나도 이상희 회장의 이 운동에 적극 협력하였다.

이러한 변리사법 개정을 추진하여 대한변리사회의 기반을 더욱 공고히 해주신 이상희 전 회장께 전 회원들과 함께 다시 한번 진심으로 감사드린다.

대한변리사회 법정단체화 출범 축하연

21세기 지식재산권보호 첨병역할 강화

지난 9일(목) 변리사회의 법정단체화를 골자로 하는 변리사법개정법률안이 국회를 통과함에 따라 대한변리사회가 법정단체화로 새로운 출발을 하게 됐다.

대한변리사회(회장이상희)는 지난 16일(목) 라마다 르네상스 호텔 다이아몬드볼룸에서 특허가족 등이 모인 가운데 법정단체화 출범에 따른 축하행사를 가졌다.

이날 축하연에는 변리사법개정법률안을 대표 발의한 이병석 의원(한나라당)과 김종갑 산자부 차관, 최공웅 전 특허법원장, 유영기 한국특허정보원장, 조백제 서울디지털대학교 총장, 손영복 한국기술거래소 사장, 이철호 대한건축사협회 회장 등 많은 유관단체장과 회원 70여명이 참석했으며, 언론사에서도 많이 참석해 관심을 보였다.

이상희 회장은 인사말에서 금번 법개정은 지식재산권이 국가 및 기업의 핵심경쟁력으로 급부상하면서 지식재산권 전문가인 변리사의 역할이 제대로 평가받은 것이라며, 앞으로 변리사의 위상강화와 전문성을 키우기 위해 공익사업의 확대와 함께, IP-MBA 개설 및 미국변호사자격 취득 등을 적극 지원하겠다고 밝히고 법개정을 위해 성원을 보내준 과학기술단체, 발명가단체 및 회원들에게 고마움을 표시했다.

이어 이병석 의원 및 김종갑 차관, 최공웅 전 특허법원장은 축사를 통해 법개정에 많은 어려움도 있었지만 법정단체화로 국내 유일의 변리사단체로 출범하게 되어 기쁘게 생각한다며, 21세기 국가경쟁력 강화를 위해 지식재산권 전문가인 변리사의 역할이 커진 만큼 변리사회의 발전을 기대한다고 밝혔다.

전상우 특허청장은 바쁜 일정으로 참석하지 못했으나 축하메시지를 통해 지식재산권분야 발전의 중요한 계기가 마련된 만큼 대한변리사회가 지식재산권분야 발전을 위한 역량을 발휘해줄 것을 당부했다.

대한변리사회 『특허와 상표』 신문기사(2006.2.20.)

대한변리사회 법정단체화 출범 축하연

○ 21세기 지식재산권보호 첨병 역할 강화

지난 9일(목) 변리사회의 법정단체화를 골자로 하는 변리사법개정법률안이 국회를 통과함에 따라 대한변리사회가 법정단체화로 새로운 출발을 하게 됐다.

대한변리사회(회장 이상희)는 지난 16일(목) 라마다르네상스호텔 다이아몬드볼룸에서 특허가족 등이 모인 가운데 법정단체화 출범에 따른 축하 행사를 가졌다. 이날 축하연에는 변리사법개정법률안을 대표 발의한 이병석 의원(한나라당)과 김종갑 산자부 차관, 최공웅 전 특허법원장, 유영기 한국특허정보원장, 조백제 서울디지털대학교 총장, 손영복 한국기술거래소 사장, 이철호 대한건축사협회 회장 등 많은 유관단체장과 회원 70여 명이 참석했으며, 언론사에서도 많이 참석해 관심을 보였다.

이상희 회장은 인사말에서 금번 법 개정은 지식재산권이 국가 및 기업의 핵심경쟁력으로 급부상하면서 지식재산권 전문가인 변리사의 역할이 제대로 평가받은 것이라며, 앞으로 변리사의 위상 강화와 전문성을 키우기 위해 공익사업의 확대와 함께, IP—MBA 개설 및 미국 변호사 자격 취득 등을 적극 지원하겠다고 밝히고 법 개정을 위해 성원을 보내준 과학기술단체, 발명가 단체 및 회원들에게 고마움을 표시했다.

이어 이병석 의원 및 김종갑 차관, 최공웅 전 특허법원장은 축사를 통해 법 개정에 많은 어려움도 있었지만 법정단체화로 국내 유일의 변리사단체로 출범하게 되어 기쁘게 생각한다며, 21세기 국가경쟁력 강화를 위해 지식재산권 전문가인 변리사의 역할이 커진 만큼 변리사회의 발전을 기대한다고 밝혔다.

전상우 특허청장은 바쁜 일정으로 참석하지 못했으나 축하메시지를 통해 지식재산권분야 발전의 중요한 계기가 마련된 만큼 대한변리사회가 지식재산권분야 발전을 위한 역량을 발휘해 줄 것을 당부했다.

대한변리사회, 법정단체화로 지재권 민간대표기구로 급부상

2월 9일 변리사법일부개정법률안 국회 본회의 통과

제2의 탄생 … 지식재산경제 실현 앞장서야

세계 경제가 바야흐로 '지식', 'Idea Economy'체제로 급속히 변화하고 각국이 치열한 지식재산권전쟁을 치루고 있는 시점에서 국내에서도 지식재산권보호를 위한 변화의 바람이 불고 있는 가운데 지난 9일(목) 제28회 임시총회에서 변리사법일부개정법률안이 국회 본회의를 통과하며 우리나라도 지식재산경제체제로 한걸음 다가섰다.

대한변리사회(회장 이상희)의 숙원사업이었던 법정단체화는 이상희 회장의 취임과 함께 회의 역점사업으로 추진해 왔던 것으로 지난 2년간 과학기술단체, 발명가단체, NGO 및 회원여러분들의 따뜻한 성원과 진심어린 격려에 힘입어 이뤄진 것으로 회의 역사에 한 획을 긋는 뜻 깊은 일이다.

지난 2년간 대한변리사회는 법정단체화를 추진하면서 특허법원, 특허청 등 유관단체와의 의견조율과 함께 법률전문가를 통한 법안 등의 충분한 검토와 과학기술계 및 발명가

단체 등과의 간담회를 개최하고 법정단체화의 당위성을 설명했으며, 일부 회원들의 변리사법 제4조의 훼손우려에 대한 의견에 대해서도 공청회 및 간담회를 개최하는 등 법정단체화를 위해 회 역량을 집중해 왔다. 특히, 변리사의 권익보호나 현안사항의 신속한 해결을 위해 변호사 출신 변리사를 부회장으로 선임하는 등 조직을 보강 확대했다.

대한변리사회는 1946년 창립 이래 50년간 법정단체로 유지되어 왔으나 1998년 당시 정부의 규제개혁완화차원에서 임의단체로 바뀌는 바람에 회원 수가 급격히 줄어들었으며 재정악화로 공익사업과 지식재산권 민간분야 외교에 있어서 한계를 보여 왔던 것이 사실이다.

지식재산권 국가경제 핵심으로 인식

금번 법 개정은 지식재산권이 국가 및 기업의 핵심경쟁력으로 떠오르면서 여, 야 국회의원 및 각계각층이 법정단체화에 적극적인 지지를 보였다.

특히, 국회 법제사법위원회 법률안 심의과정에서 법정단체화로 인해 특허청 등록만으로 변리업무를 해오던 변호사 출신 변리사들에 대한 기득권 침해문제로 이들에 대해서는 의무가입에서 제외하자는 본회의 수정제안에도 당초 출신 국회의원들이 변호사들의 특별대우가 오히려 형평성에 어긋난다며 변호사출신 변리사들도 의무가입이 되어야 한다며 수정제안을 하여 만장일치로 통과 되었다.

이는 지식재산권의 국가경제에서의 중요성에 대한 기대와 함께 지식재산권 보호의 청병인 변리사의 역할을 제대로 평가 받은 것으로 앞으로 변리사의 사회적 책임 또한 높아졌다.

법정단체화 공익사업 확대, 전문성 강화

대한변리사회의 법정단체화로 본 법안의 공포로부터 3개월 이내에 변리서비스를 '업'으로 영위하고자하는 모든 특허청 등록변리사는 변리사회에

의무적으로 가입하여야 한다.

대한변리사회는 법정단체화로 인한 회원의 증가와 함께 재정확대로 본회의에서 실시하고 있는 특허법률구조사업, 공익변리사제도, 특허분쟁상담센터 등 공익사업의 확대와 지식변천의 급속한 국제화에 따라 전문성을 높이기 위해 변리사들의 보수교육을 강화할 계획이다. 또한, 지식재산연구소의 활성화를 통한 지식재산전반에 관한 계몽교육을 실시할 방침이다.

국익위한 지재권 민간외교 강화

대한변리사회의 대표성이 강화원 만큼 국제사회에서의 지위와 역할이 상승되어 국익을 위한 지재권 민간외교활동을 적극 펼칠 수 있을 것으로 기대가 모아진다.

특히, 급변하는 해외 지식재산권 환경 변화에 관한 정보 수집과 제공으로 한국의 지식재산권 국제경쟁력 제고에 이바지할 수 있다.

이 밖에 세계 지식재산시장 흐름에 정부가 신속하게 대응할 수 있도록 지식재산업계의 정보 및 의견을 신속·정확하게 전달함으로써 정부의 지식재산권 정책수립에 일조할 것으로 기대된다.

대한변리사회 『특허와 상표』 신문기사(2006.2.20.)

대한변리사회,
법정단체화로 지재권 민간대표기구로 급부상

"2월 9일 변리사법 일부개정법률안 국회 본회의 통과"
– 제2의 탄생… 지식재산경제 실현 앞장서야

세계 경제가 바야흐로 '지식', 'Idea Economy' 체제로 급속히 변화하고 각국이 치열한 지식재산권 전쟁을 치르고 있는 시점에서 국내에서도 지식재산권보호를 위한 변화의 바람이 불고 있는 가운데 지난 2006년 2월 9일(목) 제258회 임시 국회에서 변리사회의 법정단체화를 위한 변리사법 일부개정법률안이 국회 본회의를 통과하여 우리나라도 지식재산경제체제로 한 걸음 다가섰다.

대한변리사회(회장 이상희)의 숙원사업이었던 법정단체화는 이상희 회장의 취임과 함께 회의 역점사업으로 추진해 왔던 것으로 지난 2년간 과학기술단체, 발명가단체, NGO 및 회원 여러분의 따뜻한 성원과 진심어린 격려에 힘입어 이뤄진 것으로 대한변리사회의 역사에 한 획을 긋는 뜻깊은 일이다.

지난 2년간 대한변리사회는 법정단체화를 추진하면서 특허법원, 특허청 등 유관단체와의 의견 조율과 함께 법률전문가를 통한 법안 등의 충분한 검토와 과학기술계 및 발명가 단체 등과의 간담회를 개최하고 법정단체화의 당위성을 설명했으며, 일부 회원들의 변리사법 제8조의 훼손 우려에 대한 의견에 대해서도 공청회 및 간담회를 개최하는 등 법정단체화를 위해 당회의 역량을 집중해왔다. 특히 변리사의 권익보호 및 현안사항의 신속한 해결을 위해 변호사 출신 변리사를 부회장으로 선임하는 등 조직을 보강 확대했다.

대한변리사회는 1946년 창립 이래 54년간 법정단체로 유지되어 왔으나 1999년 당시 정부의 규제개혁 완화 차원에서 임의단체로 바뀌는 바람에 회원 수가 급격히 줄어들었으며, 재정 악화로 공익사업과 지식재산권 민간분야 외교에 있어서 한계를 보여왔던 것이 사실이다.

지식재산권, 국가경제 핵심으로 인식

금번 법 개정은 지식재산권이 국가 및 기업의 핵심경쟁력으로 떠오르면서 여야 국회의원 및 각계각층이 법정단체화에 적극적인 지지를 보였다. 특히 국회 법제사법위원회 법률안 심의과정에서 법정단체화로 인해 특허청 등록만으로 변리업무를 해오던 변호사 출신 변리사들에 대한 기득권 침해문제로 이들에 대해서는 의무가입에서 제외하자는 본회의 수정제안에도 변호사 출신 국회의원들이 변호사들의 특별대우가 오히려 형평성에 어긋난다며 변호사 출신 변리사들도 의무가입이 되어야 한다며 수정제안을 하여 만장일치로 통과되었다.

이는 지식재산권의 국가경제에서의 중요성에 대한 기대와 함께 지식재산권 보호의 첨병인 변리사의 역할을 제대로 평가받은 것으로 앞으로 변리사의 사회적 책임 또한 높아졌다.

법정단체화, 공익사업 확대, 전문성 강화

대한변리사회의 법정단체화로 본 법안의 공포로부터 3개월 이내에 변리서비스를 '업'으로 영위하고자 하는 모든 특허청 등록변리사는 변리사회에 의무적으로 가입하여야 한다.

대한변리사회는 법정단체화로 인한 회원의 증가와 함께 개정확대로 본회에서 실시하고 있는 특허법률구조사업, 공익변리사제도, 특허분쟁상담센터 등 공익사업의 확대와 기술변혁 및 지재권의 급속한 국제화에 따라 전문성을 높이기 위해 변리사들의 보수교육을 강화할 계획이다. 또한, 지식재산연구소의 활성화를 통한 지식재산전반에 관한 계몽교육을 실시할 방침이다.

국익 위한 지재권, 민간외교 강화

대한변리사회의 대표성이 강화된 만큼 국제사회에서의 지위와 역할이 상승되어 국익을 위한 지재권 민간외교활동을 적극 펼칠 수 있을 것으로 기대가 모아진다.

특히 급변하는 해외 지식재산권 환경 변화에 관한 정보 수집과 제공으로 한국의 지식재산권 국제경쟁력 제고에 이바지할 수 있다.

이밖에 세계 지식재산시장 흐름에 정부가 신속하게 대응할 수 있도록 지식재산업계의 정보 및 의견을 신속·정확하게 전달함으로써 정부의 지식재산권 정책수립에 일조할 것으로 기대된다.

변호사법개정안 반대운동에서 변리사법 개정까지

1990년 변호사법개정안이 의원입법으로 국회에 제출되었는데, 그 내용은 '변호사 자격만 있으면 법무사, 변리사, 세무사, 공인노무사, 공인중개사의 자격을 자동으로 취득하며, 이와 같은 전문 자격사단체에 입회하거나 그 어떤 연수를 받지 아니하고도 모든 관련 업무를 수행할 수 있다.'라는 것이었다.

변호사법이 원안대로 개정되면 그 피해는 모두 국민들에게 돌아갈 것이 자명하며, 각고의 노력 끝에 자격시험에 합격하고 전문성 있는 업무능력을 갈고닦아 온 전문분야 시험합격자들에게 절망적인 박탈감을 안겨주는 것은 불 보듯 뻔한 일이었다.

당시 대한변리사회 남상선 회장 재임 시, 나는 부회장으로 일하던 시기였는데, 관련 자격사 단체들 모두가 태산같이 걱정하고 있었다. 나는 바로 한국공인중개사협회 회장을 만나 이 법안의 내용을 설명한 후, 전국 공인중개사들의 적극적인 협조를 받기로 약속을 받아내고, 5개 단체가 공동으로 대처해 나가기로 하여, 공동성명서를 발표하는 등 변호사법개정에 대해 적극적으로 대처해 나갔다. 그중에서도 전국의 공인중개사들이 각 지역구 국회의원사무소에 전화하여 일방적으로 변호사들만 편든다면 다음 선거 때에는 밀어줄 수 없다고 집단적으로 강력하게 항의를 한 것이 특별하게 주효하여 이 법안은 약 5개월 후에 철회되었다.

모든 자격사들은 그들만의 전문성이 있고, 소정의 연수를 받으면서 실무를 하고 있는데, 변호사라고 하여 실무를 모르면서도 모든 것을 다 잘할 수 있다고 한 것은 무리였다고 여겨지는 바, 이러한 모습이 과연 변호사법이 지향하는 "사회정의를 실현하는 길인지?" 되묻지 않을 수 없다.

그 후 2015년 대한변리사회 고영회 회장은 변호사의 변리사 자동자격 폐지 서명운동을 펼치고 있었는데, 나는 회원들을 포함하여 일반 국민들로부터 무려 8,874명의 서명을 받아 이를 2015년 11월 고영회 회장에게 전달하였고, 이상희 전 회장을 비롯하여 전 임직원이 전심전력으로 입법활동을 펼친 결과, '변호사라 하더라도 변리사법에 따른 6개월의 실무연수를 반드시 거쳐야 변리사 자격을 취득할 수 있도록' 변리사법이 개정되었다.

이러한 서명운동을 벌일 때, 많은 분들이 수고를 했지만, 그중에서도 특히 대구의 백홍기, 유호일 변리사와 부산의 김영옥 변리사가 적극적으로 도와주었음에 감사드린다.

변호사의 변리사자동자격 폐지 지지서명지 전달
(좌측이 필자, 우측은 대한변리사회 고영회 회장)

변리사의 선택적 공동소송대리제도 운동

2006년 11월, 변호사가 소송대리인으로 선임되어 있는 사건에서, 소송당사자가 원하면 변리사를 추가로 소송대리인으로 선임하는 변리사법개정안이 국회 산업통상자원위원회를 통과하였으나, 법제사법위원회 계류 중에 회기만료로 이 법안이 폐기되었다.

2007년 1월, 대한변리사회 안광구 회장 재임 시, 한국과학기술단체총연합회, 전국자연과학대학학장협의회, 전국공과대학장협의회, 대한상공회의소, 중소기업협동조합중앙회 명의로 특허침해소송대리제도 개선을 위한 국회의 입법을 촉구하는 성명서를 각 일간지에 발표하였다.

그 후 2008년 11월, 상기 법안과 동일한 취지의 변리사법개정안이 다시 한 번 국회 지식경제위원회를 통과하였으나, 이것 역시 법제사법위원회에 계류 중에 회기만료로 법안이 폐기되었다.

변리사법 제8조에 의거해서 변리사는 특허법원과 대법원에서 특허소송사건을 대리하고 있음에도 불구하고, 특허침해 사건에서만 변리사의 소송대리권을 인정하지 않기 때문에 소송당사자의 실익을 고려하여, 변호사가 소송대리인으로 선임되어 있는 특허권침해사건에서 소송당사자가 원하면, 변리사를 추가로 소송대리인으로 선임할 수 있도록 하자는 것이 이 변리사법 개정안의 취지였다.

나는 변리사의 선택적 공동소송대리가 현실적으로 받아들일 수 있는 제도라서 2011년 8월 25일 동아일보에 기고한 칼럼을 통하여 이를 지지하게 되었다. 만약 소송당사자가 변호사만으로 소송을 수행하기를 원하면, 그렇게 해도 된다는 것이다. 당시 여론조사에 따르면, 특허침해소송을 해 본 기업들의 74.3%가 변호사와 변리사가 공동으로 소송을 수행하기를 바라고 있었다. 일반적으로 전문적인 기술내용을 잘 모르는 변호사는 변리사가 작성하여 준 기술 관련 문서를 그대로 법원에 제출하여 왔으며, 구두변론이 열리게 되면 핵심기술 내용을 설명하느라 애를 먹고 있는 실정을 소송당사자들이 잘 알고 있었기 때문이었다.

특허침해소송은 특허법이라는 특수한 법 영역과 고도의 전문적인 기술에 대한 지식을 가지고 민사소송실무에도 밝은 사람이 소송대리를 하는 것이 이상적인데, 변호사도 변리사도 이 세 가지를 다 갖추었다고 하기는 어렵다.

우리나라와 비슷한 제도를 가진 일본은 2001년에 사법제도개혁심의회가 사건 당사자들의 요청과 국가경쟁력 제고를 위하여 변호사가 소송대리인으로 있는 사건에 있어서, 변리사에게 특허침해소송대리권을 추가로 부여하도록 정부에 건의하여 현재 시행 중이다.

삼성전자와 애플의 휴대전화기술 특허권을 둘러싼 국제특허침해소송에서 기술내용을 모르는 변호사만으로 소송에 대처한다는 것은 상상도 할 수 없는 일이다. 지식재산기본법의 취지, 이공계 기피 현상의 해소 및 573개 과학기술단체들의 염원 등을 종합적으로 고려하여 볼 때, 이제는 근시안적인 변호사만의 직역 보호보다 국익을 먼저 생각하는 현명한 결정을 하여야 할 시기가 도래하였다고 생각한다.

(부록 2011년 8월 25일『동아일보』「변리사의 선택적 공동소송대리」참조)

특허침해소송 대리제도 개선을 위한
국회의 입법을 촉구한다

1. 우리의 합리적인 청원을 수용하기 위한 국회의 조속한 입법을 촉구한다.

변리사법은 1961년 제정 당시 제8조에서 "변리사는 특허·실용신안·디자인 또는 상표에 관한 소송에 관하여 그 소송대리인이 될 수 있다."라고 규정하였지만 입법 후 45년이 지나도록 제대로 시행되지 못하고 있다. 이에 우리는 변리사법의 개정을 청원하기에 이르렀다.

2004년 9월 전국의 자연과학대학 및 공과대학장 116명이 특허침해소송의 변호사·변리사의 공동대리 허용을 촉구하는 청원서를 국회에 제출하였다.

2005년 6월 국회 산업자원위원회에서 개최한 공청회에 참석한 기업 대표는 다음과 같이 진술하였다. "기업은 신기술의 초기 개발단계로부터 개발된 기술의 권리화에 이르기까지 전 과정에 걸쳐 주로 변리사와 공동으로 작업을 수행하고 있다. 특허법원에 제기되는 심결취소소송의 경우 변리사에게 대리하도록 하는 경우가 대부분이며, 동일한 기술내용에 대하여 민사법원에 특허침해소송이 제기되는 경우에는 변리사의 소송대리가 불가능하여 변호사에게 맡기고 있는 실정이다. 소송대리인으로 변호사 또는 변리사만을 선임하거나, 변호사·변리사를 공동으로 선임하는 것은 사안에 따라 기업이 선택할 문제이다. 그 사안에 대하여 사활이 걸린 주체는 소송대리인이 아니라 바로 이해당사자인 기업이기 때문이다."

2005년 9~10월에는 36개 사업자단체, 173개 학회, 39개 연구원·연구소, 19개 대학 이공계 학생 8,000여 명이 국회에 청원서를 다시 제출하였다.

우리의 합리적인 청원을 수용하기 위해 12명의 국회의원이 2005년 11월 '특허침해소송의 변호사·변리사 공동대리'를 골자로 한 변리사법 개정안을 발의하였으나, 국회 산업자원위원회에서 변호사 출신 국회의원이 변호사·변리사 간의 직역다툼으로 몰면서 극력 반대하고, 국회는 이를 방치하여 의결하지 못하였다는 소식에 접하면서 과연 국회의원이 누구를 위해 일하는 것인지 의구심을 갖지 않을 수 없다.

2. 우리는 기술영역에 속하는 특허침해소송에 변리사가 참여할 수 있는 법적 틀을 마련할 것을 요구한다.

특허는 21세기 지식기반사회에서 한 사회가 과학기술발전을 위해 쏟아 부은 지식의 총체이자 국가경쟁력의 근간을 이루는 지식재산권이며, 변리사는 특허제도의 질적·양적 팽창과 전문화에 따라 튼튼한 해당 분야의 전문가이다. 과학의 발전과 기술의 선보호수호 지식재산권의 분야는 세분화되고 범위는 넓어질 수밖에 없다. 특허침해소송에 변리사의 기술전문성을 갖춘 변리사의 참여는 사회기능 문화의 효율성뿐만 아니라 국가의 과학기술 경쟁력을 지키는 시대의 흐름이기도 하다.

우리는 이번 변리사법 개정안에 반대하는 대한변호사협회의 주장을 경계하며 생산적인 토론의 장에 마주설 것을 촉구한다.

대한변호사협회는 홈페이지에 올린 의견서에서 "변호사로부터 일부 소송대리권을 빼앗아 변리사에게 부여하는 것은 합리적인 이유 없이 변호사의 입무영역을 침해함으로써 법치주의의 근간을 훼손하는 것"이라는 논리 비약을 하고 있다. 우리는 직역이기주의로 인해 상식적인 법 논리마저 저버린 이 같은 주장에 설명을 금할 수 없다. 우리는 기술전문가의 전문영역을 무시한 채 직역 침해만 주장하다가는 결국 기술개발이 저해되고 지식재산권이 침해당하고 국가경쟁력이 저하되는 최악의 현실을 맞게 될 것이라는 점을 심히 우려한다.

우리는 한 사회의 경쟁력을 결정짓는 중요한 키워드가 전문 직역 간의 건전한 경쟁이라는 점을 강조한다.

법률서비스의 수요·공급 차원에서 보아도 특허침해소송의 변호사·변리사 공동대리제도는 당연히 시행되어야 한다. 수요자인 국민은 특허침해소송에 있어서 소송대리인 선택권을 갖게 되어 자신이 원하는 전문적 서비스를 공급받을 수 있게 되는 것이며, 공급자인 변호사·변리사는 법률서비스시장에서 시장논리에 따라 자신의 전문성을 수요자의 선택에 맡기는 것이다.

3. 우리는 변리사법 개정 논의의 본질이 변호사·변리사 간 직역다툼이 아니라 지식재산권 보호를 위한 기술전문성 강화라는 점을 분명히 한다.

첨단기술이 고도로 발달하면서 이공계 출신의 기술전문가라도, 대학을 졸업한 지 몇 년이 지나면 해당 기술의 내용은 물론 용어조차 생소해지게 되고, 특허출원을 심사하는 공무원들도 관련 연구소나 대학에서 지속적으로 지식을 충전하지 않으면 새로운 기술을 제대로 이해하기 어려운 상황이 되었다.

이러한 상황을 감안하여 특허법원의 심결취소소송에서는 특허청 과장 출신의 기술심리관이 법정에서 특허법원 판사와 함께 소송을 심리하고 있다. 그런데 심결취소소송과 동일한 기술내용에 대하여 특허침해소송이 제기되는 경우 특허발명과 관련된 기술에 대한 사실확인을 통해 특허권의 침해 여부를 판단하는 것이 핵심인데도 불구하고 관련 기술에 대한 이해가 없는 변호사만이 변론할 수 있도록 하는 것은 21세기 지식기반사회에서 필수적으로 요구되는 기술전문성을 완전히 무시하는 것이다.

특허침해소송에서 변호사는 사건수임과 법정출석을 맡고 있을 뿐 실제로는 기술전문가인 변리사가 실무를 맡는 것은 업계의 관행으로 굳어진 지 오래다. 변리사법 개정안에 반대하는 대한변호사협회는 국가경쟁력 강화라는 큰 틀에서 우리의 주장을 다시 바라볼 것을 촉구한다.

4. 미래의 대한민국을 짊어지고 나갈 이공계 학생들을 더 이상 좌절감에 빠지게 해서는 안된다.

법과대학생들이 사법시험에 합격하여 변호사가 되면 과학기술분야의 한 과목도 시험 보지 않고 이공계의 전문직역인 변리사 자격을 자동으로 부여하면서, 이공계 학생들은 과학기술분야 과목은 물론 산업재산권법·민법개론·민사소송법 등 법학에 대해서 처서 변리사가 되어도 특허침해소송의 대리에 참여할 수 없는 불평등한 제도가 시행되고 있다.

시험과목이 거의 대부분 다른데도 불구하고 변호사에게 변리사 자격을 자동으로 부여하는 것이 불합리하다는 것은 더 설명할 필요가 없을 것이다. 이는 마치 법과대학 졸업생에게 법학사 학위뿐만 아니라 공학사 학위까지 수여하는 것과 같은 것이다.

그럼에도 불구하고 이공계 학생들의 청원에서 변호사에게 변리사 자격을 부여하지 말라는 것이 아니라, 특허침해소송에 변리사도 소송대리인으로 참여할 수 있도록 허용해 달라고 촉구하고 있다. 이는 변호사의 기득권을 무시하지 않으면서 자신들이 기술전문가로서 할 수 있는 일을 허용하라는 실상의 요구이다. 앞으로 우리나라를 짊어지고 나갈 이공계 학생들에게 자부심과 꿈을 심어주지는 못할망정 그들이 기술전문성을 살려 할 수 있는 일까지 막아서는 안된다.

5. 이번 변리사법 개정안은 변호사의 직역을 침해하거나 다른 나라에 없는 특이한 제도를 도입하려는 것이 아니다.

국회 산업자원위원회에 계류되어 있는 변리사법 개정안은 특허침해소송에 있어서 소송당사자가 원하는 경우, 변호사가 선임된 상태에서 변리사를 공동소송대리인으로 선임할 수 있도록 하는 것을 주요내용으로 하고 있다.

이번 변리사법 개정안은 변호사의 기득권을 침해하지 않으면서 특허침해소송에서 사활이 걸린 소송당사자가 자신의 권익보호를 위해 변호사 외에 변리사를 추가적으로 선임할 수 있도록 하는 것이다.

특허침해소송의 변호사·변리사의 공동대리제도는 기술선진국인 일본·영국·독일에서 오래전부터 시행되고 있으며, 우리나라의 기술격차를 좁혀오고 있는 중국에서는 변호사·변리사의 공동대리 뿐만 아니라 변리사의 단독대리까지 허용되고 있는 점을 주시하여야 한다.

6. 우리는 국회가 이번 변리사법 개정에 의지를 갖고 반드시 조속 처리할 것을 촉구한다.

과학기술인이 일선 연구개발 현장에서 국가경쟁력을 끌어올리는 주역이라면, 변리사는 막대한 시간·인력을 들여 개발한 연구성과를 지키기 위해 특허전쟁의 일선에 서야 할 지식재산권 보호의 첨병이기도 하다.

국회는 국가와 국민을 위해 건전한 이성과 상식을 바탕으로 국정을 다루고 입법활동을 수행하는 곳이어야 하며 특정 집단의 직역이기주의를 옹호하는 장소가 되어서는 안된다.

국회는 과학기술에 대한 입법철학과 변리사의 사회적 역할을 다시 상기해서 변리사법 개정안을 조속 처리할 것을 촉구한다.

2007년 1월

한국과학기술단체총연합회
전국자연과학대학장협의회·전국공과대학장협의회
대한상공회의소·중소기업중앙회

변리사의 선택적공동소송대리제도 개선에 관한 5개 단체의 성명서
(대한변리사회『특허와 상표』, 2007.1.20.)

「특허침해소송 대리제도 개선을 위한 국회의 입법을 촉구한다」

1. 우리의 합리적인 청원을 수용하기 위한 국회의 조속한 입법을 촉구한다.

변리사법은 1961년 제정 당시 제8조에서 "변리사는 특허·실용신안·디자인 또는 상표에 관한 소송에 관하여 그 소송대리인이 될 수 있다."라고 규정하였지만 입법 후 45년이 지나도록 제대로 시행되지 못하고 있다. 이에 우리는 변리사법의 개정을 청원하기에 이르렀다.

2004년 9월 전국의 자연과학대학 및 공과대학장 118명이 특허침해소송의 변호사·변리사의 공동대리 허용을 촉구하는 청원서를 국회에 제출하였다.

2005년 6월 국회 산업자원위원회에서 개최된 공청회에 참석한 기업 대표는 다음과 같이 진술하였다. "기업은 신기술의 초기 개발단계로부터 개발된 기술의 권리화에 이르기까지 전 과정에 걸쳐 주로 변리사와 공동으로 작업을 수행하고 있다. 특허법원에 제기되는 심결취소소송의 경우 변리사에게 대리하도록 하는 경우가 대부분이나, 동일한 기술내용에 대하여 민사법원에 특허침해소송이 제기되는 경우에는 변리사의 소송대리가 불가능하여 변호사에게 맡기고 있는 실정이다. 소송대리인으로 변호사 또는 변리사만을 선임하거나 변호사·변리사를 공동으로 선임하는 것은 사안에 따라 기업이 선택할 문제이다. 그 사안에 대하여 사활이 걸린 주체는 소송대리인이 아니라 바로 이해당사자인 기업이기 때문이다."

2006년 9~10월에는 36개 사업자단체, 179개 학회, 39개 연구원·연구조합, 19개 대학 이공계 학생 8,000여 명이 국회에 청원서를 다시 제출하였다.

우리의 합리적인 청원을 수용하기 위해 12명의 국회의원이 2006년 11월 「특허침해소송의 변호사·변리사 공동대리」를 골자로 한 변리사법

개정안을 발의하였으나, 국회 산업자원위원회에서 변호사 출신 국회의원이 이를 변호사·변리사 간의 직역다툼으로 몰면서 극력 반대하고 국회는 이를 방치하여 의결하지 못하였다는 소식에 접하면서 과연 국회의원이 누구를 위해 일하는 것인지 의구심을 갖지 않을 수 없다.

2. 우리는 기술영역에 속하는 특허침해소송에 변리사가 참여할 수 있는 법적 틀을 마련할 것을 요구한다.

특허는 21세기 지식기반사회에서 한 사회가 과학기술발전을 위해 쏟아 부은 지식의 총체이자 국가경쟁력의 근간을 이루는 지식재산권이며, 변리사는 특허제도의 질적·양적 팽창과 전문화에 따라 등장한 해당 분야의 전문가이다. 과학이 발전하고 기술이 진보할수록 지식재산권의 분야는 세분화되고 범위는 넓어질 수밖에 없다. 특허침해소송에 기술전문성을 갖춘 변리사의 참여는 사회직능 분화의 효율성뿐만 아니라 국가의 과학기술 경쟁력을 지키는 시대의 흐름이기도 하다. 우리는 이번 변리사법 개정안에 반대하는 대한변호사협회의 주장을 경계하며 생산적인 토론의 장에 마주설 것을 촉구한다. 대한변호사협회는 홈페이지에 올린 의견서에서 "변호사로부터 일부 소송대리권을 빼앗아 변리사에게 부여하는 것은 합리적인 이유 없이 변호사의 업무영역을 침해함으로써 법치주의의 근간을 훼손하는 것"이라는 논리 비약을 하고 있다. 우리는 직역이기주의로 인해 상식적인 법 논리마저 저버린 이 같은 주장에 실망을 금할 수 없다. 우리는 기술전문가의 전문영역을 무시한 채 직역 침해만 주장하다가는 결국 기술개발이 저해되고 지식재산권이 침해당하고 국가경쟁력이 저하되는 최악의 현실을 맞게 될 것이라는 점을 심히 우려한다. 우리는 한 사회의 경쟁력을 결정짓는 중요한 키워드가 전문 직역 간의 건전한 경쟁이라는 점을 강조한다. 법률서비스의 수요·공급 차원에서 보아도 특허침해소송의 변호사·변리사 공동대리제도는 당연히 시행되어야 한다. 수요자인 국민은 특허침해소송에 있어서 소송대리인 선택권을 갖게 되어 자신이 원하는 전문적 서비스를 공급받을 수 있게 되는 것이며, 공급자인 변호사·변리사는 법률서비스시장에서 시장 논리에 따라 자신의 전문성을 수요자의 선택에 맡기는 것이다.

3. 우리는 변리사법 개정 논의의 본질이 변호사·변리사 간 직역다툼이 아니라 지식재산권 보호를 위한 기술전문성 강화라는 점을 분명히 한다.

첨단기술이 고도로 발달하면서 이공계 출신의 기술전문가마저도 대학을 졸업한 지 몇 년이 지나면 해당 기술의 내용은 물론 용어조차 생소해지게 되고, 특허출원을 심사하는 공무원들도 관련 연구소나 대학에서 지속적으로 지식을 충전하지 않으면 새로운 기술을 제대로 이해하기 어려운 상황이 되었다.

이러한 상황을 감안하여 특허법원의 심결취소소송에서는 특허청 과장 출신의 기술심리관이 법정에서 특허법원 판사와 함께 소송을 심리하고 있다. 그런데 심결취소소송과 동일한 기술내용에 대하여 특허침해소송이 제기되는 경우, 특허발명과 관련된 기술에 대한 사실확인을 통해 특허권의 침해 여부를 판단하는 것이 핵심인데도 불구하고 관련 기술에 대한 이해가 없는 변호사만이 변론할 수 있도록 하는 것은 21세기 지식기반사회에서 필수적으로 요구되는 기술전문성을 완전히 무시하는 것이다.

특허침해소송에서 변호사는 사건수임과 법정출석을 맡고 있을 뿐 실제로는 기술전문가인 변리사가 실무를 맡는 것은 업계의 관행으로 굳어진 지 오래다. 변리사법 개정안에 반대하는 대한변호사협회는 국가경쟁력 강화라는 큰 틀에서 우리의 주장을 다시 바라볼 것을 촉구한다.

4. 미래의 대한민국을 짊어지고 나갈 이공계 학생들을 더 이상 좌절감에
   빠지게 해서는 안 된다.

  법과대학생들이 사법시험에 합격하여 변호사가 되면 과학기술분야의
한 과목도 시험 보지 않고 이공계의 전문자격인 변리사 자격을 자동으로
부여하면서, 이공계 학생들은 과학기술분야 과목은 물론 산업재산권법·
민법개론·민사소송법 등 법학에 대한 시험까지 쳐서 변리사가 되어도 특
허침해소송의 대리에 참여할 수 없는 불평등한 제도가 시행되고 있다.

  시험과목이 거의 대부분 다른데도 불구하고 변호사에게 변리사 자격
을 자동으로 부여하는 것이 불합리하다는 것은 더 설명할 필요가 없을
것이다. 이는 마치 법과대학 졸업생에게 법학사 학위뿐만 아니라 공학사
학위까지 수여하는 것과 같은 일이다.

  그럼에도 불구하고 이공계 학생들은 청원에서 변호사에게 변리사 자
격을 부여하지 말아야 한다고 주장하는 것이 아니라, 특허침해소송에 변
리사도 소송대리인으로 참여할 수 있도록 허용해 달라고 촉구하고 있다.
이는 변호사의 기득권을 부정하지 않으면서 자신들이 기술전문가로서
할 수 있는 일을 허용하라는 상생의 요구이다. 앞으로 우리나라를 짊어
지고 나갈 이공계 학생들에게 자부심과 꿈을 심어주지는 못할망정 그들
이 기술전문성을 살려 할 수 있는 일까지 막아서는 안된다.

5. 이번 변리사법개정안은 변호사의 직역을 침해하거나 다른 나라에 없는
   특이한 제도를 도입하려는 것이 아니다.

  국회 산업자원위원회에 계류되어 있는 변리사법개정안은 특허침해소
송에 있어서 소송당사자가 원하는 경우, 변호사가 선임된 상태에서 변리
사를 공동소송대리인으로 선임할 수 있도록 하는 것을 주요 내용으로 하
고 있다.

이번 변리사법 개정안은 변호사의 기득권을 침해하지 않으면서 특허침해소송에서 사활이 걸린 소송당사자가 자신의 권익보호를 위해 변호사 외에 변리사를 추가적으로 선임할 수 있도록 하는 것이다.

특허침해소송의 변호사·변리사의 공동대리제도는 기술선진국인 일본·영국·독일에서 오래전부터 시행되고 있으며, 우리나라와 기술격차를 좁혀오고 있는 중국에서는 변호사·변리사의 공동대리 뿐만 아니라 변리사의 단독대리까지 허용되고 있는 점을 주시하여야 한다.

6. 우리는 국회가 이번 변리사법 개정에 의지를 갖고 반드시 조속 처리할 것을 촉구한다.

과학기술인이 일선 연구개발 현장에서 국가경쟁력을 끌어올리는 주역이라면, 변리사는 막대한 시간·인력을 들여 개발한 연구성과를 지키기 위해 특허전쟁의 일선에 서야 할 지식재산권 보호의 첨병이기도 하다.

국회는 국가와 국민을 위해 건전한 이성과 상식을 바탕으로 국정을 다루고 입법활동을 수행하는 곳이어야 하며 특정 집단의 직역이기주의를 옹호하는 장소가 되어서는 안 된다.

국회는 과학기술에 대한 입법철학과 변리사의 사회적 역할을 다시 상기해서 변리사법 개정안을 조속 처리할 것을 촉구한다.

2007년 1월

한국과학기술단체총연합회
전국자연과학대학장협의회, 전국공과대학장협의회
대한상공회의소, 중소기업협동조합중앙회

변리사 소득의 불편한 진실

국세청이 발표한 2016년 자료에 따르면, 변리사는 2015년 한 해 동안 평균 6억 4,900만 원의 소득을 올려 전문자격사 가운데 1위라고 발표하였다.

소득이란 전체 수입금에서 경비를 공제하고 남는 금액을 말한다. 국세청은 변리사의 과세표준금액에서 경비를 공제하지 않은 채, 수입금 자체를 소득금액으로 보았다. 더욱이 4,000여 전체 변리사 수가 아니라 721개 사무소의 평균 수입금을 발표하다 보니 변리사 1인당 평균소득이 아닌 사무소 단위의 평균수입을 발표한 결과가 됨으로써 현실과 동떨어진 소득금액이 산출될 수밖에 없었다.

통계를 보면 2015년도 변호사 개인사무소와 법무법인 과세표준금액 합계가 4조6,373억 원이고, 대한변호사협회에 등록된 개업변호사 수가 2015년 말 현재 1만7,425명이었기 때문에 변호사 1인당 연간 평균수입금액은 약 2억6,600만 원이다.

이에 반해 2015년도 변리사 개인사무소와 특허법인의 과세표준금액 합계가 8,900억 원이고, 대한변리사회에 등록된 개업변리사 수가 4,176명이었으므로 변리사 1인당 연간 평균수입 금액은 약 2억1,300만 원이 된다.

통상적으로 변리사는 다른 전문자격사와 달리 각종 기술전공 변리사들과 함께 일하고 있는 데다 기술문헌 번역, 선행기술조사, 도면작성, 번역, 온라인 업무, 전산처리, 경리 등 많은 직원들을 고용하고 있는 실정이므로 경비 지출이 다른 자격사보다 월등히 많은 편이다. 여기에 변호사에 비하여 개업하지 않고 개업변리사에 고용된 변리사도 상당수 있다. 따라서 6억 원이 넘는다는 소득은 사실이 아닐 뿐만 아니라, 실제 평균소득은 변호사보다 훨씬 낮은 수준이다. 또한 1998년부터 온라인시스템이 완비되어 변리사가 특허청에 제출하는 모든 사건의 통계가 전산으로 처리되고 있으며, 해마다 이 통계가 국세청에 고스란히 통보되고 있어서, 사건 수의 누락이나 수입 탈루는 원천적으로 차단되고 있다. 더욱이 변리사 고객 대부분이 법인이어서 세금계산서 발급이 상식화되어 있어 수입금액이 투명하다. 또한 외국사건의 경우, 한국으로 송금된 외환은 외국환거래법에 따라 반드시 국내은행에서 환전하여야 하므로 이 점에서도 투명하다.

한편, 최근까지 변리사들은 높은 소득에도 불구하고 부가가치세 납부실적이 저조하다고 국세청이 발표하여 변리사들이 마치 부도덕한 집단처럼 매도된 적도 있었다. 그러나 이는 현행 부가가치세 납부제도를 정확하게 파악하지 않은 과오에서 기인된 것이다. 『관세 및 무역에 관한 일반협정』에 따라 외국에서 한국으로 특허출원을 하거나, 한국에서 외국으로 특허출원을 하는 경우, 상호주의 원칙에 따라 부가가치세 납부를 면제하고 있다.

2019년 특허청에 출원된 특허, 실용신안, 디자인 및 상표 등 건수가 모두 475,802건이다. 이 가운데 외국에서 한국으로 출원된 건수는 76,121건이고 이는 전체의 16%이다. 이와 같이 변리사들이 외화를 많이 벌어들여서 외화수지에 기여하고 있는 사실과 부가가치세 면세제도를 간과한 채, 부가가치세 납부실적이 저조하다고 발표한 것은 국세청의 큰 실수였다. 또한 변리사 소득이 다른 전문자격사보다 언제나 최고였다는 발표는 사실과 다르다. 국세청이 다시 한번 변리사 소득이 전문자격사 가운데 가장 높다고 발표할 것이 예상된다. 부정확한 통계에서 비롯된 오보는 바로잡아야 할 것이다.

감정과 중재는 변리사가,「발명진흥법개정안」

2017년 특허청 산하 한국지식재산연구원이 산업재산권에 관한 감정과 중재도 할 수 있는 발명진흥법개정안이 마련된 적이 있었다.

감정과 중재는 변리사의 고유업무임에도 불구하고 이를 허용하게 되면 변리사 업무가 유명무실화되기 때문에 반대할 수밖에 없었다. 이렇게 되면 특허청이 특허나 상표등록출원사건에 대하여 심사·심판을 하고, 그 산하기관에서 감정이나 중재를 하게 된다. 나아가 특허청 내에 특별사법경찰업무를 수행하는 부서도 있어 특허청이 형사사건까지 취급한다면 특허나 상표 사건에 관하여 전문대리인으로서의 변리사는 그 존재 의미가 없게 될 것이다.

이를 염려하여 당시 최동규 특허청장에게 대한변리사회 이상희 전 회장과 내가 강력하게 항의한 결과, 발명진흥법개정안에서 한국지식재산연구원의 업무 중 감정과 중재 부분은 삭제되었다.

재일교포의 일본 변리사 자격 취득

정양일 일본 변리사

1983년의 일로 기억된다. 재일교포인 정양일(일본명; 오시마 요이치, 大島 陽一) 씨가 일본 변리사시험에 합격하여 일본 변리사등록까지 마쳐서 화제가 된 적이 있었다.

정양일 씨는 도쿄대학교에서 산업기계공학과를 졸업하고, 다시 도쿄대학교 대학원에서 기계공학 석사학위를 받은 후 미국으로 건너가 인디애나주 퍼듀(Purdue) 대학교에서 기계공학 박사학위를 받고 귀국하여 도쿄에 있는 다케자와국제특허사무소(소장, 竹沢 莊一)에서 근무하면서 일본 변리사시험에 합격하였다.

한국 국적을 가지고 일본 변리사로 등록한 첫 케이스였다. 정양일 씨의 일본 변리사시험 합격과 변리사등록을 축하하는 모임을 대한변리사회에서 가진 적이 있었다. 이외에도 일본에는 한국 국적을 가진 변호사가 여러 명 있다.

한편, 외국인의 국적으로 한국 변리사시험에 합격한 사람도 세 사람 있다. 바야흐로 세계가 더욱 글로벌화 되어가는 오늘날과 같은 국제화 시대에 즈음하여 앞으로 외국인으로서 한국의 변호사 자격을 취득하는 사람도 나올 것으로 기대된다.

최근 변리사법 개정 경위들

1961년 12월 23일 법률 제864호로 제정되어 시행되고 있는 변리사법에 있어서, 변리사 업무 등과 관련되는 부분에 대하여는 오랫동안 잘못된 인식과 무관심으로 인해 현실과 부합되지 않는 규정이 그대로 이어져 내려오고 있다. 이에 대해 꾸준한 개정작업을 거치고 있는데, 나는 이에 지대한 관심을 가지고 도움을 제공해왔다.

최근 상황만을 정리해 본다.

2013년 7월, 이원욱 의원의 대표발의로 변호사는 변리사 실무연수 과정이 필요하고, 변호사가 특허침해소송의 법정대리인으로 있는 사건에서, 당사자가 원하면 변리사도 소송대리인이 될 수 있다는 변리사법개정안이 제출되었으나, 후일 유사한 의안번호 1918384호로 병합되어 수정(소송대리권 제외) 통과되었다.

2014년 12월, 이상민 의원의 대표발의로 변호사의 변리사 자격 자동취득 조항을 삭제하는 변리사법개정안이 제출되었으나, 이것 역시 후일 유사한 의안번호 1918384호로 병합되어 수정 통과되었다.

2015년 7월, 나는 이은우, 최효선, 이승룡, 오세일, 및 엄정한 변리사들과 함께 변리사법 제3조 변리사의 업무 범위를 확대하는 변리사법개정안을 만들어 대한변리사회에 제안하는 한편, 2015년 7월 17일 강원도 홍천에서 개최된 대의원 총회 워크숍에서 공개토론을 하였다.

이때 추가된 업무는 다음과 같다.

반도체집적회로의 배치설계에 관한 법률에 따른 업무, 종자산업법에 따른 업무, 농수산물품질관리법에 따른 지리적표시등록, 부정경쟁방지 및 영업비밀 보호에 관한 법률에 따른 업무, 인터넷주소자원에 관한 법률에 따른 도메인 네임등록 및 분쟁에 관한 업무, 저작권법에 따른 저작권등록, 관세법에 따른 지식재산권 보호 업무, 불공정무역행위조사 및 산업피해구제에 관한 법률에 따른 업무, 기술이전 및 사업화 촉진에 관한 법률에서 규정하는 기술이전 및 기술평가 업무, 약사법에 따른 의약품특허목록등재에 관한 업무 및 그에 따른 업무 등이다.

2015년 12월, 이상민 의원의 대표발의(의안 번호 1918384호)로 변호사가 변리사 자격 취득 시 소정 기간의 실무수습을 이수하여야 한다는 변리사법개정안이 제출되어 2015년 12월에 국회를 통과하여 2016년 7월 28일부터 시행되었다.

2016년 6월과 8월, 주광덕 의원과 김병관 의원이 각각 대표 발의하여 변호사가 특허침해소송의 법정대리인으로 있는 사건에 있어서, 당사자가 원하면 변리사도 소송대리인이 될 수 있다는 변리사법개정안이 국회에 제출되었으나, 회기만료로 각각 자동 폐기되었다.

2018년 11월, 우원식 의원의 대표발의로 특허청 소속 공무원에 대한 변리사 2차시험 일부면제 규정을 삭제하고 변리사 1차 시험의 면제요건을 더욱 엄격하게 하는 변리사법개정안이 제출되었다. 그리고 2018년 12월 우원식 의원의 대표발의로 변리사의 업무 범위를 확대하는 변리사법개정안이 국회에 제출되었으나, 회기만료로 각각 자동 폐기되었다.

2019년 10월, 우원식 의원의 대표발의로 변리사등록을 5년마다 갱신하도록 하고, 변리사 징계를 특허청과 대한변리사회에서 나누어 수행하는 변리사법개정안이 국회에 제출되었으나, 회기만료로 자동 폐기되었다.

2020년 11월, 이규민 의원의 대표발의로 변호사가 특허침해소송의 법정대리인으로 있는 사건에 있어서, 당사자가 원하면 변리사도 소송대리인이 될 수 있는 변리사법 개정안이 국회에 제출되었고, 같은 달 신정훈 의원의 대표발의로 무자격자의 감정 및 해외출원을 위한 자문·알선 행위를 처벌하는 변리사법개정안이 국회에 제출되어 현재 계류 중이다.

2021년 4월 21일 김원이 의원이 대표발의한 변리사법 일부 개정법률안(의안번호 9627)에 따르면, 변리사 자격이 없는 자가 변리사 업무를 제공한다고 하거나, 업무수행에 부당한 기대를 가지도록 광고하는 것을 방지하기 위하여 변리사법 제8조의 5 (광고)규정을 신설하여 이에 위반하면 형사처벌을 하는 법률안이 국회에 제출되어 현재 계류 중이다.

2021년 5월 27일 류호정 의원이 대표발의한 변리사법 일부 개정법률안(의안번호 10412)에 따르면, 변리사가 부정경쟁방지 및 영업비밀보호에 관한 법률에 따른 사항에 대해서도 대리를 할 수 있도록 변리사법제2조제2호를 신설한 법률안이 국회에 제출되어 현재 계류 중에 있다.

2021년 5월 28일 백해련 의원이 대표발의한 변리사법 일부 개정법률안(의안번호 10448)에 따르면, 특허청에 근무한 특정 공무원에게 변리사시험을 일부 면제하도록 규정하고 있으나, 복무 중 징계를 받았거나 파면 또는 해임되었던 적이 있는 사람에게는 적용하지 아니하도록 변리사법 제4조의3, 제4항을 신설하는 법률안이 국회에 제출되어 현재 계류 중이다.

2021년 6월 29일 이주환 의원이 대표발의한 변리사법 일부 개정법률안(의안번호 11200)에 따르면, 변리사 2명 이상으로 구성되는 합동사무소를 설치할 수 있도록 변리사법 제6조의2, 제3항을 신설하는 법률안이 국회에 제출되어 현재 계류 중이다.

또한 2021년 7월 28일 엄태영 의원이 대표발의한 변리사법 일부 개정법률안(의안번호 11788)에 따르면, 변리사가 아닌 자는 산업재산권에 관한 감정을 할 수 없도록 변리사법 제21조 제2항을 신설하는 법률안이 국회에 제출되어 현재 계류 중이다.

위와 같은 법률안들을 만들 때에 대한변리사회 윤동열 전 회장, 고영회 전 회장, 오규환 전 회장, 오세중 전 회장과 홍장원 회장 등의 노고가 많았다.

(부록 2011년 11월 20일 대한변리사회 발행『특허와 상표』「이제는 말할 때가 된 것 같다」, 2015년 12월 10일『전자신문』「변호사의 변리사 자동자격」참조)

제3장
—
산업재산권제도
개선을 위하여

중국과의 산업재산권 교류를 위한 방문, 첸리쮜장과 협상

우리나라와 중국이 외교 관계를 설립하기 전인 1991년 서울과 베이징 사이에 직항 비행기편도 없었고 중국방문 비자를 홍콩에서 발급하던 시기였다. 홍콩에 주소를 둔 한국계 회사(국적은 중국)가 우리나라에 상표등록출원하여, 이를 한국 특허청이 수리하여 준 사실을 근거로 우리나라의 특허·상표출원에 대해서도 중국이 수리해줄 것을 요청하는 민간외교를 펼친 적이 있다.

당시 대한변리사회 고(故) 남상선 회장과 부회장이었던 나는 "한국 특허청이 중국 국적 회사의 상표등록출원을 수리해 준 만큼 중국도 한국 국적의 특허출원이나 상표등록출원을 수리해달라."고 청원하고자 김포공항에서 홍콩을 경유하여 베이징에 있는 첸리쮜(专利局, 우리의 '특허청'에 해당)로 갔다. 당시 첸리쮜장(专利局长)은 긍정적으로 검토하여 보겠다고 약속했다.

이러한 주장이 가능하였던 법적 근거는 중국이나 우리나라나 다같이 산업재산권보호에 관한 파리조약(Paris Convention)에 가입한 나라였고, 상호주의 원칙을 준수하도록 되어 있었기 때문이었다.

그 후 1992년 8월 우리나라와 중국이 외교 관계를 수립하면서 양국 간에 특허와 상표출원이 가능하게 되어 상대방 국가에서 특허권이나 상표권 등 산업재산권에 관한 권리를 행사할 수 있게 되었다.

특허법원 설립운동을 진두지휘

1995년도 특허법 제186조는 다음과 같이 되어 있었다.

> 제186조(상고대상등)
>
> ① 항고심판의 심결을 받은 자 또는 제170조제1항의 규정에 의하여 준용되는 제51조제1항의 규정에 의한 각하 결정을 받은 자가 불복이 있는 때에는 그 심결이나 결정이 법령에 위반된 것을 이유로 하는 경우에 한하여 심결 또는 결정등본을 송달받은 날부터 30일 이내에 대법원에 상고할 수 있다.
>
> ② 대법원 판결에서 심결 또는 결정파기의 기본이 된 이유는 그 사건에 대하여 특허권을 기속한다

이 법 규정에 따라 당시 특허청에는 특허심판소와 항고심판소가 있었으며, 항고심판소의 심결에 대한 상고사건은 대법원 관할이었다. 그런데 이 규정은 위헌여부 심판제청에 의해 헌법재판소로부터 헌법불합치판결을 받게 되어 법제개편이 요구되는 상황이 되었다. [헌법재판소 92헌가11, 93헌가8·9·10(병합) 참조]

헌법재판소의 판결요지는 항고심판소가 아무리 특수성을 가진 행정심판소라 하더라도 2심에 해당하는 항고심판소마저 특허청 내에서 행정심판으로 처리하는 것은 헌법에서 보장하는 국민의 재판을 받을 권리를 침해하는 것이므로 헌법에 위반된다는 것이었다.

이에 대해 법조계와 특허업계가 수년 동안 지리한 논란 속에 휩싸여 있을 때 나는 "항고심판소를 폐지하고 고등법원급의 특허법원을 설립하고 독일처럼 기술판사제도를 채택하여 특허소송을 취급하도록 하자"고 제안하면서, 특허법원 설립 운동을 열심히 전개해 나갔다.

특히 한국과학기술단체총연합회 최형섭 회장의 적극적인 지지를 받아 1996년 2월부터 2년간 나는 한국과학기술단체총연합회의 이사로 위촉받아 활동하였는데, 이때 이공계 석사·박사학위를 받은 사람들의 친목 단체이던 한국과학기술청년회(회장 이기호, 사무국장 최영준)가 앞장서서 이 운동을 전개해 나갈 수 있도록 적극 후원하는 등 특허법원 설립운동에 매진했다.

나는 독일처럼 기술판사제도의 채택을 강력하게 주장하였으나, 당시 고등법원판사로서 이공계 출신이 거의 없었던 사정과 법조계의 완강한 반대에 부딪혀 기술판사제도는 채택되지 않았으나, 그 대신 기술심리관이라는 새로운 제도를 도입하게 되었다. 기술심리관은 특허청의 심사관 또는 심판관을 역임한 사람이지만, 그 신분이 법원 소속 공무원으로서, 3인의 특허법원 판사들을 위하여 기술적인 자문을 하면서 법정에서는 기술적인 사항에 대하여 당사자에게 직접 질문을 할 수 있어 특허 사건과 같은 전문적인 재판에 큰 도움이 되었다.

1998년 3월 2일에 개원된 고등법원급의 특허법원은 우리나라에 역사적으로 다음과 같은 몇 가지의 큰 의미를 가지게 되었다.

첫째로 우리나라 사법사상 처음으로 전문법원인 특허법원에서 기술과 기술과의 분쟁 사건, 특히 기술분야의 전문적인 사항을 심리할 때에는 기술심리관이 직접 질문할 수 있도록 되어 특허법원에서 과학기술자의 의견이 존중되는 풍토가 마련되었다는 점이다.

둘째로, 특허법원의 설립으로 말미암아 그동안 계속되어오던 특허청 항고심판소 제도에 대한 위헌논란 시비가 종식되었다는 점이다. 즉 국민의 법관에 의

한 재판받을 권리 문제가 해소되었다.

셋째로, 지식재산제도가 국가경쟁력 강화에 있어 빼놓을 수 없는 중요한 이슈로 등장하는 시대에 즈음하여 특허법원의 설치는 우리나라 지식재산제도의 체계 및 운영을 더욱 활성화시켜 나가는 기반이 되었다. 즉 법률전문가와 기술을 겸비한 지식재산전문가가 한데 어우러져 운영되는 특허법원은 국내 지식재산제도의 체계정비 뿐만 아니라, 대외적 이미지 제고로 인하여 외국의 우수한 기술과 자본을 도입하는 데에도 좋은 계기가 된 것이다.

넷째로, 특허법원이 설치됨으로써 대법원은 사실상 검토할 수밖에 없었던 사실심과 법률심에 대한 재판 부담이 해소 또는 경감되었다는 점이다. 이로 인하여 대법원은 소수의 상고사건에 대해 집중적이고 깊이 있는 심리가 가능해짐으로써 대법원에 상고되는 사건에 대한 재판의 질을 더욱 높일 수 있게 된 점이다.

1994년 7월 8일에 대법원, 국회 및 특허청이 특허법원의 설치시기, 특허심판원의 설치, 기술심리관제도의 도입, 특허법원 판사의 전문성 제고, 변리사의 소송대리권 보장 등에 대하여 원칙적인 합의가 있었다.

이러한 특허법원 설립운동에 변리사업계에서는 나를 비롯하여 강일우, 김성기, 김연수, 김원호, 손원, 송만호, 신관호, 이영필, 정태련, 최규팔 등 변리사와 특허청의 신운환 과장(후일 국장으로 승진한 후 한남대학교 교수로 재직)과 당시 이에 관한 실무를 맡았던 대한변리사회 이영신 전(前) 사무차장의 공로가 컸었다.

이 특허법원은 1998년 3월 2일 서울 서초동 법조타운에서 업무를 시작하게 되었는데, 당시 대한변리사회장으로서 이 운동을 진두지휘하고 있었던 나의 회장 임기가 1998년 2월 28일까지였기 때문에 특허법원 개원식에는 나의 후임인 신관호 회장이 초대되었다.

이후에 나는 특허법원의 설립운동을 성공적으로 주도한 공로로 1998년 5월, 김대중 대통령으로부터 동탑산업훈장을 받았다.

1998.3.2. 특허법원 현판 제막식. 서울 서초동 법원청사에서,
윤관 대법원장(우로부터 셋째)과 최공웅 특허법원장(좌로부터 셋째)

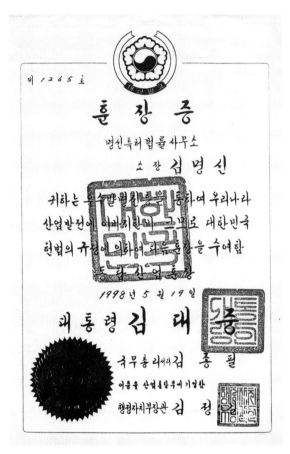

김대중 대통령의 동탑산업훈장증(1998. 5. 19.)

김대중 대통령의 동탑산업훈장 수상(1998.5.19.)
(좌로부터 여동생, 필자, 구민, 필자의 아내)

김대중 대통령의 동탑산업훈장 수상 후, 청와대 접견실

(월간)『과학과 기술』, 「진통 끝에 설치되는 특허법원(1998.12)

진통 끝에 설치되는 특허법원 - 설립배경과 역할

- 김명신(대한변리사회 회장)

WTO시대를 맞아 우리나라도 독(獨)·미(美)·영(英)·스웨덴에 이어 세계 다섯 번째로 특허법원을 설치하게 되었다. 1998년부터는 특허청 특허심판원의 심결에 대한 불복은 특허법원을 거쳐 대법원으로 상고하게 되며, 심판소와 항고심판소로 나누어져 있는 특허청의 심판기능도 「특허심판원」이라는 하나의 기구로 통합하게 된다. 앞으로 지적재산권 보호를 위해 사법부는 물론 행정 입법부까지 앞장서서 범국가적인 대책을 마련해야 하겠다.

세계 다섯 번째 전문법원

특허법원이 설립되기까지는 많은 우여곡절이 뒤따랐다. 멀리는 약 15여 년 전, 일부 변호사들이 주장한 특허청 항고심판 제도에 대한 위헌의 제기가 그 발단이 되었다고 볼 수 있다. 아무튼 우리나라가 WTO 시대를 맞이하여 독일·미국·영국 및 스웨덴에 이어 세계에서 다섯 번째로 특허법원이라는 전문법원을 설치할 수 있게 된 것은 여간 다행스런 일이 아닐 수 없으며, 특히 국가경쟁력 제고를 위하여 지적재산권에 관해 세계 각국의 관심이 더욱 고조되고 있는 현 시점에 비추어 볼 때 이는 더욱 시의적절한 조치가 아니었나 되새겨 본다.

특허법원 설치의 의의

특허법원 설립의 필요성이나 중요성에 대해서는 이미 널리 알고 있는 바와 같지만, 이의 설립이 우리에게 던져주는 더욱 구체적인 의미를 덧붙인다면 다음과 같은 몇 가지 사항들을 추가할 수 있을 것이다.

　우선 첫 번째로는 우리나라 사법사상 처음으로 전문법원인 특허법원에서 기술과 기술과의 분쟁사건이 다루어지는데, 특히 기술분야의 전문적인 사항을 심리할 때에는 기술심리관이 직접 질문할 수 있는 소위 석명권(釋明權)을 행사할 수 있도록 되어 특허법원에서 과학기술자의 의견이 존중되는 풍토가 마련되었다는 점이다.

　두 번째로는 특허법원의 설립으로 말미암아 그동안 계속되어오던 변호사들에 의한 특허청 항고심판제도에 대한 위헌시비가 사실상 종결되었다는 점이다. 즉, 현재 특허청 심판소의 심결에 대한 불복은 특허청 항고심판소에 항고를 하고, 다시 특허청 항고심판소의 심결에 대해 불복하는 경우에는 바로 대법원으로 상고하던 것이 1998년 3월 2일부터는 특허청 특허심판원의 심결에 대한 불복은 특허법원을 거쳐 대법원으로 상고하게 됨으로써, 2심인 특허법원에 있어서 사실심에 대한 법관의 재판이 가능해짐으로써 그동안 위헌론자들이 문제 삼아 온 국민의 법관에 의한 재판을 받을 권리문제는 해소되었다고 볼 수 있기 때문이다.

　세 번째로 지적재산제도가 국가경쟁력 강화에 있어 빼놓을 수 없는 중요한 이슈로 등장하는 시대에 즈음하여 특허법원의 설치는 우리의 지적재산권제도의 체계 및 운영을 더욱 활성화시켜 나가는 기반이 될 것이다. 즉 법률전문가와 지적재산권에 관한 실무 및 지식과 경력을 겸비한 기술전문가가 한데 어우러져 진행되는 특허법원은 각종 지적재산권제도에 관한 법체계 정비뿐만 아니라 우리나라 지적재산권제도 운영에 대한 대외적 이미지 제고로 인하여 외국의 우수한 기술과 자본을 도입하는 데에도 좋은 계기가 마련된 것이다.

네 번째로 특허법원이 설치됨으로써 대법원은 실질적으로 진행하던 사실심과 법률심 심리에 대한 재판 부담이 해소 또는 경감된다는 점이다. 이로 인하여 대법원은 소수의 상고사건에 대해 집중적이고 깊이 있는 심리가 가능해짐으로써 대법원에 제기되는 사건에 대한 재판의 질을 더욱 높일 수 있게 된 점이다.

특허법원과 기술심리관

특허법원 설립에 앞서 대법원과 특허청 그리고 국회는 세부사항에 대한 기본지침을 마련한 바 있다. 이는 특허법원의 설치시기, 특허심판원의 설치, 기술심리관제도의 도입, 특허법원 판사의 전문성 제고, 변리사의 소송대리권 보장 등에 관한 사항으로서, 위 세 기관은 이에 관하여 1994년 7월 8일 자로 원칙적인 사항에 관하여 이미 합의해 놓았다.

이들 모두가 빼놓을 수 없이 중요한 사항이긴 하지만, 이중 특별히 관심을 가질 대목은 기술심리관제도라 할 수 있다. 물론 이 기술심리관제도는 그동안 대한변리사회를 비롯하여 과학기술자들이 주장해 온 기술판사제도에는 미치지 못하였지만, 그나마 비교적 우수한 제도로 평가받을 만하다. 즉 기술심리관이 비록 판결문에 서명하지는 못한다고 하더라도 구두심리 등 재판에 참여하여 원고 및 피고에 대하여 기술적 사항에 대한 사실 확인을 위하여 석명권을 행사할 수 있기 때문에 현재 일본이 갖고 있는 조사관제도보다는 훨씬 앞서가는 제도로 평가되고 있다.

극단적인 표현을 한다면 특허법원의 사활은 이 기술심리관에 달려있다 해도 과언이 아니다. 현재 대법원에서 재판연구관의 역할에 못지않은 역할을 해야 하는 것이 이 기술심리관이기 때문이다. 아직까지 대법원은 기술심리관의 자격 또는 선발방식에 대한 기준 등의 세부사항을 밝히고 있지 않으나, 특허법원의 운영에 있어 성패의 여부는 기술심리관제도의 운영에 달려있다고 본다면, 이를 결코 소홀히 할 수가 없을 것이다.

기술심리관 발굴에 있어 가장 중요한 것은 특허제도 그 자체에 대한 이론과 실무지식인만큼 이에 대한 전문가 발굴이 우선적으로 고려되어야 하겠지만, 특허제도에 관하여 이론과 실무경험을 겸비한 자로서 기계·전자·화학 및 생명공학 등 첨단 기술분야에 관한 전문지식과 경험을 가진 자를 고르기는 결코 쉬운 일이 아닐 것이다. 이에 대해 특허청은 8명의 기술심리관 파견에 대비하여 이의 3배수 정도의 인원에 대해 기술심리관으로서의 양성 교육을 추진해 오고 있는데, 결코 간과되어서는 안 될 부분은 심판 실무경험이 풍부한 변리사의 특채를 포함하여 각 분야에 흩어져 있는 다양한 인재의 활용에 대해 결코 인색해서는 안 될 것이란 점이다.

변화를 앞둔 특허심판

특허법원의 설치와 함께 크게 변화되는 부분이 바로 특허청에 있어서의 심판 조직이다. 현재 특허청의 심판기능은 심판소와 항고심판소로 나누어져 있으나 1998년 3월 2일부터 이 기구는 「특허심판원」이라는 하나의 기구로 통합하게 된다. 앞에서도 언급한 바와 같이 특허법원이 탄생되기까지는 여러 요인이나 계기가 있었지만, 내부적으로 좀 더 깊이 파고들어 보면 특허법원 탄생의 직접적 원인은 특허청 항고심판소에 대한 보다 이상적인 제도장치의 연구라고 할 수 있다.

즉 대법원은 대법원대로 처리해야 할 부분이 많은데, 특허청 항고심판소의 심결 내용이 대법원이 바라는 정도까지 미치지 못하였다는 점이 대법원측의 견해인 점을 감안하여 지금까지의 심판기능은 더욱 강화되어야 한다는 자명한 결론이 내려진 때문이다.

물론 심판의 내용을 비롯하여 하나의 사건에 대해 걸리는 기간에 있어서도 선진국에 비해 뒤떨어진다는 평을 받게 되는 주요인인 심판인력의 절대부족현상(심판관 1인당 연간 처리 건수 : 한국-2백18건, 일본-81건)은 반드시 보완되어야 할 것이며, 신속한 심판처리를 위한 심판업무의 전산화에 대한 문제도 철저하게 준비해 나가야 할 것이지만 특허심판원에 있어 성공의 관건은 특허법원에 있어서와 마찬가지로 조직 못지않게 운영에 있다.

특히 특허심판원의 심판관 신분이 특수한 입장에 놓여질 수 있는 점은, 특히 심판원은 소위 1심법원에 준하는 지위를 갖는 만큼, 심판관의 신분이나 자격은 판사에 준하는 지위를 겸하게 될 뿐 아니라, 법원의 구조와 또 다른 면은 심판관 자신이 특허법원에서 특허청장의 대리인 역할을 하게 된다는 점이다.

특허법원에서 특허청장을 대리하여 소송을 수행할 사람으로서 심사관이 좋으냐 심판관이 좋으냐에 대한 논란은 있지만, 특허제도의 본래의 취지와 아울러 심사기능의 독립성을 고려한다면, 심판관이 자신이 내린 심결에 대해 끝까지 책임지는 것이 바람직하다는 결론을 얻게 된다.

아무튼 심판관의 능력 향상이나, 역할의 중요성은 더욱 강조되어야 할 것으로 판단되며, 아울러 앞으로 탄생될 특허심판원의 조직구성이나 운영에 대하여는 특별히 공청회 등을 통하여 업계 전문가뿐만 아니라 국민 모두의 광범위한 의견 수렴에 대해 결코 소극적이어서는 안될 것이다.

1998년 3월 2일로 예정되어 있는 특허법원과 특허심판원의 개원을 전후하여 특허청의 대전 이전 계획은 특허법원의 운영에 적지않은 영향을 미칠 것이라는 것이 업계의 전반적인 견해이다.

즉 특허법원은 「각급 법원의 설치와 관할구역에 관한 법률」에 의거, 서울에 이를 설치하도록 되어 있는데 반해, 행정부의 계획에 의하면 특허청을 포함한 청급 단위기관은 1998년 대전으로 이전하게 된다는 것이다. 물론 별다른 특별한 조치가 없는 한, 특허심판원도 특허청의 소속기구로서 대전에 설치하는 것이 정부의 방침일 것이라 보여진다. 현재 특허청은 1998년에 특허법원에 제소되는 사건 수를 연간 7백~1천 건으로 예상하고 있는데, 만일 이와같이 된다면, 하루 평균 3~5건의 재판 진행이 불가피할 것이다. 특허법원은 서울에 설치하고 특허청을 대전으로 옮긴다면 특허심판원의 심판관 또는 특허청 관계자의 서울 출장을 비롯하여, 기록 열람 및 복사 업무 등의 문제로 심판청구인과 피심판청구인 그리고 소송대리인의 대전—서울 간의 빈번한 교통 내지 통신 교류의 혼잡을 피할 수 없게 될 것이며, 이는 신속히 처리되어야 할 특허 행정에 큰 지장 또는 낭비를 초래하게 될 것이 명약관화하다. 이에 대해 효율적인 특허업무 수행을 위하여 과감한 결단을 내려야 할 것이며, 아울러 민간 차원에서도 지역이기주의 또는 단체 이기주의적인 면을 벗어나서 그야말로 대승적인 차원에서 국가의 장래를 위하여 양분된 의견을 하나로 집약시켜 나가야 할 것이다.

국가경쟁력 제고 큰 기대

WTO 시대를 맞이하여 특허청은 단순히 정부의 한 기구로서만의 역할을 하는 것이 아니다. 특허제도 자체가 국제조약에 뿌리를 두고 있는 만큼 특허청의 업무는 다양하고 광범위한 국제관계를 필요로 하고 있다. 이는 또한 그 나라의 기술력을 바탕으로 하고 국가경쟁력 제고를 위하여 필수적인 요인으로 작용하고 있다.

지적재산권에 관한 국제조약으로서는 세계지식재산기구, 산업재산권보호에 관한 파리협약, 문화적·예술적 저작물의 보호를 위한 베른협약, 허위 또는 오인하기 쉬운 상품원산지 표시의 방지에 관한 마드리드협정, 상표의 국제등록에 관한 마드리드협정, 산업의장의 국제기탁에 관한 헤이그협정, 상표등록을 위한 상품 및 서비스의 국제분류에 관한 니스협정, 원산지 명칭의 보호 및 그 국제등록에 관한 리스본협정, 산업의장의 국제분류에 관한 로카르노 협정, 특허협력조약, 국제특허분류에 관한 스트라스부르그협정, 실연자·음반제작자 및 방송사업자의 보호에 관한 로마협약, 음반의 무단복제로부터 음반제작을 보호하기 위한 포노그램협약, 상표의 도형적 요소의 국제분류에 관한 비엔나협정, 미생물기탁에 관한 부다페스트조약, 올림픽심볼의 보호에 관한 나이로비조약, 식물신품종 보호에 관한 국제협약(UPOV), 유럽특허협약을 비롯하여 우루과이라운드협상 결과 탄생한 세계무역기구(WTO)에 관한 마라케시(Marrakesh) 협정 및 무역관련 지식재산협정(Agreement on Trade Related Intellectual Property Rights) 등 이루 그 수를 헤아릴 수 없을 정도로 많은데, 이 중에서 우리나라는 대부분의 산업재산권(특허·의장·상표)에 관한 협약뿐 아니라 저작권 관련 조약에 이미 대체로 가입한 실정에 있다.

국제성을 띤 광범위한 특허업무만큼이나 우선 고려되어야 할 부분은 컴퓨터프로그램, 반도체칩, 영업비밀, 생명공학 등 첨단 기술시대에 처해 있는 오늘날 하루가 멀게 쏟아져나오는 신지적재산권에 관하여 국가가 과연 이를 어떻게 효율적으로 관리해 나가느냐 하는 것이다. 통합관리가 가능한 똑같은 유형의 지적재산권에 대한 관리를 반도체칩은 통상산업부가, 또 컴퓨터프로그램은 정보통신부가, 기타 특허와 컴퓨터의 영업비밀은 특허청이, 그리고 나머지 저작권은 문화체육부가 각각 저마다 관리해 나간다고 하는 것은 어느 모로 보나 국가적 낭비라는 비난을 면치 못할 것이다. 세계지식재산기구(WIPO)나 미국 통상대표부의 기능처럼 우리도 지적재산권 관리에 대한 전통적인 조직체계를 과감하게 정비해야할 시기가 왔다. 「지적재산부」를 설치하여 모든 지적재산권에 관한 통합

관리를 해나갈 수도 있을 것이며, 적어도 특허청을 「산업재산처」로 승격시켜 국가경쟁력의 결정적 역할을 하게 될 반도체칩과 컴퓨터프로그램과 특허업무 등 신지적재산권 업무를 관장해 나갈 수도 있을 것이다.

아무튼 1998년 3월 2일 특허법원의 설치를 앞두고, 우리는 지난날 물질특허 개방 압력에 직면하여 소위 물질특허(pipeline product)에 관한 문제를 놓고 대미관계에서 우왕좌왕하였던 부끄러운 과거사를 되풀이하지 않기 위해서는 사법부는 물론이고, 행정부·입법부까지 범국가적인 차원에서 지적재산권 보호정책에 관하여 거국적으로 이에 대한 획기적인 방책이 수립되어야 하리라 믿는다.

실용신안무심사법안에 대한 반대운동

1997년 6월 특허청은 연간 139,000여 건의 특허출원 및 실용신안등록출원 사건에 대한 심사적체를 해소한다는 명분으로 실용신안등록출원사건에 대해 방식심사만 한 후, 실체심사를 하지 아니한 채 등록을 해주는 제도를 추진하겠다고 발표하였다. 이 제도는 일본에서 이미 시행하고 있었는데, 일본은 우리와는 달리 당시 특허와 실용신안등록출원사건이 연간 약 40만 건이었다. 그런데 이를 1,070명의 심사관들이 처리하고 있어서 도저히 심사적체를 해소할 수 없는 상황이 되어 시행한 것이었고, 이렇게 심사를 하지 않고 선 등록된 권리에 대한 무효 여부는 심판단계에서 다투어 보라는 취지였다.

나는 대한변리사회장으로서, 부실권리의 양산방지와 가능한 한 분쟁을 감소시켜 중소기업을 보호한다는 명분으로 이 제도의 도입에 강력하게 반대하였다. 하지만 당시 특허청장에게 아무리 건의하여도 해결이 되지 않아 부득이 정부법안에 대한 반대 운동의 일환으로 23명의 국회의원 명의로 의원입법안을 마련하게 되었다.

의원입법안을 국회에 제출하고 난 어느 날 정해주 산업자원부장관(전 특허청장)이 직접 나에게 전화하여 이 의원입법안에 대하여 긴급하게 의논할 일이 있으니 장관실로 와 달라는 것이었다. 특허청장이 실무를 맡고 있는 정부법안이라도 법안제출자는 산업자원부장관 명의로 발표되기 때문에 관심을 가졌던 것이었다.

정 장관은 특허청의 정부입법안에 대하여 대한변리사회가 반대하는 의원입법안을 마련한 것은 건국이래 처음 있는 일로서, 특허청장을 지낸 본인이 이를 방치하는 것은 체면이 서지 않기 때문에 이 자리에서 타협안을 제시한다고 하였다. 그 내용인즉 심사적체를 해소하기 위하여 모든 실용신안등록출원사건에 대하여 원칙적으로 실체심사를 하지 아니하고 선등록조치를 하나, 출원인이 기술평가를 신청하면 예외적으로 실체심사를 수행한다는 것이었다. 이러한 조건을 전제로 변리사회가 추진하던 의원입법안을 철회하여 달라는 것이 타협안의 내용이었다. 나는 이 타협안에 동의하여 의원입법안을 철회하였다.

그러나 이렇게 수정된 제도는 몇 년 시행하다가 문제점이 노출되어 종전처럼 모든 실용신안등록출원사건에 대하여 실체심사를 반드시 하도록 다시 원상으로 복구되었다. 열악한 환경에서 고안한 중소기업들의 권리보호를 위하여 잘된 일이라 생각한다.

나는 산업발전을 저해하는 실용신안무심사법안은 철회되어야 한다고 1998년 1월 20일자 대한변리사회 발행『특허와 상표』에 성명서를 발표하고, 동일한 성명서를 동아일보, 조선일보, 중앙일보에도 발표하였다.

실용신안무심사법안 반대 성명서(대한변리사회 『특허와 상표』 신문. 1998.1.20.)

산업발전을 저해하는 실용신안무심사제도 도입법안은 철회되어야 합니다

특허청은 심사적체를 해소하기 위하여 지난해 11월 실용신안무심사제도 도입을 주요 골자로 하는 법안을 마련하여 국회에 제출해놓고 있으나, 이 법안은 다음과 같이 많은 문제점을 안고 있을 뿐만 아니라 업계의 의견을 충분히 수렴하지도 않은 졸속법안으로서 안이하고 행정편의주의적인 발상에서 비롯된 것인 만큼 우리 산업재산권업계 관련 단체 일동은 우리나라의 기술이 상당한 수준에 이를 때까지 실용신안무심사제도의 도입을 유보할 것을 촉구하는 바입니다.

선의의 업자가 터무니없이 권리침해자로 몰리게 됩니다

실용신안제도는 고안자에게 강력한 독점권을 부여함으로써 기술개발을 장려하는 제도로서, 충분한 사전심사를 거쳐 등록을 시켜주어야 함에도 불구하고 이를 심사 없이 그냥 등록시켜준다면, 현재 실용신안출원 사건 중 등록이 거절되고 있는 72%(연평균 2~3만 건)의 부실고안이 권리로 둔갑하여 결국 선의의 업자가 터무니없이 권리침해로 몰리게 되어 모처럼 우리 산업계에 일고 있는 발명 분위기를 냉각시켜 버리고 말 것입니다.

우리 기업이 사업에 몰두하기는커녕 분쟁에만 휘말려서는 아니됩니다

따라서 실용신안 무심사제도는 심사적체 해소에는 다소 도움이 되는지 모르겠으나 결국은 심판·소송업무의 격증으로 권리자가 사업에 몰두하기는커녕 분쟁에 휘말려 시간과 비용만을 소모할 것이며, 특허심판원과 특허법원의 업무가 가중됨으로써 결국 산업재산권에 대한 신뢰도를 저하시키고 권리 자체를 유명무실하게 하고 말 것입니다.

우리나라가 IMF의 영원한 채무국으로 되어서는 아니됩니다

내국인이 99.5%를 점유하고 있는 실용신안제도는 낙후된 발명의욕을 고취시키고 특히 국내 벤처기업과 중소기업의 육성·보호를 위하여 적극 활용되는 제도로서, 현재 우리나라가 연간 3조여 원의 기술 로열티를 해외로 송금하고 있는 점을 감안해 볼 때, 외국회사는 실용신안무심사제도를 도입하게 되면 외국 대기업뿐 아니라 국내의 대기업까지도 우리의 중·소·벤처기업에 대하여 부실권리를 근거로 하여 부실한 권리행사나 고액의 로열티를 요구하는 계기가 마련됨으로써 우리 기업의 설 자리를 잃게 할 뿐만아니라, 우리나라를 영원한 IMF 채무국으로 전락시키고 말 것입니다.

특허청 인지대는 왜 64.6%나 인상하고 인력은 왜 3백여 명이나 늘렸습니까?

특허청이 심사적체 해소를 위한다는 명분으로 지난해 1년간 인지대를 64.6%나 인상하고, 지난 2년 동안에는 3백여 명의 인원을 증원하였다면, 심사업무에 진력하여 국민에게 더욱 질 높은 서비스를 제공해야 함에도 불구하고 이제와서는 심사도 하지 않고 등록증을 남발하겠다는 것이 웬말입니까?

맹목적인 외국제도 답습으로 기술후진국으로 전락되어서는 아니됩니다

특허청은 현재 실용신안무심사제도를 채택하고 있는 일본의 예를 들고 있지만, 실용신안제도는 기술후진국이 기술선진국의 기술에 대항하여 스스로의 입지를 마련하기 위해 안출된 제도로서, 일본은 그 이점을 끝까지 활용하기 위하여 30여 년간 논의하다가 실용신안출원 건수가 10분의 1로 줄어든 4년 전에 이르러서야 비로소 무심사제도를 도입하였는데, 이는 연평균 30%씩 실용신안 출원이 늘고 있는 우리나라와는 전혀 그 사정이 다르며, 우리가 이를 비판없이 맹목적으로 수용하려는 것은 분명 잘못된 것으로서, 아울러 현재 일본에서는 이 무심사제도에 대한 문제점이 점차 부각되고 있다는 사실을 결코 간과하여서는 아니됩니다.

현 제도를 보완하면 심사적체를 해소할 수 있습니다.

특허청은 오늘날과 같은 기술전쟁시대에 특허제도를 통한 기술발전을 도모하기 위해서는 국고의 보조를 한 푼도 받지 않으면서 무리한 독립채산제도를 이끌어 나가기보다는 당연히 국고의 보조를 받아 심사인력을 확충하고 특허청 내의 일반행정 인력을 심사인력으로 집중투입하여 심사적체를 해소해나감과 동시에 실질적으로 중소기업을 도울 수 있도록 우선심사청구제도를 적극 보완해 나감으로써 심사적체해소 방안을 강구하여야 할 것입니다.

1998년 1월 12일

국제수상발명가협회 회장 박갑일	대한변리사회 회장 김명신
아시아변리사회한국협회 회장 김철수	연세대특허법무대학원총동창회 회장 서건희
한국과학기술청년회 회장 이기호	한국라이센싱협회 회장 김윤배
한국발명가협회 회장 노영호	한국발명기업연합회 회장 최완순
한국발명학회 회장 신석균	한국산업재산권법학회 회장 이수웅
한국산업정책연구회 회장 원인호	한국여성발명협회 회장 황소현
한국지적소유권학회 회장 이기수	

소멸된 특허권의 회복제도를

　특허권이 있다는 얘기는 한국에서 어떤 회사나 개인이 특허받은 기술을 가지고 독점 배타적으로 20년간 제조, 판매, 광고 등의 특권을 가진다는 의미이다. 그런 특권을 누리자면 관계규정에 따른 소정의 세금을 반드시 해마다 또는 수년분을 미리 납부하여야 그 독점권의 존속기간이 연장된다. 만약 실수로 이 납부기일을 경과하여 버리면 소멸된 특허권을 회복할 수가 없게 된다. 그러나 당시 특허법에는 이 기일을 경과한 날로부터 6개월의 유예기간 내에 소정 세금의 2배를 납부하면 그때에는 특허권을 살릴 수 있었다. 이 유예기간마저 경과하면 그때에는 아무런 대책이 없었다.

　이와 같은 제도가 과연 옳은 것인지 전 세계 선진국가들의 특허세금에 대하여 조사하여 보게 되었다. 그랬더니 대부분의 선진국가들은 가능하면 애써 연구하여 특허받은 권리를 소멸시키기보다는 살리는 방향으로 운영하고 있음을 알게 되었다. 그리하여 2005년 김종갑 특허청장에게 특허법개정을 건의하면서, 한편으로는 의원입법을 추진하여 단순한 실수로 소멸된 특허권을 회복하는 법안을 만들었다. 즉 6개월의 유예기간이 경과한 날로부터 3개월내에 소정의 세금의 2배에 해당하는 세금을 납부하면 소멸된 특허권을 회복할 수 있도록 한 것이다.

　이 제도가 생긴 이후에 많은 회사와 변리사들이 소멸된 권리가 회복되었다고 감사 전화를 해 옴으로써, 큰 보람을 느꼈다. 특허청도 특허권의 소멸보다는 특허권의 유지에 힘을 실어주어 발명진흥정책에 큰 도움이 되었다고 한다.

　나는 특허업무를 취급하는 변리사와 관계회사의 편의를 위하여 특허청에 추가로 건의하여 다음과 같은 추가 조치도 시행되었다. 특허에 관한 세금납부기일이 도래하면 특허청이 사전에 사건을 처리하였던 변리사사무소나 당사자에게 납부기일을 통지해주고, 동시에 특허청 홈페이지에도 이를 안내하며, 다시 6개월의 세금납부 유예기간 내에도 다시 한번 특허청에서 재차 통지를 발송해주고 동시에 특허청 홈페이지에도 재차 안내하게 되었다. 이렇게 하여 실수로 소멸되는 특허가 없도록 최선을 다하게 되었다. 그리고 2021년 10월부터는 특허청이 문서로 통지하지 않고 특허권자의 핸드폰으로 세금납부기일을 통지한다고 발표하였다. 민원인의 편의제공과 행정의 간소화를 동시에 추구하는 좋은 시도라고 생각한다.

국제거래신용대상도 수상

나는 2005년 1월, 사단법인 한국중재학회 김상호 회장으로부터 국제거래신용대상을 받았다. 나는 1982년부터 대한상사중재원의 중재인으로서, 각종 국내외 사건을 처리하여 왔으며, 1972년부터 변리사로서 외국특허·상표사건을 취급하여 오면서, 많은 외국 거래선으로부터 신용을 쌓아와 모범적인 변리사로 평가되어 이 상을 받게 되었다. 상이라면 그 어떤 상이라도 뜻이 있겠지만 이 상은 특별히 국제거래에 관한 신용대상이기 때문에 그동안 성실히 신용을 쌓아 온 결과라고 생각되어서 아주 기뻤다.

대한상사중재원 중재인 위촉장(1982. 7. 5.)

제10회 국제거래신용대상 수상 (2005. 1. 28.)

국제거래신용대상패 수령(2005. 1. 28.)

특허침해소송의 관할법원집중 운동

2011년 7월 29일 청와대에서 이명박 대통령 주재로 국가지식재산위원회 간담회가 개최되었을 때, 나는 기저귀 특허소송에서 대법원의 최종판결이 나오기까지 무려 11년 8개월이 소요되었다고 보고하자, 이 대통령께서 깜짝 놀라면서 그 개선방안을 마련하라고 지시하였다.

나는 국가지식재산위원회 산하의 지식재산보호전문위원회 위원장으로서 2011년부터 2년간 이 문제를 집중적으로 다루었다.

지식재산보호전문위원회의 건의를 참고로 하여 2014년 4월 대법원장 산하의 사법정책자문회의에서 특허소송의 제1심은 고등법원 소재지의 6개 지방법원(서울은 서울중앙지방법원)에서 심리하고, 제2심은 특허법원에서 취급할 것을 의결하였다. 여기에서 법원조직법이 개정된 경위를 설명하면 다음과 같다.

우리나라의 특허법원은 1998년 3월 2일 아시아에서 최초로 신설된 고등법원급의 전문법원이지만, 특허침해소송사건은 관할하지 못하고 오로지 특허심판원의 심결에 대한 불복사건만 취급하여 왔다.

특허법원의 사건을 분석하여 보면, 특허청의 거절심결에 대한 불복사건, 특허 또는 상표등록무효심결에 대한 불복사건, 상표등록취소심결에 대한 불복사건, 특허의 권리범위확인 심결에 대한 불복사건이 있는데, 종전에는 이러한 사건의 심결취소소송만을 특허법원에서 취급하여 왔다. 그러나 이에 못지않게 중요한 특허침해소송의 1심은 전국 각 지방법원에서 취급하고, 이에 대한 불복은 전국 6개 고등법원에서 취급하고 있었으며, 최종적으로 대법원에 상고를 하고 있었다. 이렇게 특허사건이 이원화되면, 상호 판결의 모순 저촉, 비효율성 및 소송지연 등의 부작용이 야기되므로 기왕에 신설된 특허법원에서 전속관할로 취급하자는 운동이 시작되었다.

2000년 11월, 조희욱 의원이 국회의원회관에서 특허법원의 관할집중에 대한 세미나를 개최한 것을 시작으로 하여, 한남대학교 신운환 교수가 대전과 서울에서 세미나를 개최하였고, 2002년 10월 드디어 박병석 의원의 대표발의로 법원조직법 개정안이 국회에 제출되었다.

이와 같은 노력의 결과로 당시 한나라당의 이회창 후보와 새천년민주당의 노무현 후보 모두로부터 특허법원의 관할집중에 대하여 대선공약을 받아내는 데에는 성공하였으나, 국회 회기만료로 이 법안 역시 폐기되었다.

2003년 말, 신운환 교수는 특허침해소송 제2심을 특허법원의 전속관할로 할 것을 주장하는 글을 서울대 공대 학회지에 기고하는 한편, 2004년 2월, 전국과학기술노조 등 시민단체와 학생들이 서울 서초동 법조타운에서 대규모 시위도 벌였다.

2004년 9월, 신운환 교수는 제17대 국회의원 전원, 전국의 판사, 전국의 검사, 주요 대학 이공계 교수, 법학, 정치학, 행정학 교수들에게 특허침해소송의 관할집중에 관한 책자 1만 부를 배포하였다.

2004년 11월, 박병석 의원의 대표발의로 국회의원 105명이 서명한 법원조직법 개정안이 제17대 국회에 다시 제출되었으나, 대한변호사협회의 반대와 법원행정처의 소극적인 태도로 회기가 만료되어 이 법안도 자동 폐기되었다.

2009년 11월, 서병수 의원이 대표발의한 법원조직법 개정안이 제18대 국회에 또다시 제출되었으나, 이 역시 대한변호사협회의 반대로 회기가 만료되어 자동으로 폐기되었다.

제19대 국회 후반기에 이상민 법제사법위원장, 이한성 법제사법위원회 법안심사소위원장, 강창희 전 국회의장, 정갑윤 국회 부의장 등의 노력으로 2015년 11월 12일 법원조직법 개정안이 국회를 통과하여 2016년 1월 1일부터 시행되었다.

그 내용은 특허권, 실용신안권, 디자인권, 상표권 및 식물신품종보호권에 대한 손해배상청구나 침해금지소송의 1심 관할은 전국에 있는 고등법원 소재지의 6개 지방법원(서울은 서울중앙지방법원)에서 취급하고, 이에 대한 불복은 특허법원이 전속관할로 하며, 최종 상고는 대법원에 하게 된 것이다. (부록 2015년 2월 11일『전자신문』「특허소송의 관할집중」참조)

이러한 특허소송의 관할 집중을 위하여 법원조직법이 개정됨으로써, 새로운 기술을 중심으로 다투는 특허소송에 있어서 신속한 판결을 받을 수 있게 되어 기술의 수명을 고려한 획기적인 전기가 마련될 수 있었던 것이다. 이제는 특허 침해소송의 관할법원만 집중된 것이 아니라, 특허침해소송의 경우, 양당사자가 동의하고 1심이나 2심에서 재판부가 허락하면, 당사자가 영어로 문서를 제출하고 영어로 변론까지 할 수 있게 되었다.

특허소송은 일반소송과는 달리 국제성을 띄고 있음을 감안하여 민사소송법을 개정하게 된 것이다. 특허침해소송의 관할집중에 대하여 많은 변리사들이 참여하여 물심양면의 노력을 하였지만, 특히 한남대학교 신운환 교수, 대한변리사회 신관호 전(前) 회장, 고(故) 서상욱 전 회장, 정태련 전(前) 회장, 이상희 전(前) 회장, 고(故) 안광구 전(前) 회장, 윤동열 전(前) 회장 및 고영회 전(前) 회장들의 노고가 컸었다.

특허침해소송관할 토론회
(2002.10.16. 한남대 신운환 교수 주관)

남·북한의 상표권 보호를 위해

남·북한 간의 상표교류가 제3국을 통하여 이루어진 적이 있었다. 한국의 어느 회사가 홍콩 주소로 북한에 상표등록출원을 하였다. 그런데 돌연 이 회사가 홍콩에 주소를 둔 중국 국적의 회사이나, 한국 자본으로 설립된 회사이므로 그 출원접수를 무효처분한다는 통지를 북한 당국에서 발송하였다.

남한이나 북한이나 다 같이 산업재산권 보호에 관한 파리협약에 가입한 회원국이기 때문에 상표등록출원서류를 수리하였다가 정치적인 이유로 이를 취소하는 것은 국제조약 위반이므로 이러한 사실을 스위스 제네바에 있는 유엔 산하의 세계지식재산기구(WIPO)의 특허협력조약 담당 매튜 브라이언(Mattew Bryan) 국장(이 사람은 내가 창단하여 조직한 아시아변리사협회 밴드의 베이스 기타리스트였음)에게 내가 항의를 하는 한편, 2004년 5월 통일부에 북한주민접촉신청을 하여 북한의 관계자를 만나는 데에 승인을 받았다.

2004년 5월 11일, 당시 북한에서 인도적인 봉사사업을 열심히 하고 있던 나눔 인터내셔널 이윤상 대표의 소개로 중국 베이징시 페닌슐라 팰리스 호텔에서 북한 평양시 평천구역 평천1동의 국가발명저작심의위원회 리시훈 위원과 평양의 민족화해협의회 소속 김철수 씨를 만나 남·북한 상표권의 보호업무와 관련하여 면담을 나누게 되었다.

나는 당분간 북한에 특허를 출원하는 일은 없을 것으로 전망하나, 상표등록출원은 상당히 있을 것으로 내다본다고 하였다. 특히 독일이 통일되기 전에 동독과 서독이 소위 연장법(Extension Law)을 제정하여 통일 후의 특허권, 상표권의 보호에 대하여 상호 사전 조치한 선례에 비추어 볼 때, 북한이 한국의 상표를 등록하고 보호하여 주면, 국제적으로 많은 대기업들이 자사의 상표들을 북한에 등록할 것이며, 이렇게 되면 북한의 외화 수입에도 상당히 기여할 것이라고 설명하였다.

이날 면담 시, 나는 한국의 산업재산권 및 저작권 관련 법령집을 전달하였고, 상대방은 나에게 북한의 관계법령집을 전달하였다. 그리고 나는 추후 남북회담이 개최되면, 지식재산권 관련 실무회담도 동시에 개최하도록 건의하였으며, 추후의 연락은 나눔 인터내셔널을 통하여 연락하도록 하였다. 북한에서 온 리시훈 씨는 이러한 면담내용을 김정일 위원장에게 보고하여 지시가 내려오면 그때 연락을 주기로 약속하였으나, 그 후 이 업무에 관하여 북한으로부터 일체의 연락이 없었다. 그리고 나는 이 모든 면담내용에 대하여 통일부와 국가정보원에 상세하게 보고 하였다.

(부록 1997년 7월 1일 『내외경제』 「통일과 지적재산」 참조)

지식재산에 관한 서울선언문 채택에도 일조

2012년 10월, 국제지식재산보호협회(AIPPI) 제43차 연차총회가 서울에서 개최되었다. AIPPI는 1897년에 설립되어 전 세계 100여 개국에 9,000여 명의 회원을 가진 지식재산권에 관한 최대 국제 민간단체이다.

한국 변리사 김윤배는 2010년부터 2012년까지 AIPPI의 회장이었는데, 그는 나보다 변리사시험 2기 후배이다. 김윤배 회장은 아쉽게도 2019년 9월에 세상을 떠났지만, 그는 한국인의

AIPPI 고(故) 김윤배 전(前) 회장

위상을 국제적으로 알린 자랑스러운 한국 변리사였다.

2012년 5월, 전 세계에서 서울로 온 지식재산 전문가들이 모여 지식재산에 관한 서울선언문을 채택하고 발표하였는데, 그 내용은 별지와 같다. 이 선언문 제6항의 "지식재산분쟁을 합리적이고 신속하게 해결하는 제도의 수립으로 기술개발을 촉진하고 국제교역의 활성화에 이바지한다."라는 문장은 내가 초안을 잡아 통과시켰다.

고(故) 김윤배 회장은 1975년부터 25년간 대한상공회의소의 산업재산권 상담역을 수행하였고, 1993년부터 10년간 아시아변리사협회 모조품방지위원

회 위원장을 역임하였으며, 1996년부터 6년간 한국라이센싱협회 회장을 역임하였다. 그리고 2011년에 아시아변리사협회(APAA)로부터 공로상(APAA Enduring Impact Award)를 수상하였다.

Seoul Declaration on the Intellectual Property

In order to promote peace and welfare of mankind in the age of knowledge society by the development of intellectual property, a creature derived from human intelligence, we, the participants in the Global IP Summit held in Seoul on October 18, 2012, hereby declare as follows:

1. We contribute to promoting welfare by the active use of the Intellectual Property for the world economic growth as well as job creations for the youth.

2. We contribute to supporting elderly welfare by encouraging research, development and practical use of anti-aging related Intellectual Property for the aging society.

3. We contribute to improving health and wellness of humanity by developing Intellectual property related to the effectiveness and safety of alternative energy such as nuclear energy.

4. We contribute to improving welfare of developing countries by actively supporting intellectual property related to eliminating poverty and disease to realize coprosperity of humanity.

5. We contribute to supporting welfare of innovators by actively seeking protection of their justified rights to promote intellectual property creation and its stimulation, as well as the improvement of knowledge society.

6. We contribute to promoting the development of novel technologies as well as the active international commerce by the introduction of a system capable of resolving intellectual property disputes in a prompt and rational manner.

Sharing the absolute necessity of today's "Seoul Declaration on the Intellectual Property" for bringing peace and welfare to mankind, we hereby organize a special committee to continuously fulfill the declaration, and solemnly declare, with our professional responsibility, that we strive to research and consistently improve.

지식재산에 관한 서울선언문

21세기 지식 사회를 맞이하면서 인간의 두뇌 창작물인 '지식재산으로 인류 평화와 복지 증진'에 기여코자, 서울에 모인 우리 모두는 다음과 같이 선언한다.

1. 젊은이들을 위한 일자리 창출과 세계 경제성장을 위하여, 지식 재산을 적극 활용하여 복지의 뿌리를 심는 데 기여한다.
2. 노령화 사회의 노인들을 위한 항노화 관련 지식재산의 연구·개발·활용을 적극 유도하여, 노인 복지를 뒷받침한다.
3. 인류의 건강한 환경을 위하여 원자력 등 대체에너지의 효율과 안정성에 관한 지식재산을 적극 발굴하여, 건강 복지에 일조가 되도록 한다.
4. 인류의 공영을 위하여 부의 창출과 질병 퇴치에 관한 지식재산을 적극 지원함으로써 세계 복지향상에 이바지한다.
5. 지식사회의 발전을 위하여, 지식재산 창출과 독려가 촉진되도록 개발자의 정당한 권리 보호에 적극 앞장서서, 창의적 인재의 복지를 뒷받침한다.
6. 지식재산분쟁을 합리적이고 신속하게 해결하는 제도의 수립으로 기술개발을 촉진하고 국제교역의 활성화에 이바지한다.

이에 우리 모두는 "지식재산에 관한 서울선언"이 인류평화와 복지증진에 절대적으로 필요함을 공감하면서, 이 선언문 정신의 실천을 위하여, 우리 모두가 전문가적 소명을 가지고 함께 연구하고 지속적으로 발전시킬 것을 엄숙히 선언한다.

제4장
—
지식재산제도
개선을 위하여

미국의 통상관세법

1980년 미국에 수출한 한국산 TV에 미국통상관세법 제301조의 적용을 받아 반덤핑관세가 부과된 적이 있었다. 그 후 1985년경 국제무역에 있어서 큰 화제는 미국의 통상관세법이었다.

이 법 제337조를 보면, 미국으로 수출한 상품이 미국의 특허권, 디자인권, 상표권 또는 저작권을 침해한 경우에는 국제무역위원회(ITC)가 당해 상품이 미국 내로 수입되지 않도록 결정할 수도 있고, 비싼 관세를 납부하여야 수입될 수 있도록 결정할 수도 있으며, 심지어 수출국으로 당해 상품을 반송 조치할 수도 있도록 규정하고 있다.

그러나 이 시기에 우리나라에는 미국의 통상관세법이 잘 소개되어 있지 않아서 1985년에 나는 평소에 사건을 주고받던 미국 뉴욕의 캐넌 앤드 캐넌(Kenyon & Kenyon) 이라는 법률회사의 도널드 케이 듀발(Donald K. Duvall) 변호사(국제무역위원회 전 판사)등 6명의 이 분야 전문변호사들을 서울로 초청하여 세미나를 개최토록 하였는데, 한국무역협회와 한국발명특허협회에서 이분들이 강의할 때, 통역을 하면서 도왔다. 이때의 교재로『미국통상관계법령 해설』이라는 책을 한국발명특허협회 이름으로 출간하여 배포하기도 하였다.

미국통상관계법령해설
(한국특허발명협회발행/1985.12.30.)

뉴욕의 캐넌 앤드 캐넌 변호사들과, 워커힐에서(우로부터 둘째가 필자)

한편, 1988년 한국시장에서는 컴퓨터프로그램 등 저작권 침해사건이 많아이 때문에 미국 워싱턴 디 씨(Washington, D.C.)에서 개최된 한·미 무역회담에서 미국통상관세법에 따라 한국 상품에 어느 정도의 관세를 부과할 것인지가 초미의 관심사였다. 이에 대해 우리 정부는 당시 우리나라가 모조품 천국으로 오해를 받고 있었기 때문에 이 문제를 단시일 내에 해결하기 위하여 법무부장관의 특별지시로 한국 내에서 외국인의 저작권침해사건을 빠른 시일 내에 수사를 하여 그 수사결과를 국내외에 공표하기로 하였다.

나는 일본의 닌텐도 가부시키가이샤와 관련 회사들의 명의로 컴퓨터프로그램 저작권 침해사건의 형사고소를 하게 되었다.

당시 서울지방검찰청의 K 검사는 서울 서초경찰서 전경들의 협조를 받아 용산과 청계천의 전자상가 등 서울 시내를 대대적으로 수색하여 모조품을 판매하고 있던 20여 명을 구속시켰다. 또한 비행기 한 대를 전세 내어 싼 여비를 받고 대만 여행객들에게 반도체칩을 한국으로 운반토록 한 대만의 여행사 부사장을 구속시켰고, 이때 압수품으로 모은 대량의 반도체칩을 도로 위에 쌓아놓은 채 도로포장에 사용하는 대형 그라인더로 파쇄하여 이 기사와 사진을 국내외에 대대적으로 공개함으로써 워싱턴 디 씨(Washington, D.C.)에서의 한·미무역회담이 우리나라에 유리하게 전개될 수 있었다.

그러나 반도체칩의 모조품을 제조하여 판매하던 폭력조직들은 자기네의 조직원들이 구속되었다고 수시로 내집으로 협박전화를 해와서 고통을 받았는데, 이 사실을 검찰청에 신고한 후에는 잠잠하게 되었다.

건국이래 처음,
지적재산권 민사·형사 판례집 발간

1997년 10월, 내가 대한변리사회장으로 재임 시, 건국 이래 처음으로 특허법, 실용신안법, 디자인법, 상표법, 컴퓨터프로그램보호법, 부정경쟁방지 및 영업비밀보호법, 저작권법 등 지식재산권에 관한 대법원, 고등법원 및 지방법원의 민사 및 형사사건 판결 1000여 건을 수록한 판례집을 발간하였다.

대법원판결은 1960년 이후 공간된 판결문 전부와 미공간된 판결문을 포함하여 약 300여 건을, 하급심판결은 1960년부터 1987년까지 공간된 판결 전부와 1987년부터 1996년까지 선례가치가 있는 판결문을 포함하여 약 700건, 도합 1,000여 건을 수록하였다.

이 사업을 위하여 윤관 대법원장의 특별 허락을 받았는데, 당시 사법연수원의 신영철 교수와 서울고등법원의 성기문 판사가 편집을 맡아 사건색인, 조문색인 및 판례색인을 넣어 누구나 찾아보기 쉽게 정리하였다. 또 대법원판결은 이 판결과 연관된 하급심판결도 한꺼번에 볼 수 있도록 정리하여 많은 판사, 검사, 변호사, 변리사 및 교수들로부터 칭찬을 받았다.

이 판례집의 발행을 계기로 모든 사건의 판결문을 일반에게 공개하는 것이 좋겠다고 많은 법조인들이 대법원장에게 건의하는 계기가 되기도 했다.

『지적재산권 민사·형사 판례집』

한국지적소유권학회 활동

1986년 1월 미국의 통상압력에 대처하기 위하여 지적소유권(후일 '지식재산권'으로 명칭이 변경되었음)에 관한 체계적인 정보교환 및 연구활동을 벌이고자 한국지적소유권학회가 창립되었는데, 이것이 국내 최초의 지적소유권에 대한 학술적 연구 단체였다.

이 당시 'Intellectual Property'라는 용어를 일본사람들이 지적소유권(知的所有權)이라고 번역하여 사용하고 있었는데, 이 용어는 후일 내가 주동이 되어 추진했던 지식재산기본법 제정 시 '지식재산권'이라는 용어로 바뀌어졌다.

이 학회의 초대 회장은 서울대학교 법대 교수였던 송상현 교수(후일 국제형사재판소 소장 역임)였으며, 부회장으로 김앤장 법률사무소의 장수길 변호사, 고려대학교 법대 이기수 교수(후일 고려대학교 총장 역임), 한국개발원의 정진승 박사(후일 환경부차관 역임)와 나왔다.

또 이사로서는 김용환 변호사, 강영수 변리사, 서울대학교 법대 황적인 교수, 송영식 변호사, 서울고등법원 김황식 판사(후일 국무총리 역임), 김평우 변호사, 서울고등법원 양승태 판사(후일 대법원장 역임), 고광한 변호사, 고(故) 박원순 변호사(후일 서울특별시장 역임), 연세대학교 법대 양승두 교수, 김동현 변호사, 이영필 변리사, 윤동열 변리사(후일 대한변리사회장 역임), 국민대학교 법대 김문환 교수(후일 국민대학교 총장 역임), 한양대학교 음대 장일남 교수 등 당시 지식재산분야의 쟁쟁한 인사들이 참여하였다.

매월 뉴스레터 6천 부를 제작하여 학계와 실무계에 배포함으로써 사회 지도층의 인식을 바꾸는 데 일조를 하였다. 이 학회는 1년여 연구 끝에 컴퓨터프로그램보호법과 반도체집적회로배치설계의 보호에 관한 법률 제정에 주도적인 역할을 하였다.

상호도 상표처럼 심사해야

한국에서 어떤 상표를 사용하면 법적인 문제가 있을 것인지, 어떤 상표를 등록할 수 있는지를 업무적으로 자주 조사하게 된다. 이와 같은 조사를 의뢰받으면, 먼저 선등록상표, 선출원상표 및 심사에 합격한 선공고상표들을 컴퓨터로 조사하게 된다. 이와 같은 상표조사를 할 때에는 반드시 국제상품분류에 관한 니스협정(Nice Agreement)에 따른 상품분류나 서비스업 분류마다 조사하게 된다.

전 세계 84개국이 가입한 니스협정은 1998년 3월 1일부터 우리나라에서 효력이 발생하였다. 이러한 조사와는 별도로 국내 184개 상업등기소에 등기된 상호로서, 한국 내에서 저명하게 알려진 것이 있는지도 조사한다. 그래서 조사대상 상표와 동일 또는 유사한 선등록상표, 선출원상표, 선공고상표 또는 선등기된 저명상호가 있는지를 분석한다. 이때 유사 여부 판단은 외관, 칭호 또는 관념면에서 일반 소비자들이 혼동할 염려가 있는지가 기준이 된다. 이와 같은 전문적인 상표조사를 해오며 쌓은 신용으로 일본의 닌텐도(任天堂) 가부시키가이샤는 나에게 한국 시장에서의 상표관리를 위임하고 있다.

한편, 특허청에서 상표를 심사할 때에는 외관, 칭호 또는 관념 면에서 서로 유사하면 상표등록을 해주지 않고 있는데 반하여, 상호등기 여부는 전국 184개 등기소에서 행정지역 단위로 심사한다. 그런데 동일하지만 않으면 서로 유사하여도 등기를 해 주고 있다. 따라서 일반 소비자들 입장에서는 상품의 명칭인 상표와 상인의 명칭인 상호를 사실상 구별하기가 어려운데 어떤 상표는 A 회사가 소유하고 있고 이와 유사한 상호는 B 회사가 소유하고 있어 소비자들이 혼동을 하는 경우가 많이 있다.

이에 대한 대책으로서는 상법을 개정하여 상호등기도 상표등록처럼 전국단위로 하나의 등기소에서 심사를 하고, 그 심사기준도 특허청의 상표심사기준과 같이 만들게 되면 부정경쟁을 사전에 방지하게 할 수 있을 것이다. 상호등기제도의 개혁에 대해서 세계지식재산기구(WIPO)에서 국제협약을 체결하여 가입국의 상법을 개정하도록 하는 방안을 연구하는 것이 좋겠다. 이러한 제도의 개혁은 결국 상법을 개정하여야 가능한 것이다.

「상호등기제도의 개선방안」, 『지적소유권』(한국지적소유권학회지, 1987년)

상호등기제도의 개선방안 – 상호등기사무 중앙관청으로 이관해야

– 김명신(변리사)

〈서론〉

무체재산(無體財産)으로서의 상호권(商號權)

우리들은 일상생활에서 흔히 사용하는 전화번호부에서 과연 어느 상호가 어느 그룹의 자회사인지 또는 어느 회사가 과연 상표를 통하여 품질을 신용하고 있는 그 회사인지 쉽게 알 수 없을 정도로 비슷비슷한 상호가 많아 도무지 전문지식이 없이는 쉽사리 구별할 수 없는 경우가 많이 있다.

이러한 현상은 날이 갈수록 심해지고 있는 바, 선의의 소비자를 보호하기 위해서나 특정 회사의 이익을 도모하기 위해서나 나아가서 국가적인 차원에서 공익을 생각해서라도 가능한 한 피차 회사의 혼동을 방지할 수 있도록 하는 것은 건전한 기업 풍토를 조성한다는 의미에서도 바람직할 것이다.

상품의 명칭인 상표나 상인의 명칭인 상호는 다 같이 사람의 눈에 보이지 않는 일종의 무체재산(無體財産)에 속한다. 즉 동산이나 부동산과 같은 것은 유체재산(有體財産)에 속하는 것이나, 산업이 발달하면 할수록 무체재산(無體財産)에 관한 관심이 높아질 뿐만 아니라 선진국가일수록 이 분야의 질서가 확립되어 있음을 볼 때, 우리들 역시 특정인의 문제로만 도외시할 것이 아니라 우리들 전체의 문제로 검토하여 볼 충분한 이유가 있다고 생각한다.

우리나라는 특허권·실용신안권·의장권·상표권 및 저작권 등 소위 지적소유권을 다루는 UN 산하단체인 세계지식재산기구(WIPO)에 1979년 3월 1일에 가입하였고, 특허권·실용신안권·의장권 및 상표권 등 소위 산업재산권에 관한 범세계적인 파리협약(Paris Convention)에 1980년 5월 4일에 가입하였다.

또한 많은 나라들이 가입한 특허협력조약(PCT)에 1984년 8월 10일에 가입함으로써 무체재산권을 국제적으로 보호하여 이 분야의 국내산업의 발전을 유도하고 있다.

이와 같이 무체재산 중에서 지적소유권에 관하여서는 정부나 관련 업계가 비상한 관심을 가지고 사업적으로 활용하고 있으나, 오로지 상호에 관하여서는 국내법인 상법에만 의존할 뿐 아직까지 국제적으로 활발한 논의도 없었을 뿐만 아니라 국제적으로나 국내적으로 서로 동일 내지 유사한 상호들이 많이 있어도 이에 대한 구체적인 대책이나 대안이 없는 점은 실로 큰 문제점이라고 지적하지 않을 수 없다. 일반적으로 상호와 같은 무체재산의 특징은 오랜 세월에 걸쳐 사용하면 사용할수록 그 가치가 올라가서 환가를 하는 경우, 우리들의 상상을 초월하는 액수에 달하는 상호들이 얼마든지 있다.

물론 기업경영을 잘못하여 어느 날 갑자기 업계에서 사라지는 기업도 없는 것은 아니지만 이러한 경우에도 그 기업이 존속하고 있을 때의 좋은 이미지를 살려서 같은 상호를 독점하기만 하면 금전적인 상당한 투자나 선전광고 이상의 가치를 불로소득으로 취할 수도 있을 것이다.

이렇게 생각하여 보면 자사의 상호에 대하여 애착을 가지지 않는 기업가는 그리 많지는 않을 것이다. 그러나 자사의 상호가 타사의 상호와 유사한 점은 인정하면서도 어떻게 하면 피차의 혼동을 예방 내지 방지할 수 있을까 하는 점에 대한 연구나 검토는 이에 뒤따르지 못하는 실정이다.

현행 상호등기제도의 문제점

현행상법 제22조에 의하면 「타인이 등기한 상호는 동일한 서울특별시·직할시·시·읍·면에서는 동종영업의 상호로 등기하지 못한다」고 규정하고 있어 행정지역이 다르면 동일한 상호를 사용할 수 있다.

상법 제23조 제1항에 의하면 「누구든지 부정한 목적으로 타인의 영업으로 오인할 수 있는 상호를 사용하지 못한다」고 규정하고 있으나 이를 위반하여도 기껏하여 50만 원 이하의 과태료(상법 제28조)에 처하는 정도에 그치고 있다.

주지하는 바와 같이 등기상호에 대한 효력의 범위가 전국이 아닌 행정지역단위인 점에서 많은 문제가 있으며, 상기한 상법 제23조를 위반하여 상호를 사용하는 자가 있는 경우에 이로 인하여 손해를 받을 염려가 있는 자 또는 상호를 등기한 자는 그 폐지를 청구할 수는 있으나 이것 역시 소송을 통하여서만 가능한 것이다(상법 제23조 제2호).

그리고 이 경우에는 손해배상을 청구할 수(상법 제23조 제32항)는 있으나, 동일한 서울특별시·직할시·시·읍·면에서 동종영업으로 타인이 등기한 상호를 사용하는 자는 부정한 목적으로 사용하는 것으로 추정하는 정도에 그치고 있다(상법 제23조 제4항).

따라서 형사고소의 직접적인 방법이 없는 데다가 다른 행정지역에서 아주 유사하게 사용하는 경우에는 속수무책일 수밖에 없다. 더구나 동일한 행정지역이라고 하더라도 소비자나 수요자의 입장에서 보면 서로 유사하여 전혀 구별을 할 수 없을 정도의 등기상호도 얼마든지 찾아볼 수 있다.

상법에 따라 등기하는 상호제도를 각 행정지역 단위로 운용할 것이 아니라 특허청과 같이 중앙관서에서 전국적인 업무를 한 군데에서 관장하는 것이 바람직하며, 예를 들면 법원행정처에서 이 업무를 다룰 수 있을 것이다.

그리하여 일단 등기된 상호와 동일하거나 유사한 상호는 등기를 해주지 않도록 하여 지역이 다르다는 이유로 합법적으로 등기되어 국민들로 하여금 불편을 초래하는 일이 없도록 하여야 할 것이다.

물론 이때에는 유사상호에 대한 엄격한 심사기준을 작성하여 이를 공개하고 이 합리적인 기준에 따라 운용을 하여야 할 것이지 현행과 같은 등기직 공무원의 개인적인 경험과 지역적인 혼동만을 기준으로 등기하여서는 안 될 것이다.

⟨본론⟩
상표법상 상호의 법적 위치
현행 상표법 제9조 제1항 제6호에 의하면 「저명한 타인의 성명·명칭·초상·서명·인장·아호·예명·필명 또는 이들의 약칭을 포함하는 상표는 등록을 받을 수 없다」고 규정하고 있으며, 다만, 그 타인의 승낙을 얻은 경우에는 예외로 한다고 명시하고 있다. 그리고 이 규정은 상표등록출원 시를 기준으로 하여 판단한다(상표법 제9조 제2항). 또 이와 같은 규정을 위반하여 등록된 상표는 후일 무효사유로 규정하고 있다.(상표법 제46조 제1호).

상기한 조문에서 말하는 명칭에는 상호가 포함됨은 의문의 여지가 없다. 따라서 상품의 명칭인 상표를 등록받기 위하여 특허청에 서류를 제출하는 날짜를 기준으로 하여 타인의 저명한 상호가 이미 존재하고 있을 때에는 비록 미등기상호라 할지라도 그러한 상표는 등록을 받을 수가 없으며, 설령 등록되었다 하더라도 무표사유가 된다. 한편, 상표법 제26조 제1호에 의하면 어떤 상표가 등록되었다 하더라도 상기한 바와 같이 그 등록의 유효·무효를 다투는 것과는 별도로 「자기의 성명·명칭 또는 상호·초상·서명·인장 또는 저명한 아호·예명·필명과 이들의 저명한 약칭을 보통으로 사용하는 방법으로 표시하는 상표에 대하여는 상표권의 효력이 미치지 아니한다」고 명시하고 있다.

이것은 분명히 전국적으로 효력이 미치는 상표권을 등록한 상표권자와 선의로 종전부터 어떤 지역 내에서 상호 등을 사용하여 온 사용자 사이에 야기될 수 있는 이해관계를 조정하기 위한 취지에서 규정된 것이다.

그러나 상표권의 설정등록 후 부정경쟁의 목적으로 이들의 상표를 사용하는 경우에는 예외로 하고 있다. 그리고 상호상표라고 하여 사실은 상호나 상호등기가 각 행정지역 단위로 이루어지는 단점을 보완하기 위하여 상표로 등록을 하는 길이 있다.

이 제도는 가까운 일본에서는 오랜 역사를 가지고 있으며, 언제부터인가 우리나라도 이 제도를 도입하여 실제적으로 아무런 이론이 없이 많은 상호상표가 등록되어 왔고 또 이 상호상표는 사실상의 형태는 상호이지만 등록 당시에 지정한 상품에 한하여 전국적으로 권리행사를 할 수 있다는 점에 대해서도 아무런 반론 없이 실무적으로 운용되고 있는 실정이다.

그러나 이 상호상표는 상호가 상표로 등록되어 보호되고 있는 실정이므로 엄격하게 분석을 한다면 상호 그 자체도 아니요 상표 그 자체도 아닌, 말하자면 상호와 상표의 중간형태라 하여도 과언은 아닐 것이다.

아무튼 이와 같이 저명한 상호는 물론이고 미등기상호라 할지라도 사실상 상표법에 의하여 어느 정도 보호를 받고 있으며, 가능하면 특히 저명상호와 상표권 사이에 일어날지도 모르는 충돌사고를 방지하려는 의도가 엿보임을 쉽게 알 수 있다.

부정경쟁방지법상 상호의 법적 지위

산업재산권과 밀접한 관계 및 관련을 갖고 있는 부정경쟁방지법에 있어서 상호를 어떻게 다루고 있는가를 살펴보기로 한다.

부정경쟁방지법 제2조를 보면 「국내에 널리 인식된 타인의 성명·상호·상표·상품의 용기·포장·기타 타인의 상품임을 표시한 표지와 동일 또는 유사한 것을 사용하거나 이러한 것을 사용한 상품을 판매·무상반포 또는 수출하여 타인의 상품과 혼동을 일으키게 하는 행위」(제1호)와 「국내에 널리 인식된 타인의 성명·상호·표장 기타의 영업임을 표시하는 표지와 동일 또는 유사한 것을 사용하여 타인의 영업상의 시설 또는 활동과 혼동을 일으키게 하는 행위」(제2호)가 있을 때에는 이로 인하여 영업상의 이익이 침해될 우려가 있는 자는 그 행위의 중지를 청구할 수 있다고 규정하고 있다.

그리고 고의 또는 과실로 인하여 이러한 행위를 한 자는 이로 인하여 영업상의 이익의 침해를 받은 자에 대하여 손해배상의 책임을 지며, 또한 법원은 피해자의 청구에 의하여 손해배상에 대신하여 또는 손해배상

과 함께 영업상의 신용을 회복하는 데 필요한 조치를 명할 수 있다.(부정경쟁방지법 제3호)

다만 외국인으로서 국내에 주소나 영업소를 두지 아니한 자는 조약 또는 이에 준하는 별단의 규정이 있는 경우를 제외하고는 상기한 법적 청구를 할 수 없는 예외 규정이 있다(부정경쟁방지법 제5조). 그러나 상기와 같이 부정경쟁방지법을 위반하면 2년 이하의 징역에 처한다는 무서운 형벌이 있다.(부정경쟁방지법 제8조)

또한 부정경쟁방지법에 의한 권리행사는 특허법·실용신안법·의장법·상표법 또는 상법 중 상호에 관한 규정에 의하여 권리를 행사하는 행위에 대하여는 적용하지 아니한다고 명시(부정경쟁방지법 제7조)하고 있어 부정경쟁행위라 하더라도 다른 법 때문에 권리행사를 할 수 없는 경우까지도 감안하고 있다.

결국 부정경쟁방지법은 국내에 널리 인식된 타인의 상호가 부정경쟁의 목적으로 사용되기만 하면 그 상호가 등기상호이든 미등기상호이든 불문하고 이를 보호하고 있으며, 국내인의 상호는 말할 것도 없거니와 외국인의 상호라 하더라도 그 외국인이 국내에 주소나 영업소를 가지고 있으면 물론 보호하여 주고 있지만, 국내에 주소가 없더라도 우리나라가 가입한 파리협약 제1조 제2항의 규정에 의하여 외국인의 주지상호도 보호하여 주어야 할 것이다.

상법상 상표의 법적 지위

상기한 바와 같은 상표법 및 부정경쟁방지법 등 산업재산권과 관계가 있는 법규에서는 상호의 보호 특히 저명한 상호에 대해서는 여러 가지 측면에서 상호의 충돌 즉 상표와 상호의 이해관계를 조정하여 일반수요자로 하여금 오인 및 혼동이 생기지 않도록 최대한의 배려를 함과 동시에 피해를 입은 상호권자로 하여금 법적 조치를 강구할 수 있도록 제도적인 장치를 마련하고 있다.

그러나 이와는 반대로 상법을 아무리 면밀히 검토하여 보아도 예를 들면 오랜 기간 동안 신용을 쌓아온 국내외의 저명상표와 동일한 상호가 등기되지 아니한다는 규정을 찾아볼 수가 없다.

이는 곧 다 같은 무체채산에 속하는 상호와 상표에 있어서 균형을 잃은 법적 사례라고 지적하지 않을 수 없다.

더구나 국내외의 저명한 상표가 ABC인 경우, 이를 부정경쟁의 목적으로 "ABC주식회사"로 상호등기신청을 하면 등기가 합법적으로 된다는 것을 말하며, 이것은 특별법규인 부정경쟁방지법의 위반사항은 될지언정 상사활동에 관한 기본법인 상법에는 저촉되지 않는 기이한 현상이 도출된다.

사실상 국민들이 상당한 불편을 겪고 있음에도 불구하고 상법에 이를 규제하는 규정이 전무함은 지금같이 국제무역이 활발히 이루어지고 국내외의 저명상표가 국경을 넘어 단시일에 저명하여지고 광고 또한 국제적으로 하고 있는 현대의 생활상을 과거에는 미처 파악하지 못하였기 때문이라고 나름대로 해석해 볼 수 있다.

그러나 법은 언제나 실제로 일어나는 사실을 효율적으로 규제할 수 없을 때에는 사실상 사문화되는 현상을 우리들은 많이 보아 왔다.

이러한 배경하에서 상호등록을 할 때에 신청일자 이전에 국내외에 적어도 저명한 상표가 존재하고 있는 경우에는 피차의 혼동을 방지 또는 예방한다는 취지에서 등기를 해주지 않는 방향으로 등기제도를 운용하여야 할 것이다.

왜냐하면 국내외를 막론하고 저명상표로 소비자로부터 인정을 받기 위하여는 오랜 기간 동안 신용을 쌓으면서 품질의 우수성과 상당한 응분의 서비스를 하여야 할 것이고 동시에 막대한 액수의 광고선전을 한 후에라야 가능하다는 현실을 직시하여 본다면 상호등기에 있어서 적어도 저명상표 내지 주지상표에 대한 배려는 어쩌면 당연한 논리적인 결론이라 믿어 의심치 않는 바이다.

〈결론〉

상술한 바와 같이 실제거래사회에서 상호와 상표가 다같이 무체재산으로서 중요한 비중을 차지하고 있음을 감안하여 현재의 등기관청의 상호등기업무를 각 지역 단위로부터 중앙관청으로 이관함으로써 전국적인 상호등기를 합리적인 기준으로 하나의 관청에서 관장하도록 하는 것이 필요하다고 생각된다. 상법 제22조는「행정지역의 단위를 불문하고 타인이 등기한 상호나 타인의 저명한 상표와 동일 또는 유사한 상호는 등록하지 못한다」로 개정하였으면 좋겠고, 상법 제23조 제1항은「행정지역의 단위를 불문하고 누구든지 부정한 목적으로 타인의 영업으로 오인할 수 있는 상호를 사용하지 못한다」로 개정하였으면 좋겠으며, 상법 제23조 제4항은「국내에서 타인이 등기한 상호나 타인의 저명한 상표와 동일 또는 유사한 상호를 고의 또는 과실로 사용하는 자는 부정한 목적으로 사용하는 것으로 간주한다」로 개정하였으면 좋겠다.

또 상법 제28조의 과태료도 현행의 50만 원 이하에서 상표법상 상표권 침해시의 벌금형인 1,000만 원 이하로 재조정하는 것이 좋겠다.

한국지식재산단체총연합회를 창립

2017년 4월 4일 서울 여의도 국회의원회관 대회의실에서 대한변리사회, 녹색삶지식경제연구원, 한국지식재산학회, 한국기술사회, 무역관련지식재산보호협회, 세계한인지식재산협회, 한국음반산업협회, 한국저작권법학회, 한국상표·디자인협회, 지식재산포럼, 한국라이센싱협회, 한국국제지식재산보호협회, 과학기술포럼, 한국지식재산서비스협회, 한국소프트웨어산업협회 등 64개 국내 지식재산관련 단체 대표와 관계자 500여 명이 참가한 가운데 한국지식재산단체총연합회(한지총) 창립기념식과 4차산업혁명과 지식국가발전전략심포지엄을 가졌다.

'한지총'은 과학기술단체총연합회(과총)와 한국예술단체총연합회(예총) 등 유사한 단체를 염두에 둔 것이었다. 한지총 창립준비위원장은 이상희 전(前) 과학기술처 장관과 내가 공동으로 맡아 이날 행사를 기획하여 진행하였다. 이날 행사에서 64개 지식재산관련단체 대표들은 한지총의 창립을 선언하고, 지식재산강국실현을 위한 정책건의서를 국회와 정부에 전달하였는데, 이 건의서에서 국가지식재산 운영의 컨트롤 타워인 지식재산처 신설과 청와대에 지식재산정책비서관의 신설을 제안하였다.

한지총은 2017년 6월 내에 창립위원회를 구성하고, 구성 및 운영 등 단체설립을 위한 구체적인 논의를 한 후, 2017년 연내에 한지총을 정식으로 출범

시킬 계획이었으나, 많은 단체들의 내부사정과 코로나 전염병 등으로 그 출범이 지체되고 있다가, 지난해 10월에 이를 새롭게 정비해서 정갑영 전(前) 국회부의장과 원혜영 전(前) 국회의원이 공동회장을 맡고, 유병한 한국소프트웨어저작권협회 회장이 수석부회장을 맡아서, 과학기술정보통신부의 인가를 받아, 정식으로 법인 등록을 마치고 새롭게 출범했다.

한국지식재산단체총연합회 창립식(2017. 4. 4. 국회의원회관), 이원욱 의원(앞줄 좌로부터 넷째), 필자(앞줄 좌로부터 다섯째), 원혜영 의원(앞줄 좌로부터 일곱째), 정갑윤 의원(앞줄 좌로부터 여덟째), 김명자 과총 회장(앞줄 우로부터 여덟째), 이상희 회장(앞줄 우로부터 일곱째), 최동규 특허청장(뒷줄 우로부터 일곱째), 윤동열 회장(앞줄 우로부터 넷째), 백만기 회장(뒷줄 우로부터 둘째), 오규환 회장(뒷줄 우로부터 여덟째), 전종학 회장(뒷줄 좌로부터 넷째)

제5장
—
아시아 국제활동
무대로

지식재산
강국을
꿈꾸다

APAA 회장으로 선출되어

2000년 11월, 필리핀의 세부(Cebu)에서 개최된 아시아변리사협회(Asian Patent Attorneys Association; APAA) 정기총회에서 회원들의 만장일치로 내가 회장으로 선출되었다.

APAA회장에 당선되어, 2000.11.14. 필리핀 세부에서, 우로부터 필자, 아사무라 기요시 명예회장, 필리핀의 아론조 안체타(필자의 후임 회장)

1969년 12월에 APAA가 일본, 한국, 대만 3국에 의하여 창립된 이래, 일본

사람들이 계속해서 회장을 맡아 오다가 내가 회장으로 선출되기 직전에 딱 한 번 뉴질랜드의 윌리암 디 하위(William D. Howie) 씨가 회장을 역임하고는 일본인이 아닌 회장은 내가 두 번째였다.

당시는 일본 변리사들이 회원국 변리사들에게 사건을 많이 보내 주고 있어서 일본부회에서 새로운 회장후보를 결정하면 다른 회원국의 회원들은 꿀 먹은 벙어리처럼 그대로 따랐던 시절이었다.

APAA 한국협회 임석재 전(前) 회장

뉴질랜드의 윌리암 디 하위 회장은 자신의 후임 회장을 말레이시아의 다토 브이 엘 칸단 (Dato V. L. Kandan) 변호사에게 물려주려고 준비하고 있음을 알게 된 나는 일본, 말레이시아 및 뉴질랜드를 제외한 17개국을 직접 방문하여 APAA의 개혁과 민주화를 내걸며 적극적인 지지를 호소하였다.

이러한 동정을 알게 된 일본본부의 핵심 인사들이 투표로서는 도저히 승산이 없을 것 같아 나를 선거 없이 회장으로 추대함으로써 만장일치로 내가 APAA 회장으로 선출되었던 것이다. 내가 APAA 회장으로 선출되면서 APAA에서 한국의 위상도 달라졌는데, 내가 APAA 회장으로 당선된 데에는 APAA 한국협회의 임석재 전(前)회장의 공로가 컸다.

내가 APAA 회장으로 당선되기 전에 숨은 일화를 여기에 소개하여 본다.

내가 국제적으로 회장선거운동을 본격적으로 하고 있을 때, 한국의 모 회원이 당시 APAA 아사무라 기요시 회장에게 익명으로 서신을 보냈는데, 그 내용인즉슨 내가 대한변리사회장 재임 시, 공금을 부당하게 사용하여 사무국 직원들의 월급조차 제 때에 지급하지 못했던 사람이므로 APAA 회장이 되어서는 안 된다고 비방하는 내용이었다.

이 서신을 받은 APAA 아사무라 기요시 회장은 깜짝 놀라 오카베 마사오 전(前) 회장과 함께 이러한 서신 내용이 사실인지 여부를 확인하기 위하여 방한하여 APAA 한국협회 임석재 전(前) 회장을 비롯한 여러 한국 회원들을 만나 확인하여 본 결과, 그 서신 내용은 터무니없는 거짓임이 밝혀져 그냥 돌아간 적이 있었다.

문제의 한국 회원이 APAA 회장에게 보낸 서신 사본을 지금도 내가 가지고 있는데, 당시 황당하고 터무니없는 그 비방이 너무나 괘씸하여 이 분야의 전문 변호사와 상의하여 본 결과, 우체국명, 소인일자, 수신인명, 글자체 등을 근거로 이 문서를 발송한 장본인을 수사로 찾아낼 수 있다고 하여 명예훼손으로 고소까지 하려 하였으나, 당시 주위 사람들의 강력한 만류로 형사 문제화되지는 않았다. 하지만 도대체 무슨 연유로 그런 터무니없는 비방으로 나를 괴롭혔는지 지금도 납득이 되질 않는다.

한편 APAA는 창립 30주년 기념책자를 발행하기로 하고 내가 편집위원장을 맡아 APAA의 30년 역사를 정리한 책을 2000년 10월에 발행하기도 하였다.

내가 APAA 회장을 하는 동안에 가장 힘들었던 이슈는 2001년 9월 11일에 미국 뉴욕에서 두 대의 비행기가 세계무역센터를 충돌한 테러사건이 발발한 후, 2001년 10월 태국 푸켓(Phuket)에서 개최된 APAA 이사회에서의 등록비 환불 건이었다. 이 회의에 참석하기로 하고 이미 등록비를 지불하였으나, 실제로는 테러 공포 때문에 참석하지 못한 어떤 나라의 옵서버들에게 얼마를 환불하여 주어야 할 것인가 하는 의제였다. 여러 가지 제안들이 나오고 갑론을박하게 되었다. 나쁜 선례를 남겨 놓으면 장차 유사한 사태가 발생하였을 경우에 더욱 어려운 문제를 야기할 수도 있는 반면에, 국제적인 비상사태를 전혀 고려하지 않으면, 그 자체로 비난대상이 되기 때문에 합리적이고도 현명한 결정을 내리기가 그리 간단치 않았다. 많은 시간을 할애하여 토론한 끝에 결론은 미국과 영국 변리사들에게만 등록비 전액을 환불하여 주기로 이사회에서 만장일치로 의결하였다.

이 의제와 관련하여 어느 독일 여성 변리사는 자신이 임신 중인데 의사가 장거리 여행을 하면 태아가 위험할 수 있다는 진단서를 제출하면서 등록비 전액을 환불하여 달라는 요청도 해왔으나, 이에 대해서는 거절하였다. 이와 같이 이런 이유 저런 이유로 환불을 수락하여 주면, 국제회의를 원만하게 수행할 수 없게 되기 때문이었다.

2002년 10월, 뉴질랜드 웰링턴(Wellington)에서 개최된 APAA 연차대회의 만찬행사에서 사회자인 뉴질랜드 변리사 앤드류 콜린스(Andrew Collins)가 회장인 나를 참석자들에게 소개하면서, Our President of APAA, Mr. Myung Shin Kim이라고 할 때, '명신 킴'을 '망신 킴'으로 발음함으로써 현장에 있던 한국 회원들의 폭소를 자아내는 일도 있었다. 뉴질랜드 사람들의 영어 발음이 워낙 독특하여 예를 들면, "I came today"를 "아이 케임 투다이"로 발음하기 때문에 이것을 나는 오늘 도착하였다는 뜻이 아니라, "I came to die", 즉 나는 죽으러 왔다고 오해할 수도 있다.

APAA회장 재임 시 뉴질랜드행사

나는 APAA 회장 재임 시, 내가 제안하여 APAA의 자회사로 카리브해에 있는 영국령 버진 아일랜드(Virgin Island)에 주소를 둔 'Asian Patent Attorneys, Inc.'라는 법인을 설립하였는데, 이 법인설립으로 인하여 싱가포르에 있는 은행 계좌로 회원국에서 회비와 행사잉여금을 간편하게 송금할 수 있게 되었으며, 일본에 있는 은행에 공금을 예치하는 것보다 높은 예금이자를 받게 되었다. 이 때 법인을 만든 근본적인 이유는 각국에서 연차대회를 마치고 남은 잉여금을 APAA 본부 사무국이 있는 도쿄로 송금하여야 하는데, 당시 APAA가 법인이 아니었기 때문에 각국에서 송금할 때 많은 애로가 있었기 때문이었다.

우로부터 APAA 필자, 고(故) 오카베 마사오 명예회장,
아사무라 기요시 명예회장, 요시다 겐지 전(前) 회장 – 오크밸리 골프장에서)

그리고 APAA에 중국을 회원국으로 유치하고자 백방으로 노력하여도 APAA에서 대만을 축출하여야 중국이 회원국으로 가입하겠다고 하여 회칙에서 사용하던 국호를 지리적 명칭으로 변경하였는데, 이렇게 APAA회칙을 1988년 서울 총회에서 통과시켜도 중국 정부는 여전히 미온적이었다.

2001년 태국 푸켓에서 개최된 APAA 이사회에 중국 변리사들은 회원이 아니기 때문에, 회원 등록비보다 50% 비싼 옵서버 등록비를 지불하여야 했다. 당시 미국, 유럽 및 남미 등 국가의 변리사들이 APAA 회의에 참가하는 수가 해마다 증가하여 가능하면 전체 참가자 수를 1,500명 정도로 유지하려는 계획에 차질이 생겨서 부득이 옵서버의 등록비를 회원보다 50% 비싸게 책정하였던 것이었는데, 나는 특별결의로 중국 변리사가 회원등록비를 지불하여도 회의에 참가할 수 있도록 의결하였다. 이렇게 중국 변리사들에게 특별대우를 해주어도 중국 정부가 입회하지 않고 오늘에 이르고 있다.

앞줄 좌로부터 APAA 필자, 아사무라 기요시 명예회장, 뒷줄 좌로부터 아론조 안체타 전(前) 회장, 다토 칸단 명예회장(마포 나의 사무실에서, 2001.8.23.)

내가 APAA 회장 재임 시, 국제지식재산보호협회(AIPPI), 국제변리사연맹(FICPI), 국제상표협회(INTA), 유럽변리사협회(EPI), 세계지식재산기구(WIPO), 유럽상표협회(ECTA), 미국지식재산법협회(AIPLA), 라이센싱 이규제큐티브 소사이어티(LES), 국제변호사협회(IBS), 아세안변리사협회(ASEAN PAA) 등 단체회장들을 연차대회에 초청하여 상호 정보를 교환하고 유대를 강화하였다.

그리고 APAA의 공식언어가 영어임에도 불구하고, 어느 해 국제회의 때 일본부회에서 일본 회원들을 위하여 자신들의 비용으로 통역인을 데려와 국제회의에서 발언자가 영어로 얘기하면 이를 일본어로 순차통역하여 스피커로 전 참석자들이 들을 수 있게 공개한 적이 있었는데, 이에 대해 나는 일본 회원들이 리시버를 꽂은 채 동시통역을 하는 것은 허용하나, 순차통역으로 누구나 일본어를 들을 수 있게 공개하는 것은 허용할 수 없다고 제지하여 그 후에는 이런 해프닝은 재발되지 않았다.

좌로부터 APAA 필자,
아론조 안체타 전(前) 회장,
아사무라 기요시 명예회장,
다토 칸단 명예회장
(내집 정원에서, 2001.8.23.)

나는 아시아변리사협회(APAA) 회장 재임 시, 국제협력위원회를 자문위원회(Advisory Board)로 명칭을 변경하였고, 회장, 3인의 수석 부회장, 사무총장 및 재무총장이 1년에 한 번씩 만나 집행부회의를 개최하도록 하였으며, 명예회장제도를 신설하여 오카베 마사오 전(前) 회장과 윌리엄 디 하위 전(前) 회장을 명예회장으로 추대하였고, APAA 로고를 아시아회원국에 상표로 등록하여 보호하도록 하였으며, APAA 연차대회 기간 중에는 자매단체 이외의 그 어떤 단체나 회사도 상업적 광고를 금지하도록 결정하였다.

2002년에는 미국 캘리포니아 뉴포트 비치(Newport Beach)에서 국제변리사 연맹(FICPI)과 APAA가 합동으로 심포지엄을 개최하기도 하였다.

APAA, FICPI 회장단 댄스(2002. 3. 16. 미국 캘리포니아 뉴포트비치)
(좌로부터 FICPI회장, 필자, FICPI 미국부회 회장)

또 하나 나의 임기 때 획기적인 제안을 한 것이 있다.

역사적으로 APAA 회장의 임기는 3년이지만, 관례적으로 6년씩 회장직을 수행하여 온 전례가 있었다. 그러나 APAA의 발전을 위하여 나는 3년만 하고 물러남으로써 아시아 각국 회원들로부터 격찬을 받았다. 또 특허·상표 등 각 분과위원회의 위원장 임기가 정해져 있지 않았는데 이를 3년으로 하되 한 번에 한하여 임기를 연장함으로써 6년 이상씩은 할 수 없도록 하여 젊고 유능한 회원들에게 일할 수 있는 기회를 제공하였다.

또한 자매협회와의 좋은 관계를 유지하고 그 대표들을 초청하기 위하여 외부관계그룹(External Relationship Group)을 신설하였고, 전통지식(Traditional Knowledge), 전자상거래(E-commerce) 및 민속전승물(Folklore) 등을 보호하기 위하여 특별위원회(Ad-Hoc Committee)를 신설하였으며, 2001년에 라오스(Laos)와 마카오 (Macao)가 개인회원국으로 가입하고 스리랑카(Sri Lanka)가 단체회원국으로 승격 함으로써 나의 회장 재임 시 브루나이(Brunei), 라오스(Laos), 마카오(Macao), 몽골(Mongolia), 미얀마(Myanmar), 네팔(Nepal) 등 6개 개인회원국에, 오스트레일리아(Australia), 방글라데시(Bangladesh), 홍콩(Hong Kong), 인도(India), 인도네시아(Indonesia), 일본(Japan), 한국(Korea), 말레이시아(Malaysia), 뉴질랜드(NewZealand), 파키스탄(Pakistan), 필리핀(Philippines), 싱가포르(Singapore), 스리랑카(Sri Lanka), 대만(Taiwan), 태국(Thailand), 베트남(Vietnam) 등 16개 단체회원국 도합 22개국이 회원국으로 되었다.

APAA 회장단 (2003. 말레이시아 사바주지사(앞줄 중앙), 앞줄 우로부터 둘째가 필자

APAA 명예회장으로 추대(2019년 대만 연차대회)

나는 2019년 10월, 대만 타이페이 연차회의에서 APAA 명예회장으로 추대되었다.

내가 APAA(www.apaaonline.org) 회장으로서 상기한 여러 가지 업무를 원만하게 수행할 수 있도록 도와주신 APAA 고(故) 오카베 마사오(岡部 正夫) 전(前) 명예회장, 아사무라 기요시(浅村 晧) 명예회장, 고(故) 샤모도 이치오(社本 一夫) 수석 제1부회장, 아론조 안체타(Alonzo Ancheta) 전(前) 회장, 다토 브이 엘 칸단(Dato V. L. Kandan) 명예회장, 요시다 겐지(吉田 研二) 전(前) 회장, 씨 케이 쾽(C. K. Kwong) 전(前) 회장, 김양오 전(前) 회장, 가츠누마 히로히토(勝沼 宏仁) 회장 및 본부 사무국 간사 오쿠다 류이치(奧田 龍一)씨에게 감사를 드린다.

필자는 좌로부터 첫째

10년간 APAA 밴드 초대 단장으로

1997년 호주 시드니에서 개최된 APAA 정기총회 시, 나는 기타, 드럼, 피아노, 키보드 등 악기를 사비로 임차하고 연차대회가 열렸던 쉐라톤호텔에 큰 행사장을 빌려 연주가 가능한 자원봉사자를 모집한 결과, 첫해에 세계 각국으로부터 5명이 지원하여 연주를 하게 되었다. 나는 틈틈이 연습한 드럼 실력으로 연주에 참가하였다.

또 내가 제안하여 22개 회원국에서 회장들이 면세점에서 각자 구입한 위스키 등 주류를 전부 모으면 상당수가 되었는데, 이를 연주가 열리는 행사장에서 호텔에 서비스료만 지불하고 모든 참가자들이 무료로 즐길 수 있도록 하여 국제적으로 큰 인기를 얻었다.

APAA BAND(아사무라 기요시 명예회장과 노래)

해마다 우리 밴드에 가입하고자 하는 회원과 유럽이나 미국에서 온 옵서버들의 수가 많아지면서 제일 멤버가 많은 해에는 21명이나 되어, 이를 슬로우 템포의 음악과 빠른 템포의 음악으로 나누어 연주하도록 하였다.

나는 밴드의 초대 단장으로 10년간 봉사하였고, 2008년부터는 제2대 단장으로 APAA 회장을 역임한 김양오 변리사가 색소폰을 연주하면서, 2015년부터는 제3대 단장으로 대만의 진느 왕(Jeanne Wang) 변호사가 키보드를 연주하면서 현재 맡고 있다. 이와 같은 악단을 잘 유지하기 위하여 나는 해마다 국제회의가 열리기 하루 전날 회의 개최지 도시에서 가장 유명한 식당을 예약하여 모든 악단 멤버들에게 사비로 저녁식사를 접대하여 왔으며, 악단의 단복조끼도 말레이시아 바티끄 스타일로 주문하여 입혔다. 그리고 서울 남대문시장에서 APAA의 심볼색인 파란색(Pacific Blue)으로 된 나비넥타이를 구입하여 단원들에게 제공하기도 하였다.

이제는 APAA 밴드를 창설한 지 어언 24년이 되어 악단으로서 규모와 실력을 제대로 갖추게 되었는데, 2019년 10월 대만 타이페이에서 개최된 APAA 연차대회에서 내가 명예회장으로 추대되었을 때, APAA 밴드의 모든 멤버들이 나의 명예회장 추대를 축하하는 특별공연을 해주어 보람이 있었다.

APAA 밴드는 1997년부터 나의 사비로 악단을 운영하여 오다가 2007년 11월 호주 애들레이드(Adelaide)에서 개최된 APAA 이사회에서 드디어 APAA의 공식악단으로 인정받아 이때부터는 현지 조직위원회에서 악단에 관련된 모든 경비를 지출하게 되었다.

한편, 2005년 인도 뉴델리에서 개최된 아시아변리사협회(APAA) 집행위원회의에서 나는 APAA 전(前) 회장자격으로 APAA 노래를 제정하도록 제안한 후, 2017년 11월 호주 애들레이드(Adelaide)에서 개최된 APAA 이사회에서 한국의 김양오 변리사가 작곡하고 이정원 변리사가 작사한 APAA SONG이 공식으

APAA SONG 악보

로 채택되었다. 나도 유명한 작곡가에게 의뢰하여 악보는 마련하였으나, 아름다운 가사를 만들 수 없어 도중에 포기하였다.

아시아변리사협회 밴드(APAA BAND) 단원으로서 지금까지 수고한 사람들의 명단은 다음과 같다.

김명신(드럼, 초대 단장)	김양오(색소폰, 2대 단장)	박지만(가수)
이용진(가수)	이정원(키보드, 가수)	윤재원(가수)
최정연(피아노, 플루트)	홍종원(가수)	황성필(기타)

외국인 단원은 다음과 같다.

Kunio Araki(드럼, 일본)	고(故) Keith Beresford(피아노, 영국)
Anton Blijlevens(드럼, 뉴질랜드)	Matthew Bryan(베이스기타, 스위스)
Johnny Chiu(베이스기타, 대만)	Guillermo Criado (기타, 플라밍고기타, 스페인)
Jean-Christophe Hamann(색소폰, 프랑스)	Arturo T. Del Rosario, Jr.(드럼, 필리핀)
Dot Gancayco(가수, 필리핀)	Bruce Green(기타, 캐나다)
Anne Mariae Celeste V. Jumadla (가수, 필리핀)	Shimako Kato(가수, 일본)
Stanley Lai(베이스기타, 싱가포르)	Alvin Lim(가수, 싱가포르)
Low Pei Lin(키보드, 싱가포르)	Makoto Onda(베이스기타, 일본)
Juan Daniel Melo(드럼, 콜롬비아)	Hermant Singh(기타, 인도)
Bobby Smithson(가수, 영국)	Vignesh Vaerhn(기타, 싱가포르)
Jeanne Wang(키보드, 대만, 3대 단장)	Mamiko Yoshida(가수, 일본)

나는 2010년 10월, 제주도 서귀포에서 개최된 APAA 이사회에서 APAA 밴드를 창설하고 APAA 노래를 제정하도록 노력한 공로로 APAA 요시다 겐지(吉田研二) 회장으로부터 공로패를 받았다.

APAA 요시다 켄지 회장의
감사패 수령(2010.10.19.)

APAA 회칙 개정

중국 회원을 아시아변리사협회(APAA)에 가입시키는 데에는 또 하나의 걸림 돌이 있었다. 국호 문제였다.

중국은 중화인민공화국(中华人民共和国)이고 대만은 중화민국(中華民國)인 데, 영어로는 People's Republic of China와 Republic of China이다. 이런 국명의 혼동이 없어야 입회하겠다고 하여 1988년 서울 소공동 롯데호텔에서 개최된 정기총회에서 회칙을 변경하여 국가명을 폐지하였다.

예를 들면 'Republic of Korea'를 'Recognized Group of Korea'로, 'Republic of China'를 Recognized Group of Taiwan'으로 변경하였다. Taiwan은 국가명칭이 아니므로 이 정도 선에서 타협이 될 줄 알았다. 하지만 이렇게 변경하여도 중국 정부의 태도는 여전히 변하지 않았다.

나중에 알게 된 사실이지만, 대만의 야당에서는 대만을 중국에서 독립하 자는 뜻으로 'Republic of Taiwan'이라는 국명을 제안한 적이 있어, 중국 정 부는 더욱 민감하게 반응하였다. 아직도 중국은 소위 '하나의 중국 정책(One China Policy)' 때문에 APAA 회원국으로 가입하지 않고 있다.

북한의 APAA 가입 타진

2004년 10월, 북한의 평양시 온정구역 과학1동에 있는 북한공업소유권(산업재산권을 말함)대리인협회 김성희 회장이 아시아변리사협회(APAA) 일본부회 사무국장에게 문의할 사항이 있으니 APAA 본부의 이메일 주소를 알려 달라는 팩시밀리 문서를 보내왔다. 2003년 10월까지 내가 APAA 회장으로 재임하였기 때문에 일본에서 바로 나에게 북한의 동태를 알려왔던 것이다.

그 후 2006년 11월 16일, 북한 평양시 남산재 특허상표사무소의 최인철 대표가 이번에는 APAA에 가입하는 절차를 문의하는 이메일을 일본 도쿄에 있는 APAA 본부 사무국에 보내왔다. 이 서신 역시 나에게 전달되었다.

그러나 북한이 아시아변리사협회에 가입하려면, 우선 북한의 지식재산권 관련 법령이 국제적으로 공개되어야 하고, 북한의 4개 이상의 사무소에서 7명 이상의 북한 회원이 단체를 구성하고 회칙을 만들어 APAA 이사회의 승인을 받아야 한다. 또 해마다 소정의 국제회비를 송금할 수 있어야 하고, 무엇보다 북한의 국호 표기에 대하여 APAA 한국협회의 동의를 받아야 하기 때문에 생각보다 그리 간단한 일이 아니었다.

APAA 회칙에 따르면, 우리나라의 표기가 'Recognized Group of Korea'로 되어 있는데, 만약 북한이 가입하는 경우, APAA 한국협회를 'Recognized

Group of South Korea'로 하고 북한은 'Recognized Group of North Korea'로 표기할 것인지는 정치·외교적인 문제여서 외교부와 상의하여 결정하여야 할 이슈였다.

당시 북한의 특허·상표사무소들은 외국에서 출원절차를 문의하면, 먼저 수수료와 세금을 송금하여야 대리업무를 수행하였는데, 이는 업무를 먼저 완료한 이후에 외국 고객에게 비용을 청구하는 국제관례에도 어긋나기 때문에 외화 사정이 좋아지기 전까지는 북한이 국제업무를 보기가 어렵다고 판단하였다. 따라서 나는 북한이 APAA에 가입할 제반 여건이 성숙되어 있지 않았다고 보았으며, 일단 회신을 보류하도록 본부에 요청하였다.

APAA 회장 선거

APAA 김양오 전(前) 회장

나에 이어 한국 사람으로 두 번째 아시아변리사협회(APAA) 회장후보로 출마한 후배 김양오 변리사의 선거운동에 관한 얘기이다.

홍콩의 변호사 씨 케이 쾽(C. K. Kwong) 씨는 2012년에 한국에 와서 자신이 APAA 회장으로 출마하였으니 한국 회원들의 지지를 당부한다고 하면서 자신은 3년 뒤에는 회장으로 그냥 시켜 주어도 홍콩에서 자신의 사정 때문에 회장 업무를 수행할 수 없으니 단 한 번만 밀어달라고 간청하였다. 나는 APAA 전(前) 회장으로서 씨 케이 쾽 변호사가 유능한 사람이므로 이 사람이 회장이 되도록 열심히 도와준 결과, 2012년에 결국 씨 케이 쾽 변호사가 APAA 회장으로 당선되었다. 씨 케이 쾽 씨는 APAA 회장으로서 APAA의 국제적 위상 제고에 노력하였을 뿐만 아니라, 내가 제안한 APAA의 자회사인 "Asian Patent Attorneys' Inc."라는 법인을 설립하는 데에도 공로가 있어 꽤 좋은 사람으로 보았다.

그런데 본인의 임기가 끝나는 2015년에 나의 후배인 김양오 변리사가 APAA 회장 후보로 출마하자 갑자기 자신도 출마하겠다고 선포하였다. 아니 3년 전에는 딱 한 번만 하겠다고 지지를 호소하였을 뿐만 아니라, 내가 세운 전통에 따라 회장 임기 3년씩만 하고 후배들에게 자리를 양보하여 왔던 전통을 깨겠다고 하는 것이 아닌가? 게다가 3년 뒤에는 자신은 회장을 시켜주어도 할 수 없다는 말을 한 적이 없다는 것이었다. 서울 강남의 호텔에서, 한국 회원들 앞에서 자신이 공언을 하여 여러 사람들이 들었는데도 불구하고 막무가내였다. 그래서 나는 우선 신의를 저버린 사람을 다시 회장으로 선출할 수 없는 점과, 당시 3년씩 임기를 마치고 후배들에게 APAA 회장 자리를 물려준 전통을 지키기 위하여 김양오 변리사를 더욱 적극적으로 운동하게 되었다.

2015년 10월, 일본 오키나와에서 개최된 APAA 총회에서 세 사람의 후보가 출마하였다. 전임 회장 홍콩의 씨 케이 큉 씨는 지지표가 제일 적게 나왔고, 김양오 후보와 각축전을 벌이던 호주의 그레그 먼트(Greg Munt) 후보와는 1표 차이로 내가 밀었던 김양오 후보가 힘겹게 당선되었다. APAA 회장은 회원국 이사들이 선출하는 간접 선거 방식인데, 회장선거관리위원장은 나보다 나이는 많으나 나보다 6년 후에 APAA 회장을 지낸 필리핀의 아론조 안체타(Alonzo Ancheta) 전(前) 회장이었다. 그런데, 투표 때 어느 한 이사가 호주의 그레그 먼트(Greg Munt) 씨를 지지한다고 표시한 V 기호가 사각선 내가 아니라 경계선에 걸쳐 표시되었다는 이유로 1표가 무효처리 되었다. 만약 가부동수로 되었다면 아론조 안체타(Alonzo Ancheta) 선거관리위원장의 결정에 따라 당락을 결정하게 되었는데, 이분은 친한파로서 나의 지지로 회장이 되었기 때문에 가부동수였어도 아마 김양오 변리사가 당선되었을 것으로 추측한다.

지식강국 재산을 지식강국 잡자

제2편
지식재산 강국을 꿈꾸며

제1장

—

지식재산기본법의
제정운동

사단법인 지식재산포럼의 창립

　　1964년 우리나라의 개인국민소득이 겨우 100달러에 불과하였고, 가발에 쥐털까지 수출했어도 수출총액은 불과 1억 달러에 지나지 않았다. 그런데 2014년에는 수출액이 5,730억 달러였고, 수입액이 5,260억 달러였으며 개인국민소득이 28,000달러에 이르렀다. 불과 50년 만에 개인국민소득이 280배에 도달한 괄목할만한 성과를 이루는 나라가 되었다.

　　하지만 1986년에는 지식재산에 관한 충격적인 사건이 발생하였다.

　　삼성전자㈜가 반도체칩 설계에 관한 침해사건으로 미국 텍사스 인스트루먼트(Texas Instrument)사에 무려 8,500만 달러의 손해배상을 하게 되어 모두를 놀라게 했다. 이 사건은 때마침 노동집약적 산업에서 기술집약적 산업으로 발돋움하던 고도 경제성장시기에 접어든 우리 경제 전반에 큰 파문을 일으켰다. 이를 계기로 국내기업들은 비로소 지식재산이 과연 얼마나 중요한지를 절실하게 깨닫게 되었다.

　　당시 우리나라의 지식재산에 관한 정책은 13개 정부 각 부처에서 각각 수립하여 집행하고 있었다. 예를 들면, 발명, 디자인과 상표는 특허청, 의약은 보건복지부, 과학·기술은 과학기술처, 방송·통신은 방송통신위원회, 반도체칩 설계는 산업통상자원부, 저작권과 컴퓨터프로그램은 문화체육관광부, 식물신품종은 농림축산식품부가 각각 정책을 집행하고 있었다. 따라서 지식재산에 관한 각 부처의 정책은 때로는 서로 충돌하는 경우도 있어서, 민간기업으로서는 과연 어느 부처의 정책에 우선권을 두어야 하는지 알 수 없는 경우마저 생기게 되었다.

이와 같은 환경에서 지식재산정책에 관한 최고위급 정부기구에서 모든 지식재산에 관한 정책을 조율하여 정부 스스로가 중·장기 정책을 수립하고 민간기업 들이 따라오도록 유도한다면, 민간기업들이 연구개발 예산을 절약하면서 미래산업 설계를 순조롭게 진행할 수 있게 된다.

지식재산정책 심포지엄(좌로부터 이철호 회장, 필자, 이어령 고문, 아라이 히사미츠 전(前) 일본 특허청장, 이희범 장관, 이상희 회장, 김승유 의장, 김종갑 차관)

치열한 국제경쟁에서 기업들이 굳건하게 생존할 수 있도록 인프라를 구축하기 위하여 일본에서는 아라이 히사미츠(荒井 寿光) 전(前) 특허청장이 주도하여 국가생존 전략으로 2003년 3월부터 지적재산기본법을 시행하여 오고 있음을 알게 되었다. 그 후 나는 이 법을 참고로 하여 우리나라에서도 지식재산기본법을 제정하기로 결심하고, 2005년 8월에 사단법인 지식재산포럼의 창립총회를 가진 후, 국회사무처에서 법인설립 인가를 받았다.

지식재산업무가 각 부처에 산재되어 있는 관계로 지식재산포럼은 일반 행정 부처가 아닌 국회사무처를 감독관청으로 하여 설립인가를 받았던 것이다.

창립총회에서는 국회의원과 과학기술처 장관을 역임하신 이상희 전(前) 대한 변리사회 회장과 동아제약 주식회사의 회장이시고 당시 전국경제인연합회 회장 으로 계시던 강신호 회장, 그리고 내가 공동회장을 맡기로 하였다. (부록 2007 년 5월 2일『매일경제』「지식재산 체계적으로 관리해야」참조.)

그러나 얼마 후 강신호 회장은 업무가 너무 바쁘셔서 회장직을 고사하시는 바람에 동원그룹의 회장이시면서 한국무역협회 회장으로 계시던 김재철 회장 이 강신호 회장의 자리를 이어받게 되었다.

2006.7.6. 국가지식재산정책 대토론회(좌측 둘째부터 필자, 김종갑 차관, 나카야마 노부 히로 교수, 안광구 회장, 이상희 회장, 최공웅 변호사, 윤선희 교수)

2005년부터 2016년까지 11년간 이상희, 김재철 그리고 내가 사단법인 지식 재산포럼(www.ipforum.or.kr)의 공동회장을 역임하였고, 2017년부터 2년간 윤동열 변리사가 제2대 회장을, 2019년부터 2년간은 남호현 변리사가 제3대 회장을, 2021년에 들어와서는 이인실 변리사가 제4대 회장을 맡고 있다. 지식재산포럼의 부회장으로는 한국갤럽조사연구소 고(故) 박무익 사장과 고(故) 박원순 변호사가 맡아오다가, 박원순 변호사가 서울특별시장으로 취임하면서 부회장직을 사임하게 되자 그 자리에 사무총장으로 있던 한양대 법대 윤선희 교수가 부회장을 맡고 있다.

사단법인 지식재산포럼의 발기인은 다음 40인이다.

전국경제인연합회 회장 강신호	아시아변리사협회 전(前) 회장 김명신
하나은행 이사회 의장 김승유	중소기업협동조합중앙회 회장 김용구
한국과학기술연구원 원장 김유승	한국무역협회 회장 김재철
한국개발연구원 전(前) 원장 김중수	상공자원부 전(前) 장관 김철수
한국행정학회 회장 김현구	대한상공회의소 회장 박용성
여자프로골퍼 박지은	가수 보아
국제형사재판소 소장 송상현	교육부 전(前) 장관 송자
주식회사 SBS 사장 안국정	영화배우 안성기
한국산업재산권법학회 전(前) 회장 양승두	고려대학교 총장 어윤대
한국케이블TV방송협회 회장 유삼렬	한국발명진흥회 회장 이구택
과학기술처 전(前) 장관 이상희	한국예술문화단체총연합회 회장 이성림
대한변호사협회 전(前) 회장 이세중	문화부 전(前) 장관 이어령
원음방송 사장 이원규	한국지적재산권학회 회장 이정훈
대한건축사협회 회장 이철호	과학기술처 전(前) 장관 이태섭
영화감독 임권택	매일경제신문사 회장 장대환

한국여성경제인협회 회장 정명금	연세대학교 총장 정창영
산업자원부 장관 정해주	성악가 조수미
벤처기업협회 회장 조현정	한국과학기술단체총연합회 회장 채영복
특허법원 전(前) 원장 최공웅	주식회사 문화방송 사장 최문순
한국소프트웨어산업협회 회장 최헌규	국악작곡가 황병기

사단법인 지식재산포럼의 캐치프레이즈(Catchphrase)는 다음과 같다.

◎ 이제는 지식재산이다.

◎ 지식재산의 창조와 보호가 인재를 기르는 지름길이다.

◎ 지식재산의 힘은 문화·예술과 과학·기술의 결합에서 나온다.

◎ 지식재산만이 미래의 살길이다.

◎ 지식재산이 바로 국가경쟁력이다.

「지식재산포럼의 발족에 즈음하여」, 월간 『발명특허』 2005년 10월

지식재산포럼의 발족에 즈음하여

– 공동대표 김명신

서론

인간의 정신적 창작물이 인류역사상 하나의 경제적 자산임에는 틀림이 없었으나, 오늘날처럼 그 중요성이 부각되고 국가적 차원의 경쟁대상이 되며, 나아가서 새로운 국가발전 계획의 근간이 되는 시대는 일찍이 없었습니다.

1995년 URUGUAY ROUND 협상이 종결되면서 세계무역기구

(WTO)가 탄생되고 무역 관련 지식재산협정(Agreement on Trade-Related Aspects of Intellectual Property Rights)이 체결되어 모든 국제교역의 중심이 상품 중심의 교역에서 지식재산의 거래로 확대·재편되었으며, UN의 전문기구인 세계지식재산기구(World Intellectual Property Organization)의 중요성이 가일층 부각되고 있습니다.

미국·일본·중국의 지식재산정책

이러한 세계무역체제의 개편을 주도한 미국은 이미 1980년대 초에 지식재산이 국가발전의 원동력이 될 것임을 간파하여, 국가적 차원의 지식재산의 권리화, 자산화를 추진한 결과, 지금은 세계경제에서 자신의 선도적 지위를 보다 확고히 하였고, 일본은 미국의 지식재산보호정책을 모델로 하여 지적재산입국이라는 과제를 국가생존전략으로 수립하여 수상이 직접 나서서 지적재산국가전략추진본부를 설치하고 정부 부처가 지식재산업무를 강력하게 추진하도록 독려한 결과, 지적재산고등법원을 설립하는 등 일본의 기술경쟁력을 강화하는 획기적 방안을 수립하여 일본경제가 오랜 침체에서 벗어나 새롭게 도약하는 기틀을 마련하였습니다.

지식재산보호의 후진국이었던 중국도 2001년에 세계무역기구에 가입하면서 이 분야의 모든 제도를 정비하였고, "科教興國"이라는 구호 아래 과학과 교육을 진흥시켜 값싼 노동력, 우수한 인력 및 방대한 시장 등을 근거로 고도 경제성장정책을 추구하고 있으며, 유럽공동체 역시 하나의 강력한 지역경제블럭을 결성하여, 유럽공동체 전체를 또 하나의 지식재산공동체로 만들어 내실 있게 운영하고 있습니다.

지식재산의 중요성

이와 같이 모든 선진국이 인간의 정신적 창작물, 새로운 기술개발이

나 새로운 발견 등 모든 지식재산을 국가경쟁력의 핵심으로 인식하고 이를 근거로 세계시장을 장악하려는 전략을 수립하여 추진하고 있는 이 시점에, 우리나라도 우리의 실정에 맞는 지식재산 중시정책을 수립하는 것은 더 이상 미룰 수 없는 시대적 요청이라 할 것입니다. 우리나라는 오랜 세월 동안 과학기술을 경시하여 뒤떨어진 경제력으로 말미암아 외국으로부터 수많은 시련을 받아온 역사를 가지고 있음에도 불구하고 창의력에 기초한 과학기술이 지배하는 새로운 국제경쟁시대의 도래라는 세계적 대세를 간과하여 불행한 전철을 밟는다면 현명한 국민들의 선택이라 할 수는 없을 것입니다.

지식재산이란?

지식재산이란 전통적인 발명, 디자인, 상표 및 저작권을 의미하는 협의의 개념에서 벗어나, 이제는 생명공학상의 새로운 발견, 기술비결, 영업비밀 등 영업상 정보, 식물신품종, 컴퓨터프로그램, 전통지식, 전승물, 원산지에 관한 지리적 표시, 과학적 발견, 아이디어, 캐릭터, 영화, 드라마, 음악, 글자체, 상호, 초상권, 도메인네임, 반도체칩설계, 콘텐츠, 전자상거래, 프랜차이징, 인공지능 및 통신기술 등 인간의 모든 정신적 창작물을 말하는 이른바 무체재산을 총칭하는 넓은 개념으로 확대되고 있습니다.

지식재산포럼의 필요성

우리나라는 국토가 좁고 천연자원이 부족하지만 국민의 교육수준이 높아 인적자원은 풍부합니다. 한류 열풍과 같은 문화사업과 김치라는 음식문화의 수출은 이제는 더 이상 지식재산이 대학이나 연구소 또는 특정 저작자들만의 노력에 의하여서만 이루어지는 것이 아님을 입증하는 것이기 때문에 모든 지적창작물이 정당하게 평가받고 보호받을 수 있는 사회적 분위기를 조성하고 창작자들이 창작활동에 전념할 수 있도록 경제적, 법률적 뒷받침을 해주는 새로운 사회운동이 필요한 이유가 여기에 있습니다.

지금까지 지식재산의 보호를 위하여 정부와 여러 단체들이 나름대로 적극적인 활동을 전개하여 온 것도 사실이지만, 이러한 모든 활동을 하나의 사회운동으로 결집하여 지식재산을 새로운 국가발전의 토대로 튼튼히 다져갈 수 있는 포괄적이고 강력한 조직체는 아직 없었습니다. 일본은 이미 우리의 새마을운동 이상으로 전 국민의 지식재산 문화운동을 전개하고 있습니다.

이제 우리는 국가경쟁력 향상의 원동력이 된 지식재산의 창조, 보호, 활용 및 이를 위한 인재양성 정책을 집중적이고도 체계적으로 추진하고 우리나라의 국력을 극대화시켜 더욱 치열해지는 국제경쟁의 무대에서 한국이 새로운 시대의 주역이 될 수 있는 계기를 마련하기 위한 사회적 대토론의 장을 마련하고자 "지식재산포럼"을 발족하게 되었습니다.

지식재산포럼의 활동상황

그동안의 활동상황을 소개하면 다음과 같습니다. 2005년 8월 30일 "지식재산이 바로 국가경쟁력이다."라는 캐치프레이즈로 40명의 발기인과 일반회원이 참가한 가운데 프레스센터에서 창립총회를 가진 이래, 2005년 10월 10일 프레스센터에서 지식재산기본법 제정을 위한 토론회를 벤처기업협회, 한국산업재산권법학회 및 한국소프트웨어저작권협회의 후원으로 개최하였으며, 2005년 11월 9일 국가경쟁력제고를 위한 지식재산정책심포지엄을 SBS와 중앙일보의 후원으로 프레스센터에서 일본의 지적재산전략추진사무국 아라이 히사미츠 사무국장(전 특허청장)

과 이어령 전 문화부장관을 초청하여 개최하였고, 2006년 7월 6일 지식재산정책 대토론회를 산업자원부와 공동주최하고, 한국산업기술재단이 주관하며, 과학기술부, 문화관광부, 정보통신부, 특허청 및 문화일보가 후원하는 가운데 르네상스호텔에서 개최하였습니다.

2006년 7월 7일에는 지식재산기본법안을 의원입법으로 국회에 제출하였으며, 2006년 8월 24일에는 국회로부터 사단법인 설립허가를 받아 2006년 9월 13일에 사단법인 등기를 완료하였고, 2006년 11월 2일에는 국회산업자원위원회 주최로 지식재산기본법안에 대한 공청회가 개최되었습니다.

이러한 상황하에서 지식재산입국을 위하여 뜻을 같이하는 창립회원 1만 명을 널리 모집하오니 많이 참여하여 주시기 바랍니다.

구체적인 내용은 홈페이지(www.ipforum.or.kr)를 참조하여 주시기 바랍니다.

2011.7.7. 지식재산전략 국제세미나에서, 이수완 특허청장(맨 앞줄 중앙), 김영선 의원(맨 앞줄 좌로부터 다섯째), WIPO 프란시스 거리 사무총장(맨 앞줄 우로부터 다섯째) 필자(맨 앞줄 우로부터 셋째)

2015.4.23. 지식재산의 날 추진 심포지엄에서 정의화 국회의장(앞줄 좌로부터 여섯째), 이상희 회장(앞줄 좌로부터 일곱째), 고은 시인(앞줄 우로부터 일곱째), 정갑윤 의원(앞줄 좌로부터 다섯째), 원혜영 의원(앞줄 우로부터 여섯째), 이광형 교수(앞줄 우로부터 다섯째), 전종학(앞줄 좌로부터 첫째), 필자(뒷줄 우로부터 다섯째)

지식재산기본법의 제정운동

2009년 11월 사단법인 지식재산포럼이 마련하여, 이종혁 의원의 대표발의로 국회의원 102명이 서명한 지식재산기본법안을 국회에 제출하였다. 2009년 12월 사단법인 지식재산포럼이 청와대에 제출한 건의서에 따라 청와대가 각 부처에 의견을 조회한 결과, 지식재산기본법 제정의 필요성이 인정되어 국가경쟁력위원회에서 대통령에게 보고함으로써 전기가 마련되었다. 이어서 국무총리실장을 중심으로 13개 행정부처가 합동으로 법안을 만들라는 이명박 대통령의 지시가 내려졌고, 이 지시로 2010년 8월 정부입법안도 국회에 제출되었다.

지식재산기본법안은 국회 내에 관련 위원회가 많아 과연 어느 위원회에서 심의할 것인지가 문제로 대두되었으나, 이런 경우 과거 정무위원회에서 심의한 전례에 따라 국회의장은 정무위원회에서 심의키로 결정하였다.

국회 정무위원회는 정부안에 의원입법안을 추가하여 정무위원회(위원장, 김영선) 독자안을 마련하여 정무위원회를 통과시켰고, 2011년 4월 29일에는 이 법안이 참석의원 206명 중 찬성 205명, 기권 1명으로 국회 본회의를 통과하게 되었으며, 2011년 7월 20일부터 이 법이 시행되었다.

지식재산기본법이 우리나라에서 시행된 것은 국가적으로 큰 경사라고 당시 국제형사재판소 송상현 소장으로부터 칭찬받은 적이 있다. 내가 2005년에 이 법을 제정하기 위하여 사단법인 지식재산포럼이라는 단체를 설립한 이후, 무려 6년 동안 수많은 세미나, 심포지엄, 일간지 성명서, 특허청의 지식재산강국

추진협의회 개최 등을 통하여 여론이 조성된 것이 큰 도움이 되었다고 생각한다. (부록 2011년 5월 20일 대한변리사회 발행『특허와 상표』「지식재산기본법이 제정되기까지」참조)

2012.4.24. 국가지식재산위원회 위원들 국무총리공관에서, 김황식 국무총리(앞줄 중앙), 윤종용 위원장(앞줄 우로부터 셋째), 필자(앞줄 좌로부터 셋째)

이 법에 따라 대통령 직속기구로 국가지식재산위원회가 모든 지식재산에 관한 최고위 정부기구로 신설되었는데, 국무총리와 민간위원 1인이 공동위원장이 되고 행정부 관계장관 및 특허청장 등 13명과 25명 이내의 민간위원이 위원이 되는 기구였다.

국가지식재산위원회의 초대 민간인 위원장은 삼성전자주식회사의 부회장을 지낸 경북대사대부고의 동기인 윤종용 씨가 이명박 대통령으로부터 위촉을 받았다. 이명박 대통령과 박근혜 대통령이 2년씩 나를 민간위원으로 위촉하였으며, 최초 2년간 나는 지식재산보호전문위원회 위원장으로 위촉받아 소임을 완수했다. 이 기구의 민간위원은 장관급이기 때문에 2011년 7월 29일 이명박 대통령께서 청와대에서 나를 포함한 민간위원들에게 직접 위촉장을 수여한 바 있다.

국가지식재산위원회 위원 위촉장 수령 후, 청와대에서 이명박 대통령(좌측)과 기념 촬영

국가지식재산위원회의 사무기구로 지식재산전략 기획단이 있는데, 여기에 관계 부처에서 파견된 단장과 직원 30여 명이 있다. 이 지식재산기본법의 제정운동을 주도한 공로로 나는 2013년 5월 18에 박근혜 대통령으로부터 은탑산업훈장을 받는 영광까지 안을 수 있었다.

박근혜 대통령의 은탑산업훈장증(2013. 5. 15.)

박근혜 대통령으로부터 은탑산업훈장 수상

박근혜 대통령으로부터 은탑산업훈장 수상 후(가족과)

'지식재산의 날' 기념일 제정

지식재산기본법은 특허법, 실용신안법, 디자인법, 상표법, 저작권법, 부정경쟁방지 및 영업비밀보호에 관한 법률, 농산물품질관리법, 종자산업법, 인터넷주소자원에 관한 법률, 콘텐츠산업진흥법, 전자거래기본법, 컴퓨터프로그램보호법, 반도체 집적회로의 배치설계에 관한 법률, 정보통신망 이용촉진 및 정보보호 등에 관한 법률, 온라인디지털콘텐츠 산업발전법, 동산·채권 등의 담보에 관한 법률 등 모든 인간의 정신적 창작물에 관한 법률의 최상위 기본법이다. 따라서 지식재산에 관련된 법률을 제정하거나 개정하는 경우에는 이 법의 목적과 기본이념에 맞도록 하여야 한다.

지식재산기본법에 따라 설립된 국가지식재산위원회는 정부의 지식재산에 관한 5개년 계획을 수립한다. 또 관계부처의 지식재산정책을 조율하며, 지식재산 법령의 제정·개정 시 의견을 절충하고, 정부 연구개발 예산과 관계부처의 예산을 조정한다. 정부는 우수한 지식재산의 창출을 촉진하기 위한 시책과 사회적 환경을 마련하여야 하며, 지식재산 관련 분쟁이 신속하고 공정하게 해결되어 권리구제가 충실히 되도록 소송절차를 간소화하며, 지식재산 관련 분쟁 해결의 전문성을 확보하기 위하여 소송체계를 정비하고 관련 인력의 전문성을 강화하도록 규정하였다.

한편, 정부는 지식재산의 거래사업화 등 지식재산의 활용을 촉진하기 위하여 각종 시책을 마련하고, 나아가 정부는 지식재산에 대한 객관적인 가치평가를 촉진하기 위하여 평가기법과 평가체제를 확립하도록 규정하였다. 그리고 「지식재산기본법」 제29조의 2에서는 매년 9월 4일을 '지식재산의 날'로 정한다고 규정하였다.

지식재산기본법 시행의 효과

　「지식재산기본법」이 시행된 후, 2012년부터 5년간 제1차 국가지식재산 기본계획에 투입된 예산이 무려 10조1,533억 원이었으며, 2016년부터 5년간 제2차 국가지식재산 기본계획에 총 4조700억 원이 투입되었다. (부록 1997년 7월 15일『내외경제』「기술수출과 로얄티수입」, 2011년 12월 10일『중앙일보』「지식재산의 가치평가」, 2014년 10월 15일『전자신문』「지식재산보험공사 설립」, 2014년 12월 3일『전자신문』「지식재산의 신탁」참조)

　또한 특허무효율의 현저한 저하, 특허심사와 특허심판의 처리 기간의 단축, 특허침해소송의 관할법원이 집중되어 소송기일이 단축, 특허권침해 시 법정손해액제도의 신설, 많은 금융기관에 지식재산가치 평가팀의 증설, 하도급거래에서 부당한 기술침해 방지에 대한 인식의 제고, 국회 내에 세계특허허브국가추진위원회의 구성, 독점규제 및 공정거래에 관한 법률에 따른 지식재산권의 부당한 행사에 대한 지침 마련, 우리나라 기술의 표준기술 점유율의 향상, 식물신품종의 개발건수 증대, 적극적인 영업비밀보호제도 마련, 부동산담보의 제공 없이 지식재산의 가치 평가로 금융기관이 대출하거나 투자하는 지식재산금융 규모의 확대, 소프트웨어 수출액의 증대, 저작권사용료 징수액의 증가, 대학교와 연구소에 기술이전 전담조직(TLO) 강화, 불법 복제저작물의 감소, 불법 기술유출 시 영업비밀 원본증명제도 활용의 증가, 산업재산권 출원사건의 급격한 증가, 반도체집적회로 배치설계 등록의 증가, K-브랜드 보호를 위한 해외 온라인 협력체제 구축, 방위산업기술 보호법의 제정, 관세청의 불법 수출입 상품단속의 강화, 해외 지식재산센터의 확대(8개국 14개소), 지식재산 존중을 위한 교육 확산, 지식재산의 날 제정 등 많은 변화가 있었다.

지식재산기본법이 시행된 2011년에 우리나라의 특허, 디자인, 상표, 저작권, 컴퓨터프로그램 등 전반적인 지식재산권에 관한 대외무역수지가 63억 4천만 달러의 적자였으나, 해마다 조금씩 개선되어 2020년에는 18억6천6백만 달러의 적자 수준을 유지하고 있다.

(부록 1997년 7월 15일『내외경제』, 「기술수출과 로얄티수입」, 2011년 12월 10일『중앙일보』, 「지식재산의 가치평가」, 2014년 10월 15일『전자신문』, 「지식재산보험공사 설립」, 2014년 12월 3일『전자신문』, 「지식재산의 신탁」 참조)

제2장

지식재산 강국이
되기 위한 과제들

독도는 우리 영토인가?

독도는 우리나라 영토이다. 독도의 면적은 18만 7,453㎡이고, 주소는 경상북도 울릉군 울릉읍 독도리 산 1~37, 동도와 서도를 통합하여 89개의 섬과 바위로 되어 있다.

울릉도 저동항의 북동쪽 4㎞ 해상에 울릉도의 부속섬으로 가장 큰 죽도라는 섬이 있는데, 죽도에는 옛날부터 대나무가 많이 자라고 있어서, 울릉도에 거주하는 주민들은 이곳에서 생산되는 대나무로 빗자루를 만들어 쓰기도 했다고 한다. 그러나 정작 독도에는 바위밖에 없는데, 왜 일본이 독도를 다케시마(竹島)로 명명하였는지, 그 저의가 의심스럽다.

1945년 9월, 제2차 세계대전이 끝난 후, 샌프란시스코에서 열린 미국과 일본의 강화회의에서는 "일본국은 한국의 독립을 승인하고 제주도, 거문도 및 울릉도를 포함한 한국영토에 대한 권리 및 청구권을 포기한다."라고 선언하였다. 이 조문에는 다케시마(竹島), 독도 또는 그 이전의 명칭인 마츠시마(松島)라는 명칭이 없었다. 일본이 독도가 자기네 영토라고 주장하는 근거가 바로 여기에 있었다. 독도는 한국에 반환할 대상에 포함되어 있지 않았다는 것이다.

그러나 우리가 제시할 근거는 많다. 조선 시대부터 독도는 우리의 영토였을

울릉도의 죽도(竹島)

뿐만 아니라, 일본 막부시대에 독도는 조선영토이므로 건너가지 말라는 일본 막부의 훈령까지 엄연히 있었다. 1946년 1월 29일 연합국 최고사령부 훈령 제 677호에는 "일본의 영토로부터 제외되는 지역으로 울릉도, 독도, 제주도"라고 규정하고 있으며, 1946년 6월 22일 연합국 최고사령부 훈령 제1033호(맥아더 라인)에는 "일본선박이나 일본선원은 독도로부터 12마일 이내로 접근하여서는 아니되고, 독도에 그 어떤 접근도 허락하지 아니한다."라고 선언하고 있다. 우리 정부가 샌프란시스코조약에서 독도의 명시가 제외된 것을 항의하였어야 하지만, 8·15광복 이후 6·25전쟁을 치르면서 이 문제에 대처할 정신적인 여유가 없었던 것으로 보인다. 그 후 1952년 이승만 대통령이 소위 평화선이라는 '이승만 라인'에 독도를 포함시켰으나, 1965년 한·일 어업협정 때에는 다시 독도가 빠져 버렸고, 1999년 새로운 한·일 어업협정에서는 독도를 포함한 수역을 중간수역으로 명명하게 되어 일본에 또다시 명분을 주게 되었다.

한편, 방공식별구역이란 각국이 영공방어를 위하여 영공 외곽에 설정한 구역이다. 영공은 아니지만, 다른 나라 항공기가 통과하려면 반드시 해당국의 사전 승인이 필요한 구역을 말한다. 그런데 1951년 미국 태평양공군이 극동 방어를 위하여 설정한 한국방공식별구역(KADIZ)에는 독도 상공이 한국에 분명하게 포함되어 있었다. 그리고 1969년 일본이 자위대법에 따라 일본방공식별구역을 설정할 때, 독도 상공을 일본방공식별구역에서 제외하였다. 또한 1972년 미국이 오키나와를 일본에 반환할 때, 다시 일본방공식별구역을 확장하였는데, 이때에도 독도는 제외되어 있었다. 이는 일본 스스로 독도 상공에 대한 모든 통제권을 포기하고 있었다는 의미이다.

독도를 둘러싼 국제법상의 영토 주장에 가장 중요한 법적 근거는 바로 실효적 지배를 하고 있는가라는 것이다. 즉 전투경찰이 지키고 있는 사실보다 실제로 우리 주민이 독도에 거주하고 있다는 사실이 가장 중요하다. 울릉도의 한 주민이 독도로 주민등록지를 옮겨 살고 있으며, 독도에서 식수가 나와 최소한의 식생활을 할 수 있게 되어 있다.

그런데 일본은 왜 독도에 그토록 집착하는 것일까?

대부분의 사람들은 독도가 일본의 영토로 되면 그 부근의 배타적 경제수역이 일본 소유가 되어 막대한 수산자원을 획득할 수 있기 때문인 것으로 생각한다.

그러나 진실은 그렇지 않다. 사람들은 독도 인근 해저에 150조 원 상당의 천연가스가 매장되어 있다는 사실을 모른다. 독도 주변 해저에는 천연가스 하이드레이트(hydrate) 층이 존재한다. '불타는 얼음'으로 불리는 하이드레이트는 메탄이 주성분인 가스가 영구동토나 심해저의 고압 상태에서 물이나 얼음분자의 격자 공간에 갇히면서 생기는 고체에너지원으로, 원유를 대체할 수 있는 고급연료이다. 매장된 가스의 시가는 2011년 우리나라 전체예산의 약 50%에 해당하고, 5,000만 국민이 30년간 사용할 수 있는 양이다.

이렇게 엄청난 양이 묻혀 있다는 것도 놀랍지만, 더욱 놀라운 것은 그것을 개발하는 기술특허의 48%를 일본회사가 가지고 있다는 사실이다. 일본은 1990년대부터 하이드레이트층에 대한 축적된 기술자료를 확보하였고, 1999년 11월 난카이 해구에서 시험생산체제에 돌입하였다. 1991년 가스 하이드레이트에 관한 특허를 분석하여 보면, 일본회사가 68%, 미국회사가 16%, 우리나라가 6.6%를 가지고 있다. 결국 우리가 우리 영토인 독도 해저에서 가스 하이드레이트를 발굴하려면 그 기술 대부분을 일본에서 빌려 와야 하므로 우리가 개발할수록 일본이 이익을 보게 되어 있다. 이제는 더 이상 외교, 국방, 무역이 이 세상을 지배하는 것이 아니라 지식재산을 가진 나라가 지배하게 된다.

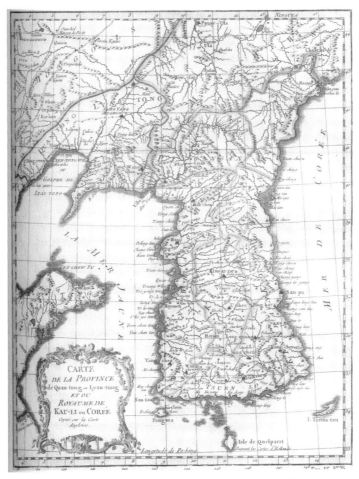

동해를 한국해로 표기한 고지도(울릉도와 독도 표기)

지식재산 강국을 꿈꾸다

우리나라가 지식재산 입국을 넘어 지식재산 강국으로 국제경쟁에서 선도적 위치를 확보하려면 지식재산처가 설립되어야 한다. 그 이유는 인공지능, 가상화폐, 신지식재산, 기후협약과 같은 이슈에 대하여 디지털경제 시대에 능동적으로 대처하려면 종래의 정부조직으로서는 한계가 있기 때문이다.

우리도 영국이나 캐나다처럼 산업재산권과 저작권을 한 부처에서 취급할 필요가 있다. 그리고 지식재산기본법에 따른 국가지식재산위원회를 대통령 및 국무총리 산하 593개의 위원회 중 하나로 운영하여서는 우리나라의 미래전략을 결코 제대로 수립할 수 없다. 따라서 청와대에 지식재산비서관을 두고, 국가지식재산위원회의 의결사항을 대통령에게 반드시 보고하도록 지식재산기본법을 개정하여야 한다. 이러한 제안은 미국에서 2008년도에 지식재산자원과 조직의 우선화 법에 따라 지식재산집행조정관(I.P. Enforcement Coordinator)이 백악관의 수석비서관 레벨에서 미국 대통령에게 지식재산정책을 보고하고 있는 실정을 참고로 한 것이다. 지식재산기본법 제정 시 나는 국가지식재산위원회가 대통령직속기구이기 때문에 그 의결사항이 당연히 대통령에게 보고되는 줄 알았는데, 사실은 그렇지 않아서이다.

코로나 백신 개발에서 누구나 쉽게 알 수 있듯이, 앞으로 첨단 기술은 단순한 국제경쟁력 차원에서만 필요한 것이 아니라, 국가안보와 생존전략으로서 필수불가결한 것이다. 나아가 과학·기술과 문화·예술의 영역을 상호 결합해야 부가가치가 제고되기 때문에 지식재산권 분야도 산업재산권과 저작권을 별개의 영역으로 구별할 실익이 점점 없어지고 있다.

한편, 특허침해소송에 있어서 변호사가 법정대리인으로 선임되어 있는 사건에 있어서, 당사자가 원하면 변리사를 추가로 소송대리인으로 선임하여야 한다. 이런 법안이 17대 국회에서 21대 국회까지 계속하여 국회에 제출되었으나, 항상 법제사법위원회의 문턱을 넘지 못한 채, 회기만료로 법안이 폐기되어 왔다. 그러나 일본에서는 2001년도에 사법제도개혁심의회가 건의하여 변호사와 변리사의 공동소송대리가 시행되고 있는 사실, 우리의 지식재산기본법 제21조의 취지, 특허침해소송에서 변리사가 마련한 준비서면을 변호사가 법원에 제출하고 있는 사실, 특허법원의 판사가 기술심리관의 도움을 받아 판결을 하고 있는 사실, 변리사의 소송대리에 관한 논쟁이 사실상 50년간 계속되어 온 사실, 변호사와 변리사의 공동소송대리를 입법적으로 해결하는 것이 좋겠다는 헌법재판소의 소수 의견, 실제로 특허소송을 해 본 기업들의 74.3%가 변리사의 선택적 공동소송대리를 찬성하고 있는 사실, 로스쿨 교육이 특수분야의 법조인 양성에 실패하고 있는 사실, 이공계 지망생들의 좌절 등을 종합적으로 검토하여 볼 때, 소위 변리사의 선택적 공동소송대리를 허용하는 것이 사건 당사자의 실익에 도움이 된다고 할 것이다.

또한, 변호사자격이 있으면 변리사자격을 자동으로 부여하고, 형식적인 연수로 변리사등록을 허여하는 규정도 이제는 폐지하여야 한다. 일반적으로 변호사는 특허소송에 관심이 있어 변리사등록을 한다고 명분을 내세우지만, 사실은 변호사가 특허출원, 상표출원 등의 업무에 이해관계가 더욱 크다는 점과, 2021년 7월 15일 헌법재판소의 세무사법 관련 2018헌마279사건, 2018 헌마

344(병합)사건, 2020헌마961(병합)사건에 관한 결정문을 참고로 하여 볼 때, 이제는 더 이상 변호사가 변리사의 출원업무를 하지 못하게 할 법적인 분위기가 성숙되었다고 본다. 일본에서도 변호사로서 변리사등록을 한 사람들은 일반적으로 특허출원 업무를 하지 않고 있는 것이 그 좋은 예이다.

'지식재산처'의 설립은 긴요한 국정과제

　나는 모든 지식재산관련법의 기본법인 「지식재산기본법」이 2011년 7월 20일부터 시행되고, 이 법에 따라 대통령 직속의 국가지식재산위원회가 창설되면 지식재산 정책 분야에 놀랄 만한 변화가 생길 것으로 전망하였으나, 내가 2년씩 두 번에 걸쳐 관계 장관들과 함께 국가지식재산위원회 위원으로 활동하여 보니 많은 성과가 있기는 하였지만, 여전히 국정과제로서의 지식재산정책을 과감하게 추진하는 데에는 한계를 느끼게 되었다.

　바야흐로 세상이 코로나19와 미·중 세력갈등으로 어수선한 가운데에서도 화제의 중심에는 코로나19 백신의 특허면제, 기술패권전쟁과 전략자산확보, 인공지능과 데이터, 메타버스, 블록체인기술에 의한 가상화폐, 디지털전환 등의 이슈가 놓여있고, 이 모든 이슈의 이면에는 지식재산이 도사리고 있다. 인공지능 하나만 보더라도 현재 11개 부처가 상호조정 없이 법률안과 법개정안을 만들고 있어서 지식재산정책에 관한 한, 선택과 집중을 할 수 없는 상황이다.

　그 구체적인 실례를 들어보자.

　데이터에 관한 저작권법의 개정은 문화체육관광부, 부정경쟁방지 및 영업비밀보호에 관한 법률의 개정은 특허청, 데이터기본법의 제정은 과학기술정보통신부, 산업디지털전환촉진법은 산업통상자원부, 인공지능활용 의료기술에 관한 건강보험 요양급여 가이드라인의 개정은 보건복지부, 공인인증서의 폐지에 관한 전자금융거래법의 개정은 금융위원회, 자동화 행정처분에 관한 행정기본법의 제정은 법제처, 행정심판법의 개정은 국민권익위원회로 각각 그 담당이 분산되어 있다.

또한 가상화폐의 예를 들어보자.

지금 시중에서 코스피와 코스닥에서 거래되는 주식금액보다 더 많은 금액이 가상화폐에 투자되며 거래되고 있다. 그러면 가상화폐가 무슨 법에 근거를 둔 재산이며, 그 거래는 합법적인가? 정부에서는 가상화폐의 거래로 생긴 이익에 대하여 과세를 할 예정이라고 한다. 이 문제가 단순히 기획재정부나 금융위원회의 업무에만 국한된 것일까? 기후협약 이슈는 환경부가 담당하면 충분할 것인가? 여기에는 기후변화뿐 아니라, 물, 에너지혁신, 경제산업, 녹색생활, 식량, 과학 기술, 국제협력 등을 검토하여야 하므로 환경부만 담당하면 된다는 것은 잘못 판단한 것이다.

경제협력개발기구(Organization for Economic Cooperation and Development; OECD)는 2023년부터 글로벌 '디지털세'를 부과하기로 136개국이 최종 합의하였으며 2035년부터 유럽연합(European Union)은 내연기관 자동차를 만들지도 않고 수입하지도 않을 계획이며, 소위 탄소국경세제도를 논의하고 있다.

그렇다면 탄소국경세제도는 단지 산업통상자원부만의 업무일까?

미·중간 기술패권 전쟁은 글로벌 가치사슬의 재편을 가져오면서 주요국들은 첨단기술을 전략자산화하고 있다. 이와 같이 이제 지식재산문제는 특허청이나 문화체육관광부 저작권국의 제한된 업무영역에만 머무는 것이 아니라, 전 국민의 건강과 국가안보에 직결되고 있으며, 국가경쟁력과 국가의 국민에 대한 기본적 의무이행으로 연결되면서 국정 어젠다로서 위상을 공고히 하고 있다.

이와 같이 급변하는 지식재산생태계와 미래 디지털산업시대에 능동적으로 대처하려면, 기존의 분절된 지식재산 기능만 각각 수행하고 있는 정부조직만으로는 한계가 있으므로 강력한 지식재산정책 추진체제를 새롭게 설계해야 한다는 주장이 더욱 설득력을 얻고 있다.

최근 여당의 대통령 후보로 나선 이낙연 전 국무총리와 정세균 전 국무총리가 각각 차기 정부에서 정부조직법을 개정하여 '지식재산처'를 설립하여야 한다는 정책 제안을 내놓은 것은 매우 고무적인 현상으로서, 시사하는 바가 크다. 10년 전 국가경쟁력제고를 위하여 지식재산기본법 제정운동을 주도하였던 나로서는 여간 반가운 일이 아니다. 두 분 모두 지식재산기본법에 따라 신설된 대통령 직속기구인 국가지식재산위원회 공동위원장을 역임하면서 산업재산권과 저작권과 신지식재산이 하나의 컨트롤타워하에서 일관된 기획과 정책으로 관리·조정·집행되어야 한다는 필요성을 스스로 느꼈기 때문이 아니었나 짐작된다.

실용적 요소와 예술적 요소를 동시에 구비한 산업디자인 제품은 디자인보호법 상의 디자인이면서 동시에 저작권법상 응용미술저작물이기도 하며, 컴퓨터프로그램도 기능적 저작물로서 저작권법의 보호대상이지만 컴퓨터프로그램 관련 발명은 특허법상 보호대상이기도 하다. 또한 반도체집적회로의 배치설계는 그 자체가 반도체배치설계권의 대상이지만, 관련 발명은 특허법상 특허대상도 된다. 나아가 시대변화에 따라 등장하는 새로운 개념의 신지식재산, 예를 들면 인공지능 산출물, 데이터베이스와 데이터셋, 식물신품종, 유전자원,트레이드 드레스(Trade Dress),도메인 네임(Domain Name), 퍼블리시티권, 영업비밀, 기술비결, 블록체인기술과 융합환경으로 급증하는 비즈니스모델 등도 속속 등장하면서 통합적 컨트롤타워의 부재로 정책혼선이 빚어지고 있다.

4차산업혁명과 디지털산업시대에 능동적으로 대처하여 지식재산 강국으로 발돋움하려면 새로운 비전을 가지고 총체적인 지식재산계획을 수립하고 집행하여야 하는데, 이런 관점에서도 역시 장관급의 지식재산처의 설립이 필요하다 할 것이다. 유엔 산하의 세계지식재산기구(WIPO)도 산업재산권에 관한 파리협약(Paris Convention)과 저작권에 관한 베른협약(Bern Convention)을 통합하여 운영한 지 이미 오래되었고, 영국과 캐나다가 이미 산업재산권과 저작권을 하나의 기관에서 관장하여 오면서 시너지효과를 얻고 있다. 바로 이런 의미에서 「지식재산기본법」 제29조의 2에서 매년 9월 4일을 '지식재산의 날'로 제정하여 기념해 오고 있는 의미도 되새겨볼 필요가 있을 것이다. 미국과 중국의 파워게임이 날로 거세어지는 국제정세 속에서 작지만 강한 나라로서 세계지식재산 허브국가로 도약하려면, 각종 국가의 장기 비전 전략을 수립하기 위하여 평소의 사고방식을 혁명적으로 전환하여 선제적으로 지식재산처(국무위원 급)를 설립하는 나라가 될 수밖에 없다.

이제 나라의 미래 운명을 판가름하게 될 우리들의 현명한 선택만이 남아 있다. 이 지식재산처의 설립운동을 사단법인 지식재산포럼 이인실 회장이 적극적으로 추진하겠다니 마음 든든하다. 나는 1997년과 1998년 대한변리사회장 재임 시, 이미 21세기 국제기술전쟁시대에 대비하기 위하여 정부조직법을 개정하여 지식재산부를 설립할 필요가 있다고 매일경제신문, 한국경제신문 및 국민일보에 기고하면서 당시 각 정당에 건의문을 제출한 적도 있었다.

(부록 1997년 2월 24일 『동아일보』「지재권 보호 관리 강화하자」, 1997년 5월 19일 『한국경제』「지적재산부 신설하자」, 1997년 12월 13일 『국민일보』「지재부 신설하자」, 1998년 3월 1일 『매일경제』「지적재산부 빨리 신설하자」, 2021년 7월 7일 『중앙일보』「지식재산 전담할 통합 컨트롤타워 만들자 – 지식재산처」 참조)

변리사시험에는 '저작권법' 과목 추가 필요

변리사는 특허, 실용신안, 디자인 및 상표 등 산업재산권에 관한 출원, 심판, 감정 등의 업무를 대리하는 직업이다. 인간의 정신적인 창작물 전체를 지식재산이라 하는데 이 중에는 산업재산권과 저작권이 있다. 디지털산업이 발전해 가면서 산업재산권과 저작권을 구별하는 실익이 점점 없어지면서, 특히 과학·기술과 문화·예술의 결합으로 만든 창작물이 대세를 이룸에 따라 전통적인 법률로서는 그 보호를 제대로 할 수 없는 시대가 도래하고 있다. 인공지능과 가상화폐만 보더라도 이를 단순한 기술영역으로만 파악하여서는 안 될 정도로 기술과 데이터와 문화가 동시에 축적되어 다양한 형태로 진화하고 있다.

최근 서울대학교 오세정 총장과 KAIST 이광형 총장이 다가오는 디지털경제 시대에 대비하기 위한 교육 세미나에서, 소프트웨어와 인공지능을 대학입시 과목으로 채택하여야 한다고 주장한 바 있다. 두 분 모두 비전을 가진 제안으로서 그 의미가 매우 크다 할 것이다. 영국과 캐나다는 이미 산업재산권과 저작권을 하나의 관청에서 취급하여 온 지 오래되었고, UN 산하 세계지식재산기구(WIPO)도 산업재산권에 관한 파리협약과 저작권에 관한 베른협약을 함께 관장하여 온 지 오래되었다. 그럼에도 불구하고 변리사는 컴퓨터프로그램, 반도체칩설계, 산업디자인 등 사실상 저작인접권에 관한 업무를 수행하면서도 저작권 전반에 관한 전문가라고 말하기도 어렵다. 그렇다고 변호사가 저작권에 관한 전문가라고 하기는 더욱 어렵다.

이러한 시대적인 배경하에서, 변리사의 시험과목을 특허법, 실용신안법, 디자인보호법, 상표법, 민법, 법학개론, 민사소송법, 외국어에만 국한할 것이 아니라, 이제는 저작권에 대한 전문가를 양성하기 위하여 저작권법을 변리사시험 2차 주관식 과목으로 채택할 시기가 도래하였다. 이제 변리사는 명실공히 저작권 형태로 융합된 디지털기술을 포함하는 신지식재산 전체의 전문가로서, 그 역할을 완수해야 시대적 요구에 부응해 나가게 될 것이다.

변호사에 대한 세무사 자격 자동부여 폐지 입법

헌법재판소는 2021년 7월 15일, 변호사의 자격이 있는 자에게 더 이상 세무사 자격을 자동으로 부여하지 않는 구 세무사법(2017년 12월 26일 법률 제15288호로 개정) 제3조, 세무사법 부칙 제1조 중 세무사법 제3조에 관한 부분, 그리고 부칙 제2조가 헌법에 위반되지 않는다고 선고하였다. 즉 1961년 9월 9일 세무사법 제정 이후 50년 동안 변호사는 세무사법 제3조에 의하여 세무사 자격을 자동으로 부여받아왔다.

그러나 2017년 12월 26일 법률 제15288호로 개정된 세무사법은 세무사 자격시험에 합격한 사람 이외에 세무사의 자격을 인정하는 대상 중 변호사를 열거하고 있던 세무사법 제3조 제3호를 삭제하면서, 세무사법 부칙 제1조를 통해 세무사법의 시행일을 2018년 1월 1일로 정하고, 위 부칙 제2조를 통해 세무사법 시행 당시 종전의 제3조 제3호의 규정에 따라 세무사의 자격이 있던 사람은 개정규정에도 불구하고 세무사 자격이 있는 것으로 본다는 경과 조치를 마련하였다.

그 결과 개정 세무사법의 시행일인 2018년 1월 1일 후에 비로소 변호사 자격을 취득한 사람은 더 이상 세무사 자격을 자동으로 부여받지 못하게 되었다. 이에 2018년 1월 1일 이후에 변호사 자격을 취득한 변호사들은 위와 같은 개정 세무사법 제3조, 부칙 제1조, 제2조가 청구인들의 평등권, 직업선택의 자유, 행복추구권 등 헌법상의 기본권을 침해한다고 주장하면서 헌법소원심판을 청구하였던 것이다.

위 결정 이유를 요약하면 다음과 같다.

위 세무사법 관련 법률조항은 변호사에 대한 세무사자격 자동부여와 관련된 특혜시비를 없애고 세무사시험에 응시하는 일반 국민과의 형평을 도모함과 동시에 세무분야의 전문성을 제고함으로써 소비자에게 고품질의 세무서비스를 제공하기 위하여 마련된 조항이다.

이와 같은 입법목적은 정당하고, 이를 달성하기 위해서는 변호사에 대한 세무사 자격부여제도의 폐지가 필요하므로 위 조항은 입법목적을 달성하기 위한 적합한 수단이다.

• 변호사가 세무나 회계 등과 관련한 법률사무를 처리할 수 있다고 하여 변호사에 대하여 세무사 자격을 부여할 것인지 여부는 국가가 정책적으로 결정할 사안이라는 점.
• 세무사법은 세무사 제도가 정착되고 세무대리시장의 수급이 안정됨에 따라 세무사 자격 자동부여 대상을 점차 축소하는 방향으로 개정되어 왔다는 점.
• 변호사에게 세무사의 자격을 부여하면서도 현행법상 실무교육에 더하여 세무대리업무에 특화된 추가교육을 이수하도록 하는 등의 대안을 통해서 세무사 자격 자동부여와 관련된 특혜시비를 없애고 일반국민과의 형평을 도모한다는 입법목적을 달성할 수 있다는 점.
• 변호사의 자격을 가진 사람은 변호사의 직무로서 세무대리업무를 수행할 수 있는 점.

등을 고려하면, 이 사건 법률조항이 피해의 최소성원칙에 반한다고 보기 어렵다.

그리고 이 사건 부칙조항이 신뢰보호원칙에 반하여 직업선택의 자유를 침해하는지 여부와 관련하여, 청구인들의 신뢰는 입법자에 의하여 꾸준히 축소되어온 세무사 자격 자동부여 제도에 관한 것으로서 그 보호의 필요성이 크다고 보기 어렵다.

또한 설령 그것이 보호가치가 있는 신뢰라고 하더라도 변호사인 청구인들은 변호사법 제3조에 따라 변호사의 직무로서 세무대리를 할 수 있으므로 신뢰이익을 침해받는 정도가 이 사건 부칙조항이 달성하고자 하는 공익에 비하여 크다고 보기 어렵다. 따라서 이 사건 부칙조항은 신뢰보호원칙을 위배하여 청구인들의 직업선택의 자유를 침해하지 않는다.

다음으로 이 사건 부칙조항에서 2018년 1월 1일을 기준으로 변호사 자격을 취득한 사람과 그렇지 않은 사람을 달리 취급하고 있다.

전자는 2018년 1월 1일 당시 이미 변호사 자격을 취득함으로써 세무사 자격을 자동으로 부여받을 수 있는 요건을 현실적으로 구비하고 있었던 반면, 2018년 1월 1일 당시 장차 변호사 자격을 취득하면 세무사 자격까지 자동으로 부여받을 수 있으리라는 기대만을 갖고 있었던 것에 그친다.

후자의 경우 본인 및 주위 여건에 따라 사법연수원 과정이나 법학전문대학원 과정을 마치지 못할 가능성 내지 법학전문대학원 졸업 후 변호사시험에 합격하지 못할 가능성 역시 배제할 수는 없다는 점에서도 전자와는 분명한 차이가 있다.

이러한 점을 고려하면, 이 사건 부칙 조항에 합리적인 이유가 있으므로 청구인들의 평등권을 침해하지 아니한다. [2021. 7. 15. 선고, 헌법재판소결정: 2018헌마279 세무사법 제3조 등 위헌확인, 2018헌마344(병합) 세무사법 부칙 제2조 위헌확인, 2020헌마961(병합) 세무사법 제3조 등 위헌확인]

세무사자격을 가진 변호사의 세무조정업무

　세무사로 등록한 변호사 2명이 소속한 법무법인을 세무조정반 지정대상에서 제외한 법인세법 및 소득세법 시행령은 무효라는 대법원 전원합의체 판결(2019두53464)이 2021년9월9일자로 선고되었다.

　이 사건은 광주지방국세청이 세무조정반 지정대상을 '2명이상의 세무사, 세무법인 또는 회계법인'으로 한정한 법인세법시행령 제97조의3 제1항과 소득세법시행령 제131조의 3 제1항 등을 근거로, 이미 세무사로 등록한 변호사 2명이 소속된 법무법인에 대한 세무조정반 지정 취소를 무효로 한 사건이다.

　이 판결이유에서는 "세무조정 업무에서 법률사무 전반을 취급처리할 능력이 있는 세무사 자격을 가진 변호사를 배제할 이유가 없고, 이러한 변호사로 구성된 법무법인 역시 모법 조항에서 전문성과 능력을 가지고 있다고 인정하였다. 따라서 해당 시행령 조항들은 세무사 자격이 부여되어 세무조정 업무를 수행할 수 있는 변호사와 이들이 구성원이거나 소속된 법무법인의 직업수행의 자유를 침해하였고, 헌법상 평등원칙에도 위배되므로 무효"라고 판시하였다.

　이 사안은 이미 세무사 자격을 가진 변호사를 시행령에서 업무수행을 제한한 것이 잘못되었다는 것이지, 세무사 자격을 가지고 있지 않은 변호사만으로 구성된 모든 법무법인이 세무조정사건을 합법적으로 취급할 수 있다는 것은 아니다.

이러한 판결은 변리사법 또는 변리사법 시행령개정 시 참고는 될지언정, 각종 전문 기술분야의 특허출원사건을 변호사가 취급함에 있어서 설령 법률적으로는 가능하다 하더라도 실무적으로는 세무사와는 달리 변호사가 변리사의 특허출원업무를 수행하는 것은 사실상 불가능하다.

변리사 직역의 개선

「변리사법」 제2조에서 "변리사는 특허·실용신안·디자인 또는 상표에 관하여 특허청 또는 법원에 대하여 하여야 할 사항의 대리 및 그 사항에 관한 감정 기타의 사무를 행함을 업으로 한다."라고 네 가지 업무에 대해서만 규정하고 있으나, 21세기 인류문명의 대전환을 이룰 바이오기술 및 정보기술의 발전에 따라 디지털경제 시대를 지향하는 지식기반사회에서는 종전의 19세기적 업무경계에서 벗어나 변리사가 종자산업법에 따른 품종보호 업무, 관세법에 따른 지식재산권 보호 업무, 저작권법에 따른 저작권 업무, 컴퓨터프로그램보호법에 따른 업무, 인터넷주소자원에 관한 법률에 의한 도메인 네임 등록 및 분쟁에 관한 업무, 부정경쟁방지 및 영업비밀보호에 관한 법률에 따른 업무, 반도체집적회로의 배치설계에 관한 법률에 따른 업무, 농수산물품질관리법에 따른 지리적 표시업무, 불공정 무역행위 조사 및 산업피해구제에 관한 법률에 따른 업무, 기술의 이전 및 사업화 촉진에 관한 법률에서 규정하는 기술이전 및 기술평가 업무, 약사법에 따른 의약품 특허 목록 등재에 관한 업무 등도 할 수 있어야 시대적인 요구에 부응하게 될 것이다.

현행 변리사법은 세무사법보다 더욱 퇴보한 상태로 있다.

변호사가 변리사법에 따라 변리사 자격이 있으나, 변리사 업무를 개시하려면 특허청에 변리사자격등록을 한 후, 소정의 변리사 연수를 받아야 비로소 변호사가 변리사법에 따른 변리사 업무를 합법적으로 수행할 수 있음에도 불구하고, 이와 같은 절차를 취하지 아니한 채 단지 특허청에 변리사자격등록만을 한 후 그 변호사가 소속한 법무법인 명의로 상표등록출원을 한 사건이 서울행정법원(2016 구합70000사건)과 서울고등법원(2017누48637사건)에서 각각 변리사법 위반이 아니라는 판결이 나와 대법원에 상고되어 현재 변리사법 위반인지의 여부가 세간의 주목을 끌고 있다.

특히 이 사건에서 변호사는 상표등록출원을 할 당시에 온라인 행정의 필수사항인 출원인코드와 대리인코드도 기재하지 아니한 채 서류를 제출하였고, 출원 후에는 변리사 자격을 가진 그 변호사가 휴업계를 냄으로써 사건이 공전되었기 때문에 특허청에서는 출원인코드와 대리인코드(여기서 말하는 대리인코드는 일반법무법인이 아닌 특허법인 또는 변리사개인코드를 의미함)의 보정을 명하였으나, 법무법인 소속 변리사등록을 한 변호사가 휴업을 해버림으로써 법무법인에서 합당한 절차를 취하지 않았기 때문에 절차무효처분을 하였던 케이스다.

상표에 관한 업무는 변호사법의 특별법인 변리사법에 따라야 하고, 변리사법에는 상표에 관한 업무는 변리사의 고유업무로 명시되어 있다. 변리사법에 따른 법인은 '특허청장의 인가를 받은 특허법인'과 '특허법인(유한)' 뿐이다. 사정이 이러함에도 불구하고 법무법인이 상표등록출원을 대리한 행위가 합법이라고 한다면, 변리사법에 명시한 변리사의 고유업무는 어떻게 해석하여야 할지 합리적인 설명이 되지 않는다.

여기서 잠깐 법리논쟁을 떠나 상표실무에 대하여 언급하여 보기로 한다.

상표등록출원을 하기 위하여는 어떤 상표가 제삼자의 저명상표, 주지상표, 선등록상표, 선출원상표 또는 선공고된 상표와 동일 내지 유사한지 여부를 사전에 조사하여야 할 뿐만 아니라, 상표등록의 요건, 상표등록을 받을 수 없는 상표인지 여부와 니스협정에 따른 상품분류를 숙지하여야 하고, 모든 절차가 전자문서로 진행되기 때문에 사전에 준비가 되어 있지 않으면 서류 자체가 수리되지 아니한다. 또한 상표등록출원을 한 이후에도 출원서나 수수료납부 등에 흠결이 있으면 보정명령, 절차의 무효, 보정의 각하, 거절이유통지, 거절결정, 출원공고결정, 등록 결정 등 모든 통지가 전자문서로 시행되는데, 특허청이 일반법무법인에 대하여 이러한 전자문서를 통지할 수 없으므로 그 불이익은 의뢰인이 감수하여야 한다. 따라서 단순히 서류 한 장을 제출하면 되는 것으로 오해하여서는 아니 된다.

앞으로 대법원에서 헌법과 법률에 합당한 판결이 나와 일반국민들의 피해가 없기를 기대하여 본다.

끝으로 최근 헌법재판소가 세무사법에서 변호사에게 세무사 자격을 자동으로 부여하는 조항을 삭제한 것이 헌법에 위배되지 아니한다는 결정을 내린 것처럼, 변리사법에서도 변호사의 변리사자격 자동부여를 삭제하여야 할 것이다.

제3장
—
지식재산전도사가
되어서

지식재산
강국을
꿈꾸다

프랑스 Union des Fabricants의 초청

　프랑스 파리에 있는 산업재산권 및 저작권보호를 위한 제조업자연합회 (Union des Febricants pour la Protection de la Propriété Industrielle et Artistique; U.D.F.)의 업무를 한국 대리인으로서 일하던 1982년의 일이다. 프랑스의 유 디 에프(U.D.F.)의 일을 하게 되면서, 프랑스의 화장품과 패션회사의 상표출원, 이의신청, 심판사건 등을 많이 취급하게 되었다. 당시에는 팩시밀리나 이메일이 없던 시대여서 텔렉스로 업무를 취급하고 있었는데 상표 견본과 같은 도면은 국제특급우편으로 받아 보았다.

　그러던 어느 날 파리의 유 디 에프(U.D.F.)에서 텔렉스 문서가 도착하였는데, 개정상표법과 실무에 대하여 불어로 강의하여 달라는 요청이었다. 나는 영어 이외에 제2외국어가 독일어였고, 불어는 한 번도 배운 적이 없어 불어로는 강의할 수 없다고 회신하였더니 그렇다면 초청하지 않겠다는 회신이었다. 하는 수 없이 강의안을 만들어 먼저 영어로 번역하고 이를 다시 불어로 재번역하는 작업을 당시 성신여대 불문과에 재직하던 프랑스 여교수에게 의뢰하고, 이 교재로 불어 발음 연습을 몇 달 동안 하였는데, 질문과 답변만은 영어로 해도 좋다고 양해를 받아 두었다. 이 여교수는 미국에 가서 미국 문학을 전공하여 영어도 유창하였는데, 한국에 오게 된 계기는 통일교회의 독실한 신자였기 때문이었다.

유 디 에프(U.D.F.)는 모든 서신을 불어로 보냈는데 우리 사무소의 모든 보고서는 영어로 하여도 좋다고 허락을 받아 업무를 계속하게 되었다. 아무튼 파리에 가서 프랑스의 변호사와 변리사들에게 한국의 개정 상표법과 실무를 어설픈 불어로 간신히 설명을 마치게 되었다. 이때에는 프랑스의 저명상표에 관한 모방상표가 국내에 범람하여 유 디 에프(U.D.F.) 서울 사무소가 설치될 정도였다.

당시의 웃지 못할 에피소드로는 프랑스 패션회사의 사장이름인 Pierre Cardin(삐에르 까르뎅이라 발음됨)의 모방상표인 Pierre Cardim(삐에르 까르뎀이라 발음됨)이 등록되어 이 모조상표의 등록무효사건이 화제가 된 적이 있었다.

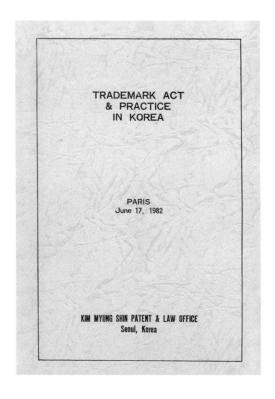

한편, 프랑스의 화장품 및 패션회사들은 프랑스의 선두기업들로서, 불어의 애국운동을 적극적으로 펼치고 있었기 때문에 모든 업무서신에 되도록 불어를 사용하게 하여 자기네들의 거래선 사람들이 불어를 공부하게끔 유도하고 있었다는 것을 후일 알게 되었다.

한국의 상표법과 실무
(영어 · 불어판, 1982.6.17)

일본 통상산업조사회의 초청

1987년에 우리나라의 특허법, 실용신안법, 디자인법, 상표법 및 저작권법, 컴퓨터프로그램보호법 등 지식재산권법이 대폭 개정·제정되었다. 1988년 서울올림픽 개최를 앞둔 1987년 1월 어느 날 일본 통상산업성 산하단체인 통상산업조사회에서 개정된 한국의 산업재산권법에 관하여 일본어로 강의해 달라는 요청이 왔다.

당시 나는 고려대학교 경영대학원에서 산업재산권법에 관한 강의를 하고 있던 시기였다. 그러나 나는 일본어를 배운 적이 없어 영어로 강의하면 어떻겠냐고 문의하였으나, 통상산업조사회는 일본정부 후원기관이기 때문에 국비로 외국인을 초청할 때에는 특별한 사정이 없는 한, 반드시 일본어로 강의하여야 하는 방침이 있다는 것이었다.

그래서 초청장이 온 1월부터 강의를 한 8월까지 강의안을 한글로 만들어 직원의 도움을 받아 이를 일본어로 번역한 후, 일본어 문장을 읽는 연습을 일본인의 도움을 받아 가면서 7개월간 열심히 연습하여 드디어 도쿄에서 한 번, 오사카에 서 한 번 모두 두 번의 강의를 하게 되었다. 다만, 질문과 답변은 영어로 하여도 좋다는 양해를 받았는데, 당시 일본어 질문을 영어로 통역하는 일은 오사카의 츠타다 마사토(蔦田 正人) 변리사의 도움을 받았다.

그런데 도쿄에서 강의 시작 때 일본에는 산업재산권법에 관한 석학들이 많이 계시기 때문에 오늘 나의 강의가 '공자 앞에서 문자'를 논하는 격이 될는지 모르겠다고 내 딴에는 겸손한 언급을 하였다. 그랬더니 강의를 마친 후 첫째 질문이 '공자 앞에서 문자'라는 표현이 무슨 뜻이냐는 것이었다. 이를 상세히 설명하였더니 일본에서는 이런 속담을 사용하지 않고 '석가모니에게 설법(說法)'이라고 표현한다는 것이었다. 유교보다 불교가 많이 전파된 일본의 문화에서 나온 속담임을 뒤늦게 알게 되었다.

이때부터 일본 고객에게 보내는 모든 문서는 전부 일본어로 작성하도록 하였 고, 일본인 직원을 두고 매일매일 조금씩 34년간 일본어를 공부하여 이제는 일본어로 대화하고 강의하는 데에 지장이 없게 되었다.

한국의 개정공업소유권법과
그 실무(일어판, 1987.8.)

오스트레일리아 AUSTRADE의 초청

1987년에 우리나라의 모든 지식재산권법이 대폭 개정되어 외국고객으로부터 그 개정내용을 문의하는 많은 서신이 내도하였다. 바로 이때 주한 오스트레일리아 대사관 상무관실에서 전화가 왔다. 한국의 지식재산권법의 개정내용을 시드니에서 한 번, 캔버라에서 한 번, 멜버른에서 한 번 강의를 하되, 나와 아내의 오스트레일리아 왕복 2등석 비행기표를 보내 주고 오스트레일리아에서 힐튼호텔의 국빈 방(통상 국빈 방문 시 사용하는 호텔의 한 층을 말함)을 사용하도록 해주겠다고 하였다.

AUSTRADE는 우리나라의 대한무역투자진흥공사(KOTRA)에 해당하는 기관이다. 당시에는 이러한 법률을 제대로 영역한 영역본이 없었기 때문에 해당 조항들을 내가 직접 영어로 번역하지 않을 수 없었다. 초청한 날로부터 5개월 만에 관계조항들을 번역하여 전체 강의안을 완성하게 되었다.

시드니와 캔버라에서 강의를 마치고 마지막으로 멜버른에서의 강의마저 마친 후, 모든 강의가 끝났기 때문에 긴장을 풀기 위하여 저녁식사 시 위스키와 와인을 마셔 취한 채, 밤 12시쯤 아내와 힐튼 호텔로 돌아와 호텔방문을 열자마자 나는 깜짝 놀라지 않을 수 없었다. 강도가 다녀간 것이었다. 그렇게도 큰 호텔의 한 층을 두 사람이 사용하는 걸 보니 아마 아시아의 재벌이 숙박한 것으로 짐작하고는 실내에 있던 쌤소나이트 여행가방을 렌치로 뜯어 돈과 귀중품을 모두 가져간 것이었다. 당일 아내가 면세점에서 선물을 사달라고 하여 나와 아내의 여권을 가지고 외출하였기에 천만다행이었다.

새벽에 일어난 불쾌한 사건으로 호텔에 책임을 추궁하였으나, 자신들은 수사가 종결되기 전에는 책임을 질 수 없다고 하여 호텔에서는 파손된 쌤소나이트 가방 2개만 새것으로 교체하여 주었다. 처음 일정에 따르면, 귀국 시 싱가포르, 홍콩, 대만을 거쳐 귀국하기로 아내에게 약속하였으나, 두 사람의 심기가 너무나 불편하였기 때문에 시드니를 경유하여 바로 귀국하게 되었다.

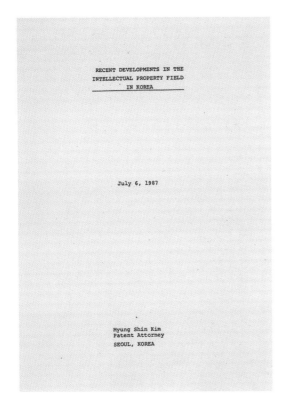

한국 지식재산분야의 최근 법개정상황
(영어판, 1987.7.6.)

지식재산전도사로

　지식재산권이란 인간의 정신적 창작물로서, 발명, 실용신안, 디자인 및 상표 등 산업재산권과 음악, 서적, 미술, 영화, 연극, 만화, 방송 등 저작권, 컴퓨터 프로그램, 반도체회로배치설계, 콘텐츠, 식물신품종, 데이터베이스, 영업비밀, 단골권, 미생물, 인공지능, 멀티미디어, 생명공학, 캐릭터, 프랜차이징, 트레이드 드레스 (Trade Dress), 비즈니스모델, 글꼴(Type Face), 도메인 네임 및 원산지에 관한 지리적 표시 등을 총칭하는 용어이다.

　나는 국내외의 변리사회, 대학교 또는 단체에서 지식재산에 관한 강의 요청이 오면, 하던 일을 제쳐놓고 달려갔다. KBS TV와 라디오, 고려대학교 경영대학원, 서강대학교, 경기대학교, 강원대학교, 한국항공대학, 사법연수원, 중앙공무원교육원, 삼성경제연구소, 한국발명특허협회, 미국지식재산법협회, 대만 경제부 지혜재산국, 일본 통상산업조사사회, 프랑스의

일본 간사이특허연구회의
감사패 수령(1998. 6. 24.)

유 디 에프(U.D.F.), 호주의 AUSTRADE, 독일변리사회, 프랑스변리사회, 영국 변리사회 등에서 수없이 많은 강의를 하였다.

외국에서 영어나 불어 또는 일본어로 강의할 때에는 내가 젊을 때 왜 외국어 공부를 게을리하였는지 후회가 되기도 하였다. 미얀마에는 한국의 모든 지식 재산 관련 영문법령집을 보내주고 정부공무원들에게 강의도 하였다. 천연자원 이 풍부하나 지식재산에 관한 법체제를 잘 갖추지 않으면 미얀마에 외국자본 이 제대로 투자하지 않는다는 점도 강조하였다.

특히 KBS 제1라디오는 '오후의 교차로 생활상담실'을. KBS 제1TV는 '무엇 이든지 물어보세요'라는 프로그램을 1980년 4월부터 2004년까지 무려 24년 간 이원규 프로듀서의 연출과 김영소 아나운서의 진행으로 계속하였다. 나는 1988년부터 일주일에 한 번씩 KBS 제1라디오에서 특허상담을 3년간 출연하 였다. 이 기간에 같이 출연하였던 출연진은 건축사 정정치, 공인회계사 권국정, 에너지관리공단 홍보실장 고(故) 이정기, 한국전력공사 홍보부장 고(故) 이승 우. 대한보험협회 홍보실장 한동준, 병무청 홍보실장 배인한, 한의사 김한섭 등 이었는데, 여기에 출연진들과 친분이 가까운 성우 구민 씨가 참여하면서 11명 의 모임이 되어 일일회로 명명하고 매달 친목모임을 가지고 오랜 세월 지속하게 되었다.

그리고 국내의 신문이나 잡지 등에 기고문들을 수시로 발표하였는데, 특히 1991년 내외경제신문은 나에게 일주일에 한 번 "특허 비화"라는 고정 칼럼을 개재할 수 있도록 배려하여 주어 1년간 연재한 적도 있었다.

또 KBS 1TV '상쾌한 아침입니다'라는 프로그램에 황인용 아나운서의 진행 으로 내가 일주일에 한 번 6개월간 출연한 적도 있었다.

1992년의 일이다.

엘비스 프레슬리의 고향인 미국 테네시주 내슈빌에서 미국상표협회(국제상표협회의 전신임) 연차대회가 열렸을 때, 한국에서 이 회의에 참가한 고(故) 장용식, 장수길, 박경재, 고(故) 나기상, 황의만, 백덕열, 주성민 등 10여 명의 변리사, 변호사를 내가 막 개업한 한국식당에 초청하여 저녁을 함께한 적이 있었다. 국내에서도 서로 만나기 힘든 사람들을 모처럼 미국에서 만났으니 반가울 수밖에 없었고, 분위기가 무르익자 술을 마시며 즉석 가라오케 경연대회가 열려 즐거운 한때를 보냈었다.

국내외에 걸쳐 변리사로 열심히 일하여 온 공로로 2015년에 나는 대한변호사협회, 대한변리사회, 대한법무사협회, 한국세무사회, 한국감정평가사협회, 한국공인노무사협회 합동으로 주최한 제1회 사회공헌대상을 수상하였으며, 2019년에는 한국과학기술원(KAIST), 대한변리사회, 한국지식재산서비스협회 합동으로 주최한 제8회 지식재산대상도 수상하였다.

제1회 사회공헌대상 수상
필자는 앞줄 우로부터 넷째(2015.12.15. 국회헌정기념관)

제8회 지식재산대상패 수령(2019. 12. 20.)

회갑기념논문집 출간

2004년 1월 28일이 나의 회갑날이다.

나의 회갑을 기념하기 위하여 국내외 변리사, 변호사, 교수들이 각자 산업재산권에 관하여 쓴 논문을 한국산업재산권법학회(회장 양승두)에서 3권의 논문집으로 만들어 나에게 전달하는 기념행사가 2004년 5월 서울 소공동 조선호텔 그랜드볼룸에서 국내외 논문기고자 및 내빈들을 모시고 개최되었다.

회갑기념 출판기념회
(2004.5.21. 한국산업재산권법학회, 양승두 회장과 기념촬영)

이날 행사에는 내가 평소 좋아하는 영 팝스 오케스트라 단원 20명을 초청하였고, 라이온스합창단도 초청하였으며, 나도 좋아하는 노래 몇 곡을 직접 불러 초대받은 사람들을 즐겁게 하였다.

특히 나의 회갑을 기념하기 위하여 귀중한 논문을 써 준 외국인 기고자로서 이 행사에 참가한 사람들에 대하여 나는 서울까지의 2등석 왕복 비행기표와 2박 3일 조선호텔 숙박비를 부담하였으며, 참석 여부를 불문하고 외국인 기고자 전원에게는 도예연구가 해청당 정정묵 선생님에게 특별히 주문하여 종이처럼 얇은 두께의 고려청자 찻잔을 기념으로 선물하였다.

이 논문집은 『지적재산권의 현재와 미래』, 『Legal Action against Intellectual Property Infringement in Asia』, 『Present and Future of Intellectual Property』 등 3권이었는데 법률서적 출간으로 유명한 법문사에서 발행하였다. 저명한 대학교수의 수연(壽筵)잔치에서나 볼 수 있는 드문 논문집 출간이어서 나로서는 너무나도 벅찬 기쁨을 누렸다.

『지적재산권의 현재와 미래』
(2004.5.21. 한국산업재산권법학회 발행)

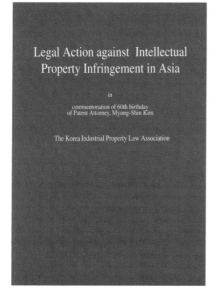

『아시아에 있어서 지식재산권침해에 대한
법적 대응 방안』(2004.5.21. 한국산업재산
권법학회 발행)

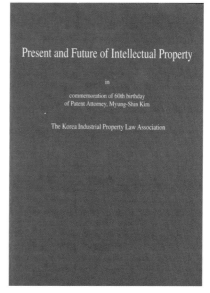

『지적재산권의 현재와 미래』
(2004.5.21. 한국산업재산권법학회 발행)

회갑기념출판행사[필자 내외(앞줄 좌측), 일본 고(故) 오카베 마사오 명예회장(앞줄 좌로
부터 셋째), 말레이시아 다토 칸단 회장(앞줄 좌로부터 넷째), 일본 아사무라 기요시 명
예회장(앞줄 우로부터 첫째)]

회갑기념출판행사[일본 고(故) 샤모도 이치오(앞줄 좌로부터 첫째), 대만 제니퍼 린
(앞줄 좌로부터 둘째), 일본 라이 게이스케(앞줄 맨 우측), 일본 구로세 마사시(뒷줄
맨 좌측), 독일 클라우스 키르쉬너(뒷줄 좌로부터 둘째)

회갑기념출판행사[오스트레일리아 휴 호치킨슨(앞줄 좌로부터 셋째), 일본 츠타다 마사토(앞줄 좌로부터 넷째), 독일 하인츠 고다(앞줄 우로부터 셋째), 일본 시모사카 스미코(앞줄 우로부터 둘째), 김국현 변호사(뒷줄 우측)]

회갑기념출판행사[홍콩 씨 케이 쿽 회장 내외(좌측 아래위), 중국 거보 회장(앞줄 좌로부터 둘째), 독일 유르겐 크로허(앞줄 우로부터 둘째), 고(故) 가와사키 타카오(뒷줄 맨 우측), 일본 다케우치 고오조(뒷줄 좌로부터 둘째)]

회갑기념출판행사[일본 오노 쇼엔 변호사 내외(앞줄 좌측), 일본 이마이 가즈히사
내외(앞줄 우측), 일본 히구치 도요하루(뒷줄 맨 우측), 일본 오카다 히데가즈 사장
(뒷줄 우로부터 둘째), 윤선희 교수(뒷줄 맨 좌측), 일본 나카가와 히로시(뒷줄 좌로
부터 둘째)]

대만 변리사들, 토마스 차이(좌로부터 첫째), 킹손 라이(좌로부터 셋째), 패
트릭 윤(우로부터 둘째), 필자(맨우측), 필자집에서

좌로부터 필자, 츠지모도 가즈요시 변리사와 그의 두 아들 변호사

회갑기념 출판기념회에서 가족들과(앞줄 우측은 필자의 사돈)

KBS TV「일류로 가는 길」

 2010년 10월 16일 KBS TV가 「일류로 가는 길」이라는 특집프로그램에 나를 초대하여 정종원 프로듀서의 기획, 황수경 아나운서의 진행으로 무려 50분에 걸쳐 지식재산이란 무엇이며, 우리나라의 국가생존전략과 지식재산기본법의 제정운동에 대하여 강연할 기회를 가졌다. 이 프로그램은 KBS TV가 2009년 10월부터 2016년 12월까지 56부작으로 만든 국가 비전 제시 프로그램으로서, 국내 각 분야의 저명인사 56명을 초대하여 방영한 교육프로그램이었다.

 1883년 산업재산권에 관한 파리협약(Paris Convention)이 체결되던 해에 대한제국에서는 한성신문이 최초로 발간되었고, 1886년 저작권에 관한 베른협약(Bern Convention)이 체결되던 해에 국내에서 이화학당이 개학을 하던 시기였다. 그러니 우리나라가 얼마나 시대에 뒤떨어진 것인지 쉽게 알 수 있다.

 1974년 산업재산권과 저작권을 취급하는 국제연합의 전문기구인 세계지식재산기구(WIPO)가 탄생하였고, 1995년 세계무역기구(World Trade Organization)가 탄생하면서, 무역관련 지식재산권협정(Trade Related Intellectual Property Rights Agreement)이 체결되었다. 미국 오바마 대통령은 미국을 지식재산강국으로 이끌겠다고 선언하였고, 일본은 2003년에 지적재산기본법을 제정하여 고이즈미 총리가 지적재산전략본부장을 맡으며 일본의 국가생존전략을 수립하고 있으며, 중국도 2020년까지 과교흥국전략(科敎興国战略)를 수립한 가운데 우리나라도 국가비전전략수립이 절실한 실정이다.

한편 2005년도 미국의 상위 500대 기업의 자산구조를 분석하여 보니 평균 79.3%가 지식재산임이 판명되어 국제적으로 큰 파문을 일으켰다. 2006년에 서울반도체가 일본 니치아회사와의 3년간 특허소송에서 소송비용만 무려 600억 원이 소요되었다고 알려지고 있다. 일본의 나까무라 슈지는 회사를 상대로 청구한 LED 개발직무발명 보상금으로 도쿄지방법원으로부터 무려 200억 엔의 판결을 받은 적이 있다. 이와 같은 국제적 환경에서 2005년에 국회에서 사단법인 지식재산포럼을 인가받아 우리나라의 국가생존전략으로서 지식재산기본법의 제정운동을 전개하고 있음을 설명하였다.

2011년 12월, 나와 출연진 몇 사람이 「KBS 특강, 인류로 가는 길」 이라는 표제로 자음과모음 회사에서 책을 출간하였다.

KBS TV 「일류로 가는 길」 프로그램에서 강의

KBS 특강, 일류로 가는 길
(2011년 12월, 자음과 모음 출판사 발행)

이제는 지식재산이다

2011년 11월 나는 『이제는 지식재산이다』라는 책을 매일경제신문사 발행으로 출간하면서 "부동산이나 주식보다 아이디어로 승부하라"는 캐치프레이즈(Catchphrase)를 내걸었다.

2011.11.23. 출판기념회에서, 고기석 지식재산전략기획단 단장(좌로부터 첫째), 금창태 중앙일보 전 사장(좌로부터 둘째), 박상대 과총 전 회장(좌로부터 셋째), 필자(좌로부터 넷째), 윤종용 국가지식재산위원회 위원장(우로부터 넷째), 이상희 과학기술처 전 장관(우로부터 셋째), 박흥식 총재(우로부터 둘째), 이철호 대한건축사협회 회장(우로부터 첫째)

지식재산이 무엇인지, 글꼴(Typeface), 노하우(Know-How), 단골권(Shop Right), 컴퓨터프로그램, 입체상표, 동작상표, 소리상표 등을 예를 들어 설명하고, 막걸리의 기술로열티, 사업가로 실패한 에디슨, 산업스파이, 상표선정의 요령, 소니의 표준기술에 대한 판단 실수, 화폐에 숨은 특허기술, MP3플레이어 등 지식재산에 얽힌 얘기, 구찌와 파올로 구찌의 집안싸움, 구중청량제 인단(仁丹)사건, 정로환(正露丸)사건 등 지식재산분쟁, 식물신품종에 관한 종자산업법과 특허법의 차이, 유전자 변형식물(Genetically Modified Organism GMO), 저명상표와 주지상표, 제네릭(Generic)의약품, 진정상품의 병행수입, 특허와 노하우, 특허사용 계약, 한·미 자유무역협정과 지식재산, 한·유럽 자유무역협정과 지식재산 등 지식재산에 관련된 제도, 미국 통상관세법, 미국 민사소송법상 디스커버리(Discovery) 제도, 지식재산보험, 콘텐츠 비즈니스, 특허괴물(Patent Troll) 등 지산재산정책에 대하여 소개하였다.

　또한 이 책의 내용을 일본어로 번역하여 『今や知的財産だ』라는 표제로 일본변리사회 홈페이지에서도 2012년 10월부터 소개하고 있다.

매일경제신문사 2011년 11월 발행

『이제는 지식재산이다』 (일어판)
(일본변리사회 홈페이지)

『지식재산혁명』등 출간

내가 지식재산기본법의 제정운동을 시작한 지 6년 만인 2011년 7월 20일부터 드디어 지식재산기본법이 시행되었다. 이 법이 시행되면서 공무원, 학생, 회사원, 변리사, 변호사들이 도대체 지식재산이 무엇이길래 국회의원 102명이 서명하여 법률안을 만들고, 이어 13개 정부부처가 합동으로 법률안을 만들어 다시 이 두 개 법률안을 합병하고, 국회의원 205명이 찬성하여 이 법을 제정하였는지 여기저기서 문의하는 전화가 쇄도하였다.

그래서 전문가가 아닌 일반인들이 알기 쉽게 쓴 교재가 필요하였는데, 마침 일본 아라이 히사미츠(荒井 寿光) 전 특허청장이 쓴 『지적재산혁명』이라는 단행본이 있어 이 책에 내가 일부 내용을 추가하여 만든 『지식재산혁명』이라는 책을 편집하여 세상에 내놓게 되었다.

일본 사람들은 Intellectual Property를 '知的財産'이라고 명명하고 있으나, 나는 지식재산기본법의 제정 시 이 단어를 '지식재산'으로 통일하였다. 그러나 대만에서는 '지혜재산'이라고 명명하고 있다. 인간의 정신적 창작물 중에서 인간에게 편리하고 유익한 재산이 지식재산이라고 한다면, 어쩌면 대만에서 사용하고 있는 '지혜재산'이라는 용어가 더 정확한 것인지 모르겠다.

이 밖에도 내가 출간한 책이나 논문으로 『한국의 공업소유권 분야의 최근의 동향』(일본어판, 1983년), 『Collection of Trademark Cases Rejected from Registration in Korea』(한국에서 상표등록이 거절된 사례해설)(영어판, 1984년), 『Patent Application Procedure for Inventions Utilizing Microorganism and Regulations Concerned in Korea』(한국에서 미생물을 이용한 발명의 특허출원 절차)(영어판, 1985년), 『Standards for Trademark Examination in Korea』(한국상표심사기준 해설)(영어판, 1985년), 『Examination Standard on Chemical Composition in Korea』(한국의 화학조성물에 관한 심사기준 해설)(영어판, 1986년), 『한국상표심사기준』(일본어판, 1986년), 『개정 한국법 해설』(일본어판, 1988년), 『Recent Developments of the I.P. Field in Korea』(최근 한국에 있어서 지식재산권분야의 발전 상황, 영어판, 2014년), 『한국지적재산관련 법규해설』(일본어판, 1996년), 『삼성·애플의 핸드폰 특허소송 세미나 교재』(영어판, 2014년) 및 『Recent Major Precedents of Patent Disputes in Korea』(최근 한국에 있어서 주요 특허분쟁의 판례, 영어판, 2014년) 등이 있다.

『지식재산혁명』

한국 공업소유권 분야의 최근의 동향
(일어판, 1983.5.9.)

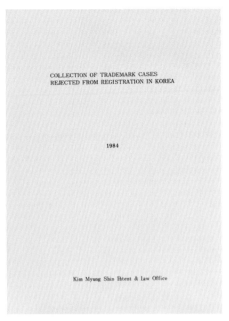

한국에서 상표등록이 거절된 사례해설
(영어판, 1984년)

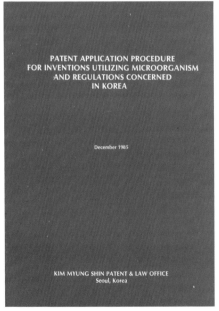

한국에서 미생물을 이용한 발명의 특허출원절차
(영어판, 1985.12.)

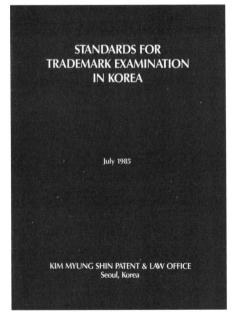

한국상표심사기준해설
(영어판, 1985.7.)

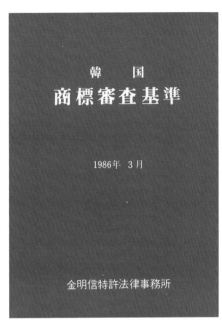

한국의 화학조성물에 관한
심사기준해설(영어판, 1986.3.)

한국상표심사기준
(일어판, 1986.3.)

개정 한국법해설
(일어판, 1988.12.10.)

최근 한국에 있어서 지식재산권분야의 발전 상황
(영어판, 2014.5.11.)

제3편
사회봉사 활동으로

제1장

—

라이온스 활동을 통하여

라이온스 총재로 선출되어

'자유(Liberty), 지성(Intelligence), 우리(Our) 국가(Nation)의 안전 (Safety)'이라는 머리글자에서 딴 LIONS 클럽은 1917년에 27개 라이온스클럽 이 미국 시카고에서 모여 라이온스클럽협회를 창립한 이래, 전 세계에 라이온 스클럽이 설립되어 지금은 전 세계 215개국, 140여만 명의 회원을 거느린 세계 최대봉사단체로 발전하였다. 라이온스클럽의 창시자 멜빈 존스(Melvin Jones) 씨는 "제아무리 성공하여도 남을 위하여 봉사하지 않은 사람은 결코 성공한 삶 이라 할 수 없다."라고 하였다.

우리나라에는 1959년 2월에 서울라이온스클럽이 창립된 이래, 전국적으로 라이온스클럽이 설립되어 지금은 전국 21개 지구에 2,058개 클럽, 76,000여 명의 회원을 가지고 있다.

서울에는 3개 지구가 있는데, 내가 소속한 국제라이온스협회 354-A 지구 (www.lionsclub354a.org)는 서울 중심지에 최초로 생긴 종주지구로서 93개 클럽에 2,300여 명의 회원이 있고, 나는 이 지구 소속으로 1964년 4월 18일에 창립된 서울남산라이온스클럽의 회원이다.

나는 2001년 354-A지구 총재선거에서 치열한 선거운동 끝에 40대 총재로 당선되었는데, 우리 클럽은 7대 강성태 총재, 11대 한복 총재, 18대 양준모 총 재를 배출한 명문 클럽이다. 특히 한복 총재는 영어와 일본어가 유창하신 변호

라이온스총재 당선축하연(아내, 딸)

사로서 한국을 대표한 국제이사였으며, 양준모 총재도 변호사로서 국제지명이
사를 지냈다.

　내가 국제라이온스협회 354-A지구(서울)의 총재선거에 입후보하였을 때, 강
우영, 곽도영, 권태정, 고(故) 권태혁, 고(故) 김기언, 김승일, 김인숙, 김재홍, 김
태진, 김훈, 라복남, 맹건영, 민병근, 박봉진, 박운희, 배원용, 서승천, 고(故) 송
기영, 양영실, 이담, 이선국, 고(故) 이승박, 이왕림, 이원규, 이윤기, 이정근, 이
현직, 이흥종, 임직순, 장문성, 정원기, 고(故) 최정희, 고(故) 최황식, 황휘 등
서울남산라이온스클럽 회원들이 성금을 모아 물심양면으로 지원하여 주신 데

대하여 고마움을 잊을 수 없다.

　나는 당시 전국을 2개의 복합지구로 나누어 서울의 3개 지구, 경기, 인천, 강원 및 제주 등 7개 지구를 관할하는 복합지구 의장도 겸하여 25,000여 회원들을 대표하여 활동하였다. 나는 354-A지구의 총재로서 우리 지구의 봉사사업을 활성화시키기 위하여 1억 원을 지구에 기부하기도 하였다. 또한 나는 2001년 10월, 국제라이온스협회 354-A지구 기금으로 해병대 사령부에 하사관들의 장학금을 기부하여 해병대 사령부 사령관 김명환 중장으로부터 명예해병증을 받았고, 봉사기금을 마련하기 위한 성금모금 골프대회에서 3,000만 원을 모금하여 탈북 대학생들에게 장학금을 수여하기도 하였다. 또 한때에는 우리 지구의 회관기금으로 거액을 기부하였으나 갑자기 생활이 어렵게 된 고(故) Y 총재에게 생활비를 지원하기도 하였다.

　국제라이온스협회 354-A지구 한종원 총재가 1998년에 나를 재무총장으로 발탁하였고, 국제라이온스협회 354복합지구 고(故) 성하철 의장이 1999년에 나를 복합지구 사무총장으로 발탁하였다. 라이온스나 로터리의 총재임기가 1년인 까닭은 짧은 기간 동안에 많은 봉사사업을 수행하여야 하므로 만약 임기가 2년이 되면 각자 본인의 본업을 희생시켜야 하기 때문에 선배님들이 지혜로운 관례를 만든 것으로 생각한다.

　1999년, 나는 국제라이온스협회 354복합지구 사무총장으로서 소년·소녀 가장 111명에 대한 라이온스회원의 후원행사를 추진하였다. 특히 여자중학교 2학년인 김명희 양이 전문대학을 졸업할 때까지 학비를 도와주었던 일 등이 보람된 기억으로 남는다. 이와 같이 다양한 봉사사업을 1년 내에 원만하게 완수할 수 있도록 도와준 이강훈 사무총장(후일에 354-A지구 총재가 됨), 박광식 재무총장(후일에 354-H지구 총재가 됨), 고(故) 맹강호 사무부총장과 이청수 재무부총장에게 감사를 드린다.

　또한 내가 총재로 당선되었다고 자신의 별장에 초대하여 축하연을 베풀어주

국제라이온스협회 354복합지구 총재단 내외
(시카고 국제라이온스협회 본부 앞)

섰던 서울라이온스클럽 고(故) 김주홍 회장, 예복을 선물하셨던 북악라이온스
클럽 안병환 회장, 총재 재임 시 항상 격려를 해 주셨던 서울남산라이온스클럽
의 고(故) 김기언 회장, 장안라이온스클럽의 류순목 회장의 지원에 감사드린다.

국제라이온스협회 354-A지구 전 총재이시고 전 국제이사였던 고(故) 한복 총
재님은 나와 같은 서울남산라이온스클럽의 회원이셨는데, 이분이 돌아가셨을
때 문상객이 너무 없어서 이를 한탄하여 당시 한종원 총재에게 내가 건의하여
354-A 지구 상조회를 결성하게 되었다. 또한 2002년에 나는 지구총재로서 그
리고 복합지구 의장으로서, 여러 가지 봉사사업을 성공적으로 추진한 공로로 국
제라이온스협회 제이 프랭크 무어 3세(J. Frank Moore Ⅲ) 회장으로부터 국제
본부의 최고상인 'Ambassador of Good Will' 상과 일등공로 메달을 받았다.

2021년에 나는 1990년부터 지금까지 무료안과수술사업을 계속해서 주도적

국제라이온스협회
최중열 회장의 일등공로메달
(2021.5.22.)

국제라이온스협회 회장의 친선대사상

으로 추진하여 온 공로로 국제라이온스협회 최중열 회장으로부터 국제본부의 일등공로 메달을 받았고, 또 미화 92,000달러를 기부하였다고 국제라이온스협회 재단 이사장 구드런 잉바토디어로부터 국제회장 감사장도 받았다.

국제라이온스협회 재단이사장의 감사장(2021.5.22.)

650만 달러로 평양에 라이온스안과병원 설립

　　2001년 서울남산라이온스클럽의 무료안과수술봉사사업의 단장이셨던 한양대학교 의과대학 안과 과장 최준규 박사의 고향은 함경남도 영흥이다. 당시 최박사는 은퇴를 앞두고 있어서 은퇴하신 후, 만약 평양에 라이온스안과병원이 설립되면, 병원장으로 일하실 용의가 있느냐고 내가 물었을 때, 용의가 있다는 대답이었다. 그래서 평소에 내가 존경하는 국제라이온스협회 이태섭 제1부회장을 초대해서 세 사람이 한자리에 앉아 의논하게 된 것이 평양 라이온스안과병원 설립운동의 시발점이 되었다. 이태섭 제1부회장은 여러 가지 어려움이 많았으나, 국제본부 이사회에 제의하여 동의를 받아 이 병원설립기금을 국내외에 걸쳐 모금하게 되었고, 나 역시 국제라이온스협회 354복합지구 의장으로서 모금운동을 적극적으로 전개하였다.

　　미국 뉴욕의 세계무역센터에 여객기가 충돌하는 사건이 벌어진 2001년 9월 11일 바로 그날, 이태섭 국제라이온스협회 제1부회장님을 모시고 평양에 라이온스안과병원 부지를 시찰하기 위하여 중국 베이징에서 비행기로 평양 순안비행장으로 날아갔다. 평양 고려호텔 체류 중에 이태섭 제1부회장이 보스턴에 있던 아드님에게 안부 차 직통 전화를 하였더니, '뉴욕에서 9·11 사태가 일어났으니, 하루라도 빨리 귀국하셔야 된다.'는 당부를 해왔었다. 하지만 당시 비행기편은 베이징과 평양 사이에 주 2회, 심양과 평양 사이에 주 1회 밖에 없어서 예정대로 5박 6일 만에 귀국하게 되었다.

평양 라이온스안과병원 건물

　2001년 9월 11일에 나는 인도적 사업으로 북한을 방문하게 되었으나, 신변의 안전이 어떻게 될지 몰라 하루에 한 번 베이징에 있는 중국변리사회 거보(戈泊) 회장에게 안부 전화를 하였는데, 만약 하루에 한 번 내가 안부 전화를 하지 못하면 신변에 이상이 있는 것으로 알고 서울사무소로 전화하여 달라고 신신당부를 한 후에 방북하였던 것이다. 2001년 9월 12일 평양 시내에는 모든 교통이 차단된 준전시상태였는데 과연 안전하게 귀국할 수 있을지 걱정이 태산 같았다. 북한이 이렇게까지 비상사태를 선포한 것은 미국 부시 대통령이 테러리스트 국가를 공격하겠다는 발표를 하였기 때문이라는 사실을 귀국해서 알게 되었다. 방북기념으로 평양 제2인민병원에 구급차 2대를 선물하면서 이 병원을 시찰할 기회가 있었는데, 병원시설의 낙후함과 의약품이 거의 없는 실정을 보고 놀라움을 금할 수 없었다.

　지상 3층, 지하 1층, 연면적 1,005평의 평양 라이온스안과병원은 처음에는 미화 480만 달러의 예산으로 2002년 11월 22일에 기공식을 가졌으나, 여러 가지 사정으로 공사가 지연되어 2005년 5월 18일에 준공되었는데 최종적으로 미화 650만 달러가 소요되었다. 이 비용에는 단순히 건설비용만이 계산된 것이 아니라, 각종 안과의료장비 구입비와 북한 안과의사들의 훈련비까지 포함되어 있었다. 이 사업은 당시 남한에서 북한으로 도와준 민간프로젝트 중에서 제일 큰 사업이었다.

평양 라이온스안과병원 설립 감사패 수령
(2005.11.23.)

이 병원 건물을 완공한 후에는 남한과 북한의 복잡하고도 미묘한 정치 상황 때문에 병원의 원활한 운영을 볼 수 없게 되었다. 결국 좋은 취지에서 시작한 사업이었으나, 이를 제대로 활용할 수 없게 되어 최종적으로는 실패한 사업이라고 고백하지 않을 수 없다. 그러나 평양 체류 중 북한에서는 상당히 알려져 있다는 「영천아리랑」의 악보를 입수하여 동행한 정연통 전 복합지구의장이 경상북도 영천시에 전달하여 준 것은 큰 보람이었다.

평양 개선문 앞(좌로부터 조병국 회장, 필자, 송창진
국제이사, 이태섭 제1부회장, 정연통 전(前) 복합지구의장)

KBS TV 열린음악회

2002년 5월, 서울 여의도광장에서 내가 국제라이온스협회 354복합지구(서울 3개지구, 경기, 인천, 강원, 제주지구) 의장으로서, 25,000여 명의 회원들을 대표하여 KBS TV 열린음악회를 열었다.

서울의 중심부인 내가 소속한 354-A지구와 354-B지구(경기) 김주일 총재, 354-C지구(서울의 동쪽) 고(故) 김홍주 총재, 354-D지구(서울의 강남) 김병덕 총재, 354-E지구(강원) 김제갑 총재, 354-F지구(인천) 박만수 총재, 354-G지구(제주) 강문삼 총재 등 7명의 총재들이 열린음악회 개최에 물심양면으로 지원하여 진행하였다. 특히 김주일 총재는 당시 연세가 78세인 내과의사로서 사회봉사에 열심이었으며, 김병덕 총재는 후일 국제이사가 되어 한국을 대표하는 라이온이 되었다.

이때 이태섭 전 국회의원이자 전 과학기술처 장관은 한국인으로서는 처음으로 국제라이온스협회 제1부회장으로 재임하던 시기였는데, 1년 후에 전 세계 최대 봉사단체의 수장이 되는 사실과 라이온스 단체의 존재를 일반인들에게 홍보하는 의미에서 3억 원의 거금을 들여 전국 회원들을 서울로 초청하였다. 원래의 계획대로 진행되었다면, 전국에서 5,000여 명의 회원들이 참석할 예정이었으나, 공교롭게도 행사당일 비가 오는 바람에 2,000여 명의 회원들만 참석하게 되었다.

특히 이날에는 119 구조대에 1억 원의 장학기금을 전달하였고, 라이온스 합창단의 공연도 있었으며, 야외에서 비 오는 날에 진행한 행사였기 때문에 의외로 많은 비용이 지출되었고, 354복합지구 김태진 사무총장, 오상균 재무총장, 354-A지구 이강훈 사무총장과 박광식 재무총장의 노고가 컸었다.

서울 여의도에서 KBS TV 열린음악회 개최

상암동 판자촌 미화사업

상암동의 라이온스동산 조성식(국제라이온스협회 354-A,C,D지구 임원들)
필자는 좌로부터 일곱째

　2002년 월드컵 축구대회를 서울에서 개최하기 위하여 상암동 월드컵축구장
을 본격적으로 건설하고 있을 때, 바로 그 경기장 근처에 있던 쓰레기하치장 옆
에 지저분한 수십 동의 판잣집들이 있어 판자촌을 철거하려고 하여도 서울특
별시와 현지 주민들의 협상이 지지부진하여 도무지 진척이 없었다.

　2001년 당시 나는 국제라이온스협회 354복합지구 의장으로서, 이 판자촌 미화사업에 적극적으로 매달려 거의 매일같이 주민들을 만나 설득하였으나, 좀처럼 양보를 얻어낼 수 없었다. 결국 서울특별시에서 18평 영구 임대아파트를 제공하고 철거하기로 합의하게 되었고, 이 자리에 땅을 고르고 나무를 심어 라이온스 동산을 만들게 되었다.

이 동산조성사업에는 서울에 있는 354-A지구 총재인 나와 354-C지구 고(故) 김홍주 총재와 354-D지구 김병덕 총재도 함께 기부금을 냄으로써 깨끗한 환경에서 월드컵 축구대회를 치르게 되었다.

난지도 이주민의 정착지원 사업에 참여하여 월드컵 축구대회의 성공적 개최에 크게 기여하였다는 공로로 나는 2002년 6월 당시 고건 서울특별시장으로부터 감사패를 받아 지금도 소중하게 간직하고 있다.

고건 서울특별시장의 감사패 수령(2002.6.20.)

사랑의 집 짓기

 2001년 8월 지미 카터(Jimmy Carter) 전 미국 대통령과 한국 사랑의 집 짓기 운동연합회 정근모 이사장 등 9,000여 명의 자원봉사자들이 참가한 가운데 경기도 평택과 충남 천안의 무주택자들에게 136동의 집을 무료로 지어주는 사업에 나는 국제라이온스협회 354-A지구총재 자격으로 기부금도 내고 우리 지구 회원들을 동참시켜 자원봉사활동을 하였는데, 그 공로로 지미 카터(Jimmy Carter) 전(前) 미국 대통령으로부터 감사패를 받았다.

사랑의 집짓기 운동 사업기념(2001.8.6. 지미 카터 전 미국 대통령 내외와)

지미 카터 전 미국 대통령으로부터 감사패 수령(2001.8.11.)

자선공연

1994년 12월, 나는 서울남산라이온스 클럽의 회장으로서, 서울 강남에 있는 호텔 롯데월드에서 클럽창립 30주년 기념과 무료안과수술사업 기금마련을 위한 자선공연을 개최하였다.

개안수술기금마련 자선공연(1994.12.27. 클럽회원들과.
앞줄 왼쪽에서 다섯째가 필자)

이 자선공연과 함께 박순 화가의 소개로 저명한 동양화·서양화 작가들의 작품들을 기증받아 이를 판매하기도 하였다.

가수로서는 우리 클럽의 회원이었던 김부자 씨 이외에 설운도 씨, 최진희 씨 등을 초청하였고, KBS 경음악단을 초청하였으며, 사회는 이상벽 씨가 맡았다. 저녁 식대가 포함되기는 하였지만 한 장에 10만 원 하는 입장권을 무려 1,000장이나 판매하였으며, 사회 저명인사 100명은 무료로 초대하였다. 추운 연말에 개최하는 행사여서 무료로 초대하여도 1,100명의 좌석을 채우기는 여간 어려운 일이 아니었는데, 내가 밤낮으로 뛰어다니면서 노력한 결과였다. 초청가수, 악단, 사회자, 장소사용료, 음향기기 사용료, 엔지니어 수당, 식음료 등 모든 경비를 제외하니 약 3,000만 원이 수익금으로 남았다.

이 행사를 위하여 나는 6개월 동안 오직 이 일에만 매달려 준비하여 왔는데, 이럴 줄 미리 알았으면 차라리 내가 3,000만 원을 기부하고 말 것이라고 후회되기도 했다. 이런 속사정도 모르고 우리 행사보다 사흘 뒤에 개최하는 패티 김 디너쇼의 기획사가 나에게 연말 티켓을 팔아 주면 많은 커미션을 주겠다고 제의해 오기도 했다. 연말공연이 얼마나 어렵고 힘든 일인지 미리 체험한 나로서는 이 제안을 거절할 수밖에 없었다.

중국 조선족학교에 한글도서관 마련

1998년 중국 흑룡강성 오상현 민락촌에 있는 조선족 민락중학교에서 조선어 선생으로 근무하고 있던 6촌형 김경조의 요청으로 세종대왕, 이순신 장군, 김유신 장군, 을지문덕 장군, 강감찬 장군, 율곡 선생, 퇴계 선생 등 위인전 책을 조금씩 보냈다. 그랬더니 학생들의 반응이 너무 좋아 우리나라의 국어, 역사, 지리, 수학, 과학, 철학, 음악, 미술, 체육 등 서적 모두 2,000 여권을 보내어 민락중학교 내에 조그마한 한글도서관을 마련하게 되었다.

이 민락촌은 특히 독립운동을 하던 분들의 후손들이 많이 살고 있는 농촌인데, 형님과의 인연으로 이 조선족 중학교에 한글도서관을 마련한 것은 보람 있었던 일로 기억된다. 형님은 이 학교를 정년퇴직하여 지금은 중국 산둥반도의 웨이하이시(威海市)에서 노년을 보내고 있다.

무료안과수술봉사

나는 1990년 6월에 서울남산라이온스클럽 회원으로 가입하였다. 1964년 4월 16일에 창립된 이 클럽은 창립 때부터 국내 각지에서 생활이 어려운 안과환자들에게 무료로 수술하는 사업을 전통적으로 해오고 있었다.

나는 1962년 백내장 수술을 받은 이후, 차츰 오른쪽 눈이 알 수 없는 병으로 시력을 잃고 있었기 때문에 눈의 중요성을 그 누구보다 잘 알고 있어 이 사업에 큰 관심을 가지게 되었다.

전남 장성군, 안과수술봉사(2002.8.12. 의료진과 회원들)

아직도 국내에 생활이 어려운 안과환자들이 많이 있으나, 국내에서는 이 사업을 계속하기가 어렵게 되었다. 예를 들면, 백령도에 가서 무료로 수술을 해주면, 인천에 있는 안과의사들이 대한안과학회에 항의하는 사태가 벌어지는 일이 생기기 때문이었다. 그래서 더이상 국내 사업에 참여할 안과의사를 찾기가 어려워져서 부득이 해외로 눈을 돌리기 시작하였다.

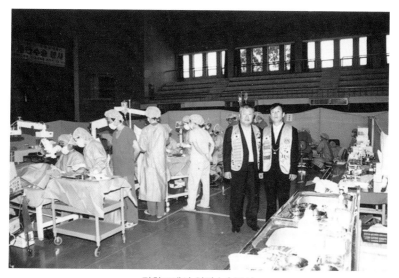

강화도에서 안과수술봉사

1995년 8월 중국 옌지(延吉)에서의 안과 수술봉사사업을 참고로 하여, 2011년 3월 네팔의 카트만두에서 이 사업을 전개하였고, 2014년부터는 미얀마의 벽지에서 무료안과수술사업을 전개하게 되었다. 미얀마는 우리나라와 거리가 상당히 먼 나라이나, 천연자원이 풍부한 데다가 탈북민들이 베트남과 라오스 국경이 삼엄해지자 중국과 미얀마를 거쳐 들어오고 있기 때문에 내가 더욱 관심을 가지게 되었다.

2014년부터 미얀마에서의 무료안과수술사업은 국제라이온스협회 354-A지구 주최, 서울남산라이온스클럽 주관, 미얀마 국제불교선교협회의 후원으로 진행하고 있는데, 통상 안과전문의 8명, 안과간호사 6명, 의료장비기술자 6명 등 20명으로 의료진을 구성하고, 현지 통역인 12명, 서울남산라이온스클럽 회원 7~8명, 현지 자원봉사자 18명 등 합계 60여 명이 봉사해왔다.

2014년 미얀마 따웅구에서 무료안과수술사업을 진행할 때, 내 사무소에서 영어문서의 교정을 보고 있던 신구대학교 영문과 스티븐 더글러스(Steven Douglas) 교수가 나에게 사전 통보도 없이 미얀마 제자 10여 명을 데리고 현지에 나타나 통역을 돕겠다고 하여 놀라우면서도 고마웠다. 현지 음식이 입에 맞지 않아 모든 부식을 한국이나 양곤에서 구입하여 현지에서 우리 회원들이 직접 음식을 만들어 먹는 불편도 있었지만, 모든 의료장비를 우리나라에서 임대하여 양곤으로 가져가고 다시 비행기나 자동차로 미얀마의 오지까지 수송하는 일이 여간 어렵지 않았다. 때로는 양곤에서 작은 비행기로 지방으로 가게 되다 보니, 비행기가 작아서 의료장비를 우리와 함께 싣고 갈 수 없는 경우도 있었다.

그 많은 환자를 수술하기 위하여 우리 봉사단원들은 아침 일찍부터 밤늦게까지 최선을 다하였지만, 환자를 동반한 미얀마 가족들은 제때 식사를 하지 않은 채 마냥 기다리기만을 하는 장면을 우연히 목격했다. 그래서 시타구 불교종정 스님에게 이러한 환자 가족들의 숙식 문제를 미얀마 국제불교선교협회에서 해결해 주지 않으면, 이 사업을 중단할 수밖에 없다고 건의했다. 그리하여 2016년부터는 환자 가족들의 숙식을 해결하게 되어, 나의 정신적 부담을 크게 덜게 되었다. 이 환자들은 고혈압이나 당뇨병이 무슨 병인지 모르기 때문에 수술 전에 반드시 고혈압과 당뇨 수치를 체크하여 수술 시 위험성을 사전에 차단하여야 했다. 그러나 산 넘고 물 건너온 이 사람들을 수술할 수 없다고 되돌려보낼 수 없어 웬만한 고혈압이나 당뇨병 환자들은 우리가 만반의 준비를 하여 수술해 주었으며, 생활이 어려워 돋보기도 살 형편이 되지 않기 때문에 수술 후 돋보기안경 착용이 필요 없도록 아예 1개에 11만 원 정도 하는 인공수정체를 삽입하는 수술을 해주었다.

어느 날 20년간 앞을 보지 못하던 105세 할아버지의 백내장을 수술하게 되었는데, 수술한 다음 날 밝은 세상을 보게 되자 며느리와 함께 얼싸안고 춤을 추는 것이 아닌가? 이런 계기로 나는 미얀마 카친주 고산족의 촌장으로 추대되어 고유의 모자, 가방과 전통 칼을 카친주 주지사로부터 받게 되었다. 이러한 광경을 미얀마의 불교TV방송에서 한 시간에 걸쳐 전국으로 방송하기도 하였다.

미얀마 카친주지사로부터 고산족 촌장으로 추대

이로써 서울남산라이온스클럽(www.seoulnamsanlionsclub.org)은 1964년부터 지금까지 5,316명의 국내외 안과환자들을 무료로 수술하였고, 미얀마에서는 2014년부터 2019년까지 1,287명의 환자를 수술하였다.

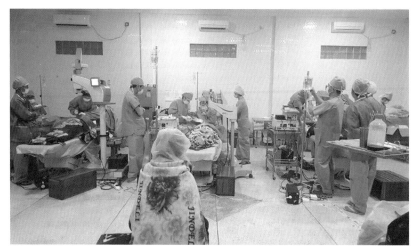
미얀마에서의 안과수술 장면

미얀마 안과수술 환자들(필자는 앞줄 좌로부터 셋째)

　　2020년과 2021년에는 코로나19와 군사 쿠데타로 인하여 미얀마에 갈 수 없게 되었지만, 앞으로의 사업을 위하여 해마다 안과의료장비를 구입하여 이를 양곤에 보관시키고 있다. 국제라이온스협회에서 미화 10만 달러의 재정적 지원을 받아 2020년에도 약 2억 4천만 원어치의 안과의료장비를 추가로 구입하여 현재 서울에서 보관중에 있다. 이 모든 장비는 미얀마의 전국 오지에서 사용한 후, 내가 이 사업에서 손을 떼는 몇 년 후에는 미얀마 국제불교선교협회에 기증할 예정이다.

이와 같은 미얀마에서의 봉사실적을 치하하는 뜻으로 미얀마 국제불교선교협회의 회장이신 시타구 종정스님이 나에게 감사장을 수여하였고, 2019년 1월 주한 미얀마대사관의 뚜라 땃 우 마웅 대사는 나에게 한국과 미얀마의 우호협력과 발전에 기여한 공로가 있다고 감사장을 수여하였다.

주한 미얀마대사 감사장 수령
(2019. 1. 7.)

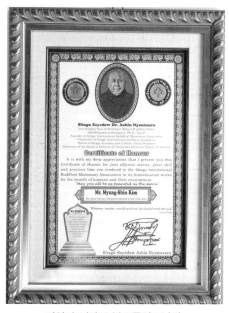

미얀마 시타구 불교종정스님의
감사패 수령

이와 같은 서울남산라이온스클럽의 안과수술사업에 오랜 세월 동안 공헌하여 오신 분들을 소개하면, 초창기에는 수도의대병원 안과 김희준 교수, 서울대병원 안과 이재흥 교수, 한양대병원 안과 최준규 교수, 서울대병원 안과 이진학 교수, 강남성모병원 안과 김만수 교수, 이정근안과 이정근 원장, 하나안과 송병주 원장, 명동안과 고(故) 송기영 원장, 중앙내과의원 서승천 박사, 한양대병원 안과 하루미 수간호사, (주)지원메디칼 오대환 회장, 이 담 회장, 고(故) 최광문 사장, 배원용 사장, 김진성 사장, (주)지원메디칼 이수환 이사, (주)지원메디칼 김봉순 상무 등 많은 분들이 정성을 다하여 도와주셨다.

네팔 카트만두에서 안과수술봉사

외국 의료봉사사업의 고충

1995년 8월 19일부터 22일까지 서울남산라이온스클럽은 중국 옌볜(延邊)의 옌지(延吉) 시에서 중국인 3명과 조선족 동포 53명 등 합계 56명에 대하여 무료안과수술을 해주었다.

서울남산라이온스클럽이 1964년 창립 이래 해마다 국내에서 안과수술사업을 해왔으나, 해외에서 안과수술사업을 벌이기는 처음이었는데, 옌지(延吉)의 안과병원의 시설이 낙후하여 부득이 안과 검진장비, 수술장비 및 의약품을 서울에서 직접 가져갈 수밖에 없었다.

당시에는 서울과 옌지(延吉) 사이에 직항 비행기가 없어 부득이 서울에서 선양(瀋陽), 선양(瀋陽)에서 옌지(延吉)로 비행하게 되었다. 선양(瀋陽) 비행장에 도착하여 의료장비와 의약품에 대한 세관검사를 받게 되었는데, 갑자기 의료장비와 의약품에 대하여 관세를 부과하겠다고 하였다. 세관장을 만나 옌볜(延邊) 조선족자치주 정부의 초청장을 보여주어도 막무가내였다.

공산주의 정부의 속성상 세관장보다는 부세관장이 공산당원으로서 실권이 더욱 강함을 익히 알고 있어서 나는 부세관장에게 만약 관세를 부과한다면 우리 의료봉사단원들은 바로 한국으로 돌아가겠다고 하면서, 미리 작성하여 가져간 의료장비 리스트(의료장비명, 상표, 품목번호, 메이커명, 원산지 국명, 신구품 구별, 구입 시 가격 등)를 제시하고 귀국 시 선양(瀋陽)공항에 다시 올 터이니 재차 확인하여 달라고 설득하였다.

물론 의약품은 전부 현지에서 사용하고 귀국 시에는 가져가지 않는 조건이었다. 어려운 협상 끝에 관세를 지불하지 않고 간신히 선양(瀋陽)공항을 통과하게 되었다.

　지금은 중국에서 의료행위를 하려면, 의사면허증, 전문의 자격증, 졸업증명서, 학위증명서, 재직증명서, 범죄수사경력회보서, 건강진단서, 이력서 등을 중국어로 번역하여 공증을 받은 후, 주한 중국대사관의 인증을 받아야 중국 보건부에 외국인 의사면허 신청을 할 수 있으며, 이런 허가 없이는 중국 내에서 그 어떤 의료행위도 할 수 없다.

중국 옌지(延吉)시 현지병원 답사에서,
최준규 교수(앞줄 중앙)와, 필자(앞줄 좌로부터 둘째)

　한편, 2014년부터 서울남산라이온스클럽이 미얀마에서 무료안과수술봉사사업을 전개하고 있는데, 미얀마는 더욱 까다로운 절차가 필요하다. 먼저 무료안과수술봉사사업에 관한 기본계획서를 보건부에 제출하여 허가를 얻은 후, 미얀마 의료위원회에서 한국 의사, 간호사들은 미얀마의 임시 의사, 간호사 면허를 받아야 한다. 이에 필요한 서류들은 중국과 같다. 다만 이런 서류들을 미얀마어로 번역하지 않아도 되지만, 이를 영어로 번역해서, 주한 미얀마대사관에 제출하지 않고 바로 미얀마 의료위원회에 제출하여야 한다.

다음은 가져가는 의료장비의 반출입허가를 미얀마 상공부로부터 받고, 미얀마 관세청의 무관세허가를 받아야 한다. 이런 절차를 위하여 미얀마 관계당국 또는 관계 협회의 초청장이 있어야 하고, 초청장이 있어도 모든 의료장비의 리스트(일련번호, 의료장비 이름, 상표, 품목번호, 메이커 이름, 원산지 국명, 신구품구별, 구입 시 가격, 비고 등)를 작성하여 현지 세관에서 어느 일련번호의 무슨 장비에 대하여 세관 직원이 확인하더라도 포장을 뜯어 쉽게 식별할 수 있는 조건부로 무관세허가를 받는다.

마지막으로 언제부터 언제까지 어느 장소에서 어떤 사람들이 무슨 봉사를 하며 숙소는 어디라는 것까지 상세히 기재하여 그 지역 경찰서의 집회 허가까지 받아야 된다.

미얀마에서 처음에 이런 절차를 마치는데 무려 6개월이나 소요되었으나, 차츰 신용을 쌓아 가면서 이제는 3개월 정도 소요되고 있다. 특히 개발도상국가일수록 자존심이 강하기 때문에 법적으로 조그마한 하자가 있어도 봉사는커녕 오히려 법적 문제가 야기되어 개인적으로나 국가적으로 망신을 당할 수도 있다. 예를 들어 의사와 간호사들은 무료수술을 해주기 위해서 가는 봉사자들이지만, 관광비자로 가도 되지 않겠느냐는 안이한 생각은 아예 버려야 한다. 엄연히 업무비자로 가야지 관광비자로 갔다가 탄로가 나면 출입국관리법 위반이 된다. 어떤 봉사단체는 아프리카에 의료봉사를 갔는데 비자 문제는 말할 것도 없고 의료장비의 통관이 되지 않아 바로 되돌아온 적도 있다.

수년 전에 어느 그룹 사회봉사기관의 상무가 내게 와서 자기네들도 1년에 3억 원 정도의 예산으로 동남아에서 의료봉사를 하려 하는데, 참고가 되는 경험을 얘기하여 달라고 한 적이 있었다. 그래서 나는 먼저 상대국의 까다로운 행정절차와 수술 후 후유증이나 잘못될 경우에 대해 대비할 수 있느냐고 물었더니 손사래를 치면서 포기한 적이 있었다.

미얀마의 경우, 현지에서 수술이 불가능하나 비용을 들이면 완치할 수 있는 환자는 양곤으로 후송하여 수술까지 해주고 있으며, 6세 남자아이의 눈을 검사하다가 코밑에 큰 염증이 있는 것을 발견하여 양곤종합병원으로 보내어 정밀검사를 하여 본 결과, 코밑의 염증이 뇌로 전이되어 뇌수술을 빨리하지 않으면, 곧 사망할 것이라는 진단이 나왔다. 어쩔 수 없이 이 남자아이와 어머니 그리고 통역인까지 세 사람을 서울 신촌 세브란스병원으로 데려와 뇌수술을 하여 건강한 모습으로 미얀마로 귀국시키게 되었다. 이 어린이의 뇌수술은 주식회사 지원메디칼 오대환 회장과 이정근 원장이 물심양면으로 지원해주어서 가능하였다.

한편, 의료진을 구성할 때에도 애로가 있다. 우선 의료단장은 대한안과학회에서 누구나 인정할 수 있는 안과전문의를 선정하여야 의료진이 구성되고, 의사와 간호사의 출신대학별 균형도 고려해야 할 뿐만 아니라, 개업의사와 대학재직 교수진과의 균형도 반드시 고려하여야 한다. 개업의사로만 구성하면 개업의사 소속 병·의원의 선전을 위한 의료사업으로 오해받을 수 있기 때문이다. 대학소속 의사나 간호사들은 비록 7박 8일의 개인 휴가를 사용하여 외국으로 가지만, 해당 의과대학 과장, 학장들의 사전허가를 6개월 전에 미리 받아 두어야 하는 것도 실무적으로는 쉽지 않은 절차이다. 또한 비싼 의료장비를 임대하여 외국으로 운반하여야 하므로 임대료, 보험료, 운송비, 포장비 등이 많이 소요된다.

라이온스회관

2003년 2월 27일, 서울 종로구 인사동에 있는 현재의 지상 10층, 지하 3층 라이온스회관을 국제라이온스협회 354-A지구(서울) 지해경 총재 재임 시 마련하게 되었다. 나는 당시 회관위원장으로서 이 회관을 마련하는 지해경 총재를 도왔다. 그때 우리 회원들이 모은 기금이 전부 78억 원밖에 없었다.

이 건물은 정부소유 건물이었고, 공매로 나와 낙찰받았는데, 낙찰받은 후 자금이 부족하여 걱정하고 있을 때, 당시 우리 지구 사무국이 있던 서울 종로구 적선동 80번지 적선 현대빌딩 504호를 김철규 총재(2004년~2005년)가 6억 3천만 원에 매입하여 큰 도움이 되었고, 정부기관과 개인회사들을 전세와 임대로 다시 입주시켜서 겨우 낙찰금액을 지불할 수 있게 되었다. 전체예산은 135억 원이 소요되었다.

이렇게도 어려운 절차를 수행하는 지해경 총재에게 우리지구의 지구임원회의에서 총재 판공비로 8,000만 원을 해주자고 내가 제의하여 이를 통과시켰다. 그리하여 당시 회원들의 적극적인 협조에 힘입어 지상 10층, 지하 3층의 현 건물을 구입하게 되었고, 지금 이 건물을 평가하면 200억 원은 평가될 것 같다. 위치나 크기로 보아 잘 마련한 것이다.

라이온스회관을 마련할 때 서귀호 사무총장과 박상복 재무총장이 실무적으로 수고를 많이 하였다. 당시 지해경 총재에게 왜 거액의 판공비를 마련해주자고 회원들에게 호소하였는가 하면, 내가 대한변리사회장 때 회관건물을 구입하면서 예산이 부족하여 중개 수수료를 제대로 줄 수 없었기 때문에 사비로 부족한 수수료를 지불한 경험이 있었다고 회원들에게 설명하여 어렵게 승낙을 얻게 되었던 것이다.

국제라이온스협회 354-A지구로서는 라이온스회관을 마련한 것도 중요한 일이었지만, 기획재정부 장관이 전국 21개 지구 중 우리 지구를 공익성 기부금을 받을 수 있는 법인으로 지정한 일이 봉사단체로서는 아주 큰 이벤트였다. 이 사업은 2000년에서 2001년까지 354-A지구의 양철우 총재님(후일 국제라이온스협회 지명이사를 역임)의 훌륭한 업적이다.

나는 2015년에 국제라이온스협회 354-A지구 회관 관리위원장을 맡게 되었다. 그해에는 건물 외벽의 떨어진 타일 보수, 주차면적의 확장, 주차장에 전자장치의 설치, 건물관리용역계약을 수의계약에서 입찰방식으로 변경, 임차한 각 라이온스클럽의 관리비 인하, 전 층의 유리창 틈에 실리콘으로 보충하여 냉·난방비의 절약 등을 하게 되었다.

라이온스회관 건물

『라이온스』 월간잡지

국제라이온스협회 한국연합회에서 발행하여 전국의 라이온스클럽 회원 80,000여 명에게 배포되는『LION』이라는 월간잡지를 위하여 나는 2004년부터 2008년까지 편집위원, 편집인, 고문 등의 직위로 봉사하였다.

이 잡지의 종이 무게를 더욱 가볍게 하면서 한 면의 크기를 확대하고 페이지 수를 늘려 광고수입을 증대하였을 뿐만 아니라, 편집국 직원들이 만든 기사로서는 읽을거리가 불충분하여 외부에 용역을 주어 구독자의 관심을 제고시켰다.

『LION』 월간잡지 표지

또한 편집국 사무실을 확장하기 위하여 서울 종로구 적선동에 있던 건물 일부를 매각하고 근처에 있던 오피스텔 2개를 구입하여 안락한 근무환경을 만들었다. 지금은 예산 절약과 온라인잡지의 발행 등으로 격월간으로 종이로 만든 잡지가 발행되고 있다.

한강 무궁화공원

2017년 국제라이온스협회(www.lionsclubs.org)가 창립된 지 100년이 되면서 우리나라에서도 이 100주년 기념사업을 전국에 있는 21개 라이온스 각 지구에서 전개하라는 국제본부의 지시가 내려왔다.

나는 국제라이온스협회 354-A지구의 국제라이온스협회 창립 100주년 기념사업위원회 위원장으로 위촉되어 한국에서 가장 오랜 역사를 가진 종주지구로서의 품격을 갖추기 위하여, 국가적으로 기념될 만한 사업을 찾기 시작하였다. 그런데 문득 해마다 경기도 일산에서 개최되는 국제꽃박람회가 머리에 떠올랐다. 왜냐하면 해마다 엄청난 예산을 투입하여 국제꽃박람회를 개최하여 오면서 전 세계의 아름다운 꽃들을 전시하고 있으나, 막상 우리나라의 국화인 무궁화에 대하여는 전시장의 배려는커녕 전혀 관심이 없는 것이 이상하게 느껴졌다. 그래서 내가 국제꽃박람회 사무국에 전화하여 왜 무궁화는 전시하지 않느냐고 문의하였더니 뜻밖의 대답이 돌아왔다. 해마다 5월에 국제꽃박람회를 개최하는데 무궁화는 이때가 개화시기가 아니라서 전시하지 않는다고 하였다. 이 무슨 엉뚱한 답변인가? 통상 무궁화는 7~8월에 꽃을 피우지만, 온실에서 재배하여 관리하면, 5월에도 개화할 수 있지 않은가? 그리고 해마다 국제꽃박람회에 출품되는 다른 꽃들도 온실에서 개화시기를 조절하여 전시하고 있었다.

그리하여 서울특별시 박원순 시장과 한강관리사업소에 건의와 설득을 거듭

한 끝에 2018년 7월 31일 서울 한강의 천호 대교 남단 어린이야구장 옆 고수부지 약 3,000평을 무료로 점유허가를 받아 여기에 무궁화공원을 조성하게 되었다.

2018.7.31. 한강 무궁화공원 제막식에서. 이태섭 회장(우로부터 셋째)과 필자(우로부터 다섯째), 정종석 전(前) 총재(우로부터 넷째), 오영애 전(前) 총재(좌로부터 넷째)

공원부지는 큰 홍수가 와도 제일 늦게 물에 잠기는 좋은 위치에 확보하였으나, 과연 어떤 무궁화를 심어야 좋을지 백방으로 수소문한 결과, 부산광역시 강서구에서 한국무궁화연구원을 운영하고 있는 이동철 박사를 알게 되었고, 이분이 육종한 무궁화 종자를 구입하여 심게 되었다. 국내에 어디를 가도 우리들이 보아온 무궁화는 길거리에서 먼지를 뒤집어쓰고 벌레 먹은 채 방치되어 있는 무궁화만 보아 왔다. 그러나 이 개량종자는 식재 후 3년이 지나면 아름다운 색깔의 꽃이 필 뿐만 아니라 병충해에도 강하다는 것이다. 특히 서울특별시에서 점유허가를 내준 곳은 서울시민이 마시는 물의 상수원지역이서 마음대로 농약도 살포할 수 없기 때문에 더욱 병충해에 강한 종자가 필요하였다. 재래 무궁화는 한 번 심으면 비료나 물을 제 때에 주지 않은 채 방치하기 때문에 꽃이라기보다는 나무에 가까운 식물이어서 꽃의 색깔이 예쁘지 않다고 한다. 이 개량 무궁화는 추운 12월이나 1월쯤에는 반드시 잔가지를 전지하여 주어야 하고, 제 때에 풀을 뽑고 영양을 공급하며 여름에 물을 제대로 주어야 예쁜 꽃을 피운다.

이 무궁화공원 조성에는 무궁화 종자 개량에 앞장서고 계시는 두산그룹 박용성 회장의 도움이 컸으며, 춘천에 있는 두산그룹의 라데나골프장 김득환 부장, 무궁화사랑봉사단 김동식 단장의 협조로 해마다 추운 겨울에 40여 명의 봉사단원들을 인솔하여 무궁화의 전지를 해주어 오늘에 이르렀다.

영국이나 프랑스의 왕궁에는 예전부터 무궁화 꽃이 있었는데 그 이유는 개화기간이 다른 꽃에 비해 상당히 오래가기 때문이라고 한다. 무궁화는 신라의 학자 최치원 선생의 글과 고려시대 김부식 선생이 저술한『삼국사기』에 '신라와 고려에 근화(槿花)라는 꽃이 산천에 화려하게 피어 있다.'고 기록되어 있을 정도로 오랜 전통과 역사를 지닌 꽃이다. 무궁화는 한 나무에서 100여 일 동안 계속해서 꽃이 피고 지기 때문에 무궁화라는 이름으로 불리게 되었다. 1896년 독립협회가 서울 서대문에 독립문을 착공할 당시 부른 애국가에서 '무궁화 삼천리 화려 강산'이라는 내용이 알려짐으로써 나라의 꽃으로 자리 잡게 되었다.

한강 무궁화공원은 2018년 7월에 준공되었는데, 그동안 국제라이온스협회 354-A지구(서울) 심기홍 전 총재, 정종석 전 총재, 오영애 전 총재가 물심양면으로 지원하여 조성되었다. 또한 이 공원의 한 부분을 전담하여 관리하고 있는 한양라이온스클럽, 이 공원 조성을 위하여 조용석 회장, 전용구 회장, 김영덕 회장, 김용일 회장들이 공을 많이 들었다.

한강 무궁화공원 조성 취지문 표지석(2018.7.31.)

미얀마에 라이온스클럽 창립

　2018년 8월에 미얀마 양곤에 양곤라이온스클럽이 창립되었고, 이어서 2018년 11월에 뉴양곤라이온스클럽이 창립되었다. 특히 뉴양곤라이온스클럽의 창립식에 나는 국제라이온스협회 최중열 회장 내외분을 양곤으로 초청하여 행사를 거행했다.

　나는 국제라이온스협회 신생국가위원회의 아시아 및 동아시아 국가 위원으로서, 미얀마, 라오스, 베트남, 캄보디아를 담당하여 신생 라이온스클럽을 창설하는 임무를 수행하고 있는데, 이런 나라에 라이온스클럽이 창립되면 이 클럽들이 자기 나라를 위하여 봉사하기 때문에 좋은 점도 있지만, 현지에 라이온스클럽이 없으면 국제라이온스협회의 규정에 따라 국제본부가 긴급재해기금 등을 지원할 수 없어 국제본부로서는 애로가 있었다.

　국제라이온스협회의 규정에 따르면, 특정 국가의 긴급재해기금을 제외하고는 일반적으로 회원국의 지구나 클럽에서 조성한 기금과 동등한 금액(Matching Fund)을 국제본부가 지원해오고 있기 때문이다.

　먼저 미얀마의 외교부 아웅 산 수 지(Aung San Suu Kyi) 장관에게 공문을 보내어 국제라이온스협회의 설립 취지, 역사 및 봉사활동 내용을 설명한 후, 아웅 산 수 지 장관이 미얀마의 사회봉사활동을 담당하는 사회복지부장관에게 공문으로 추천서를 보내주면, 이를 근거로 사회복지부장관이 라이온스클럽의 설립인가권을 가지고 있는 내무부장관에게 추천하도록 절차를 진행하고 있었다.

그러던 어느 날 평소에 봉사사업 관계로 잘 알고 지내던 미얀마 국회의원이자 변호사인 민원 씨의 안내로 미얀마의 수도인 네피도에서 사회복지부차관을 면담하게 되어 방문 취지를 설명하고 미얀마 정부가 라이온스클럽을 인가하여 주면 이 클럽을 통하여 장차 국제원조기금을 지원할 수 있다고 설명하였다. 그러나 이 차관은 자기와는 상관없는 업무인 양 아주 소극적인 태도를 보여 실망하기도 하였다. 이런 미얀마 정부 사람들을 설득하는 데 3년이나 걸려 양곤에 라이온스클럽 2개를 창설하게 되었는데, 양곤라이온스클럽은 일본 후쿠오카라이온스클럽이 후원하여 설립하였고, 뉴양곤라이온스클럽은 내가 후원하여 설립하였다.

미얀마 뉴양곤라이온스창립, 소에툰 클럽회장(좌로부터 첫째),
최중열 회장(좌로부터 둘째), 필자(우로부터 둘째)

뉴양곤라이온스클럽은 서울남산라이온스클럽이 미얀마에서 수행해 오던 무료안과수술사업에 통역인들의 숙식비와 교통비를 부담하고, 해마다 우기에 홍수로 고통받는 시골사람들을 열심히 재정지원하고 있다. 또한 양곤라이온스클럽 역시 해마다 여름 홍수에 고통받는 미얀마 오지의 시골 사람들에게 약품, 의류, 구명조끼, 식량들을 지원하고 있다.

이 두 개 클럽이 홍수 때 미얀마 오지의 시골사람들에게 봉사하도록 내가 국제본부로부터 각각 미화 1만 달러씩의 지원금을 보내도록 주선하여, 이 클럽들이 각각 마련한 미화 1만 달러 상당액의 기금에 보태어 의약품과 구명조끼를 지원하였다. 나는 국제라이온스협회로부터 향후 미얀마에 25개 라이온스클럽이 창립되기까지 미얀마국가담당 코디네이터로서, 회원의 교육, 봉사방법의 개발, 포상, 현지 봉사 후 국제본부에 보고 및 미얀마 원조 등 업무를 담당하고 있다.

미얀마에 조선위안부위령비 건립계획

   2018년 6월, 미얀마 동북부 카친주의 미찌나 지역에서 국제라이온스협회 354-A지구(서울) 주최, 서울남산라이온스클럽 주관으로 미얀마 산간벽지의 안과환자들을 무료로 수술하여 주느라 여념이 없던 어느 날, 환자 가족들로부터 2차 세계대전 말기, 미얀마의 동북부 산간지역에서 연합군과 일본군 사이에 대규모 전투가 벌어져 일본군 수천 명이 사망하였는데, 이때 미얀마와 중국 소녀들을 포함한 조선위안부 2,800여 명도 일본군에 의하여 무참히 학살되었다는 증언을 듣고, 미얀마의 전 국토를 길게 흐르는 이라와디강 기슭에 위령비를 건립하는 계획을 수립하게 되었다. 위령비의 부지는 미얀마 국회의원인 민원 씨가 마련하고, 나머지 건립비용은 내가 부담하기로 하였다. 먼저 조선소녀위안부들이 이 지역에서 학살된 증거를 수집하게 되었는데, 그 첫 번째는 이 지역 노인들의 증언이었고, 두 번째는 인도 뉴델리 적십자병원에 있는 당시 미찌나 지역에서 탈출하였던 몇몇 조선소녀위안부 기록이었으며, 세 번째로는 KBS의 시사기획 '창'이라는 프로그램의 영상물이었다.

   2019년 초에 이와 같은 증거물과 함께 미얀마 내무부장관에게 내가 위령비 건립 허가신청서를 제출하였다. 그러나 그토록 기다려도 소식이 없어 공동사업에 참여하였던 미얀마 민원 국회의원에게 부탁하여 그 연유를 알아보았던 바, 미얀마 정부가 일본으로부터 최근 많은 경제원조를 받고 있어 외교적으로 입장이 곤란하기 때문에 당장은 허가를 내줄 수 없다는 것이었다. 그러나 여기에 조선소녀위안부 위령비에 새기려고 준비한 비문 초안을 소개한다.

조선소녀 위안부 위령비

2차 세계대전 말기, 일본군 최전선인 이곳 미찌나지역까지 감언이설로 끌려와 일본군의 위안부로 형언할 수 없는 고통의 비참한 삶을 살면서 눈물로 지새운 조선소녀 2,800여명과 미얀마, 중국의 소녀들이여!

전쟁 말기에 이 죄 없는 소녀들이 흔적도 없이 사라져 버렸습니다.

일본군에 의하여 학살당한 이 비극에 인간으로서 참을 수 없는 비애를 느낍니다. 굽이쳐 흐르는 이라와디 강도 그 깊은 슬픔을 노래하고 있습니다.

꽃다운 어린 나이에 억울하게 유명을 달리하신 소녀들의 넋을 위로하고, 향후 인류 역사에서 이와 같이 잔혹한 전쟁 범죄가 다시는 반복되지 않도록 하기 위하여 자유와 평화를 사랑하는 한국과 미얀마 국민들이 두 손을 함께 모아 여기에 삼가 위령비를 세웁니다.

돌아오지 못하고 이 땅에 통곡의 슬픔을 묻은 영혼들이여! 부디 고이 잠드소서!

이 위령비 건립을 허가하여 주신 미얀마연방공화국 정부에 진심으로 감사드립니다.

2019년   월

기증자: 유니세프한국위원회
부회장 김명신
미얀마연방공화국
국회의원 민원

제2장
—
유니세프 활동을
통하여

지식재산
강국을
꿈꾸다

유니세프 한국위원회를 도우면서

　국제연합국제아동긴급기금(United Nations International Children's Emergency Fund : UNICEF)은 1946년 12월 11일에 창립되었고, 1953년에 현재의 이름인 국제연합아동기금(United Nations Children's Fund)으로 명칭이 변경되었다. 그러나 지금도 예전 이름의 약자인 UNICEF를 사용하고 있다.

　유니세프는 주로 가난한 국가의 어린이들을 위한 긴급구호, 영양, 예방접종, 인권, 식수, 환경, 기초교육 등에 관련된 활동을 주로 하고 있다. 유니세프 한국위원회(Korean Commission for UNICEF : KCU)(www.unicef.or.kr)는 1994년 1월에 설립되었는데, 당시 34개의 유니세프 국가위원회 중 하나였으며, 이 중에서 최근 그리스 국가위원회가 재정상태의 악화로 폐쇄되어 지금은 전 세계에서 33개의 국가위원회가 활동하고 있다. 우리나라는 6·25 전쟁이 발발한 1950년부터 1993년 12월까지 유니세프로부터 많은 긴급구호물품을 받아온 나라였는데, 우리나라처럼 유니세프의 구호물품을 받던 나라에서 주는 나라로 전환한 나라는 한국이 유일무이하다.

　2020년 코로나로 전 국민이 고통받고 있던 해에도 직원 70여 명이 41만 5천 명으로부터 무려 1,246억 원을 모금하였는데, 이는 전 세계에서 5위지만, 인구 대비로 계산하면 1위다. 최근까지 항상 전 세계에서 3위를 유지하여 왔다. 아시아에서 유니세프 국가위원회를 가지고 있는 나라는 일본과 한국밖에 없는

데, 그 이유는 무조건 소득만 높아야 되는 것이 아니라 민주주의 제도의 발전과 개인 국민소득, 사회기부금 모금실적 등 다양한 기준이 있기 때문이다. 이렇게 모금한 돈은 국내에도 사용할 곳이 많이 있다고 생각되나, 국제연합과 유니세프본부, 유니세프본부와 유니세프 한국위원회 사이에 체결된 약정에 따라 한국은 선진국으로 분류되어 있기 때문에 우리나라보다 월등하게 생활이 어려운 나라들을 돕고 있는데, KCU의 모금액 중 85%를 유니세프본부에 송금하고 있다. 특히 KCU는 고(故) 박양숙 여사가 아시아 11개 국가의 어린이 교육을 위하여 기부한 100억 원으로 유니세프본부의 특별승인을 받아 2012년부터 이 사업을 전개하고 있다. 이와 같은 기부금을 모금하는 KCU의 투명성과 신뢰도를 평가한 가이드 스타는 2019년과 2020년 계속해서 KCU에 만점과 크라운 인증을 부여하여 그 신용을 공인하고 있다.

나는 KCU에서 오랜 세월 동안 일하고 계시던 존경하는 송상현 회장(국제형사재판소 소장 역임)과의 오래된 인연으로 2015년에 KCU의 사옥을 구입하기 위하여 서울 시내 적절한 건물이 있는지를 조사하게 되면서 KCU의 일을 하게 된 이래, 2016년 3월부터 2021년 5월까지 KCU의 이사, 임시 사무총장, 부회장 및 아너스클럽 회원으로 봉사하게 되었다.

유니세프 한국위원회 송상현 회장으로부터 아너스클럽 회원패 수령

유니세프 한국위원회 건물

전 세계 어린이들이 행복한 세상을 만들기 위하여 나는 2015년에 서울 광흥
창 전철역에서 가까운 위치에 259억 원에 사옥을 구입하도록 주선하였고, 전체
사옥의 대대적인 수리와 함께 사옥증축을 기획·감독하였으며, 2018년에는 임
시사무총장으로 봉사하였고, 지하에 임차인으로 있던 피트니스클럽과의 법적
분쟁도 원만하게 해결하였다.

또한 나는 3층에 동시통역 시설이 있는 국제세미나장 겸 공연장을 만들어 임대 수입도 제고하면서 장차 직원들의 결혼식장과 모범어린이들을 위한 영화관으로도 사용할 수 있도록 배려하였다. 또 2019년 10월에는 KCU 창립 25주년 기념행사와 본인도 참여한 공연을 직접 기획하여 저렴한 비용으로 성공적으로 마쳤으며, 아너스클럽회원 운동에 협조하여 고액의 기부도 하였다. 그리고 2020년에는 5개월 동안 직장 내 사건의 조사위원장을 맡는 등 KCU를 위하여 최선의 노력을 다하였다.

KCU는 그동안 송상현 회장의 탁월한 지도력과 임직원들의 각고의 노력으로 비약적인 발전을 해 왔다고 생각한다. 그러나 내가 KCU의 임원으로서 송상현 회장에게 제안하였던 대중 PR 콘텐츠의 혁신, 각종 규정의 재정비, 경영전문가의 자문제도 채택, 디지털방송을 통한 기부금모집 방식의 점진적 확대, 해킹방지 강화, 부득이한 경우 이외 외주행사의 지양, 직원교육의 활성화, 직원인사 고과 평가방법의 개선, 기부자 합창단의 효율적인 운영, 직원간 소통의 활성화, 직원들의 평생직장으로서의 긍지 앙양, 우수직원의 본부 파견근무 추진 및 임원들의 KCU 기여방안 모색 등은 그중 이미 시행된 것도 있으나, 아직도 시도하지 못한 것도 있어 아쉽게 생각한다.

KCU에서 일하면서 생각나는 일들은, 2015년에 KCU 사옥을 매입하기 위한 협상 실무를 맡았던 김진하 건물관리소장이 매도인 때문에 마음고생을 했던 일들과, 2019년 10월 KCU 창립 25주년 기념행사를 준비하면서 공연이 포함된 기획행사의 경험이 전혀 없었던 쟈넷 김 팀장에게 많은 수고를 끼친 일, 그리고 부산사무소의 신중민 소장의 훌륭한 아이디어가 생각난다.

특히 KCU 전 층의 인테리어 공사 때 박인수 소장, 김재명 팀장과 이영석 직원이 열심히 일하여 공사를 마치는 데 큰 도움이 되었던 기억이 새롭다.

유니세프 한국위원회 회장의 특별공로패(2021. 5. 9.)

유니세프 한국위원회 창립25주년 기념공연을 마치고 (유니세프 한국위원회 3층 브루홀
에서, 유니세프 한국위원회 기부자 합창단W)(앞줄 좌로부터 넷째가 필자)

부탄 국왕의 초청

　2019년 4월, 나는 유니세프 한국위원회 송상현 회장 내외분과 함께 히말라야산맥의 동쪽 끝에 있는 불교국가 부탄(Bhutan) 국왕의 초청을 받아 세계에서 행복지수가 가장 높다는 조그마한 왕국을 방문하게 되었다. 부탄은 인구가 약 75만 명이고 평균수명이 65세이며 개인 국민소득이 6,500달러 정도인 입헌군주제 국가이다. 부탄 국왕은 41세였고 영국 옥스퍼드대학교에서 정치학 석사학위를 받은 사람이었다. 국토 대부분이 해발 2,000미터 이상의 산악지대로 평야가 거의 없으며, 외교와 국방은 인도에 위임하고 1949년 8월 8일에 독립한 나라이다. 제2차 세계대전 이후 부탄은 통상수교거부정책으로 인도와의 국경에 여행금지선을 설정하여 외국인의 출입을 통제하기도 하였다.

　내가 기부한 10만 달러와 또 다른 여성 한 분이 기부한 10만 달러를 합하여 20만 달러로 부탄의 장애인 교육사업에 써 달라고 요청하였더니 장애인학교 건설을 위한 착공식에 초청된 것이었다. 태국 방콕에서 출발하여 부탄의 파로까지 비행기로 4시간 정도 소요되었다. 국제비행장이 있는 파로는 조그마한 시골 도시 규모였다. 높은 산으로 둘러싸인 산악왕국이기 때문에 구불구불한 산길에 도로를 내어 교통이 매우 불편하였으며, 기차는 찾아볼 수도 없었다. 하지만 만나는 사람들마다 천진난만하게 웃는 얼굴이었고 그 편안함은 이루 말할 수 없었다. 신앙심에서 우러나온 표정으로 짐작되었다.

부탄왕국 장애인학교 기공식에서, 필자(좌로부터 첫째), 송상현 회장(좌로부터 둘째)

부탄왕국은 외국인들이 너무 많이 부탄을 방문하게 되면, 관광 수입은 올릴 수 있을지언정 여러 가지 불필요한 문화가 수입되는 것을 염려하여 일 년에 약 10만 명 정도에게만 비자를 발급해 주고 있다고 하였다. 부탄왕국의 대사관의 수가 너무 적어 비자를 받기가 불편할 뿐만 아니라, 비자 비용도 엄청나게 비싸다. 그나마 외국 관광객이 하루에 소비할 250달러를 기준으로 체재할 날짜 수에 해당하는 돈을 미리 부탄에 송금해 주어야 비자가 발급되었다.

국제비행장이 있는 파로에서 꾸불꾸불한 산길을 따라 자동차로 한 시간 반 정도 달려 수도인 팀부(Thimbu)에 도착하였다. 수도라고 해 봐야 우리나라의 군 소재지 정도의 도시 분위기였다. 이리저리 둘러보아도 교통경찰이 수신호를 하는 네거리는 한 군데밖에 없었고, 각자 알아서 운전하는 도시였다.

호텔에서 체크인을 할 때, 프런트의 종업원이 밖에 시끄러울 수도 있으니 사용하라고 귀마개를 나누어 주는 것이 아닌가? 아니나 다를까 밤이 되니 호텔 근처 밖에서 개 짖는 소리가 장난이 아니었다. 부탄이 개들의 천국인 것은 독실한 불교신자들인 부탄사람들이 개고기를 먹지 않기 때문이란다. 어디를 가나 전국이 개들의 천국이었다.

국제라이온스협회와
유니세프 한국위원회의 업무 제휴

    2021년 5월 4일, 나는 국제라이온스협회 최중열 회장이 유니세프 한국위원회 송상현 회장을 예방하는 자리를 만들었다. 이날 국제라이온스협회 최중열 회장, 최규동 국제이사와 안두훈 지명이사가 서울 마포구 서강로에 있는 유니세프 한국위원회 회관에서 유니세프 한국위원회 송상현 회장을 예방할 때, 부회장인 나와 이기철 사무총장이 배석하였다.

국제라이온스협회 최중열 회장(우로부터 셋째)이 유니세프 한국위원회 송상현 회장(중앙)을 예방하면서, 필자(우로부터 둘째)

송상현 회장은 유니세프와 유니세프 한국위원회의 관계, 유니세프 한국위원회의 역사와 활동을 설명하였으며, 최중열 회장은 국제라이온스협회와 국제라이온스협회 한국연합회와의 관계, 봉사활동 등을 설명하였다.

　　최중열 회장 일행은 면담이 끝난 후, 1층에서 기부금이 실제 사용되는 현장을 학습하는 체험관과 각종 물품을 보관하는 지하 1층의 전시실을 참관하였다.

　　국제라이온스협회 한국연합회는 2020년 전국 77,000명의 회원이 480억 원의 모금을 하여 봉사하였고, 유니세프 한국위원회는 2020년 41만5천 명으로부터 1천2백4십6억 원을 모금하여 전 세계에서 5위를 차지할 정도인데, 유니세프 한국위원회는 이 중에서 유니세프본부와의 약정에 따라 85%를 국제본부에 송금하여 전 세계 어린이들의 행복을 추구하고 있다. 이와 같은 상황에서 국제라이온스협회 한국연합회와 유니세프 한국위원회는 향후 실무자들의 준비를 거쳐 상호 업무를 제휴하는 방안을 검토하기로 하였다.

제3장

—

후진 양성을 위하여

마치 입시학원 원장처럼

　내가 젊은 시절에 미국 유학을 가려고 그렇게 노력했으나, 6남매의 장남으로서 다섯 동생들을 공부시켜야 했을 뿐만 아니라, 해외에 나갈 수 있는 문이라고는 1년에 한 번 시행되는 유학생 선발시험에 합격하는 길밖에 없었고, 그 숫자도 십여 명이어서 포기할 수밖에 없었다.

　그러나 나는 1972년부터 변리사로서 주로 외국사건을 취급하게 되면서 업무 때문에 외국에 자주 나가게 되어 많은 외국 고객들과 친분을 쌓을 기회가 생기게 되었다. 그동안 내 사무소의 직원으로서 우수한 사람들을 외국에 가서 유학할 수 있도록 적극적으로 주선한 것은 물론이고, 다른 사무소 직원, 심지어는 나의 대학후배도 아닌 사람들도 외국에서 공부하기를 간절히 원하는 사람들에게 유학을 주선하여 주었다. 주로 특허청 직원, 변리사, 변호사들을 미국, 영국, 독일, 호주 및 일본 등지로 보냈다.

　어떤 사람들에게는 경제적으로도 지원해 주었고, 또 다른 사람들에게는 경제적 지원은 하지 않았으나 외국과의 연결을 적극적으로 주선하여 주었으며, 나머지 사람들에게는 공부할 수 있는 여건을 만들어 주거나 안내만 해주었다.

　이화여대 약대를 졸업하고 해외 특허부서에서 근무하였던 문예실 직원은 한국 변리사자격을 취득하였다. 그 후, 미국에서 로스쿨을 마치고 미국 뉴욕주 변호사, 미국 특허변호사 자격을 취득하였고, 현재는 세계적인 로펌 존스 데이(Jones Day)에서 파트너 변호사로 활동하고 있다.

서울대학교 화학과를 졸업하고 변리사자격을 취득하여 내 사무소에서 일하던 김민철 변리사는 숭실대학교 전자공학과 3학년으로 학사 편입도록 권하여 졸업한 후, 1997년 미국 지식재산권 전문 로펌에 취업하여 미국으로 건너가 일하면서 캘리포니아주 변호사, 미국 특허변호사 자격을 취득하였으며, 25년간 미국에서 실무를 하고 있다. 지금은 글로벌 로펌 케이 앤 엘 게이츠(K&L Gates)의 파트너로, IP 소송, 라이센싱 분야에서 한국 기업을 돕고 있다.

연세대학교 대학원에서 전기공학석사를 받고 내 사무소에서 직원으로 일하던 주기환은 나의 권유로 일본 도쿄대학교에 유학하여 의공학 박사학위를 취득하고 일본 도쿄 의료기기기술정보센터에서 부소장으로 활동하였는데, 최근에는 연락이 되지 않는다.

내 사무소에서 변호사로 일하고 있던 권기섭 변호사는 미국으로 건너가 미국 변호사 자격을 취득하여 삼성전자주식회사의 법무팀에서 팀장으로 근무하다 퇴직하여 지금은 개인 로펌에서 일하고 있다.

서울대에서 약학학사와 석사를 취득한 후, 변리사시험에 합격하여 내 사무소에 근무하던 김국현 변리사는 K 대학교 법학과 3학년으로 학사 편입하여 2년간 공부한 후, 다시 서울대 법학과 3학년으로 학사 편입하여 2년간 공부하면서 사법시험에 합격하여 변호사가 되었다. 김 변호사는 사법연수원 수료 후 미국으로 건너가 법학석사 학위를 취득하여 귀국한 후, 지금 국내에서 큰 로펌을 운영하고 있다.

서울대 전자공학과를 졸업하고 내 사무소에서 근무하였던 신흥호 변리사는 사법시험에 합격하여 지금은 춘천지방법원 부장판사로 근무하고 있다.

또한 카이스트(KAIST)에서 학사와 석사학위를 취득한 후, 변리사시험에 합격하여 내 사무소에서 근무하던 또 다른 김민철 변리사는 연세대학교 법무대학원에서 석사학위를 취득하고 나의 권유로 일본 도쿄에 가서 1년간 산업재산권 실무와 일본어 공부를 하였고, 다시 중국 베이징대학교 대학원에서 산업재산권에 관한 박사학위를 취득하였으며, 지금은 독립하여 변리사사무소를 운영하고 있다.

특허청 김원중 전 차장은 영국 노팅엄(Nottingham)에 있는 로펌 에릭 포터 앤드 클락슨(Eric, Potter & Clarkson)에서 2년간 연수받도록 주선하였고, 김 앤장의 김량은 변리사는 일본 오사카의 츠타다 마사토(蔦田 正人) 변리사사무소에서 연수를 받도록 주선하였다.

변리사시험에 합격하여 내 사무소에서 변리사로 근무하였던 정희영 씨는 후일 사법시험에 합격하여 지금은 특허법원 부장판사로 일하고 있다.

또한 서강대학교를 졸업하고 변리사시험에 합격하여 내사무소에 근무하였던 최민서 변리사는 지금 한국전자통신연구원에서 중책을 맡은 변리사로 활동하고 있다.

이 밖에도 많은 인재가 외국에서 유학하였으며, 국내외에서 대학교수, 판사, 변호사, 변리사로 활동하고 있다. 나는 마치 서울의 유명한 입시학원의 원장처럼 많은 후배들을 각 분야에 진출시켜 각자가 훌륭하게 활동하고 있는 모습을 보면서 큰 보람으로 생각하고 있다.

제4편
나의 성장과 삶

제1장
—
어린 시절

지식재산 강국을 꿈꾸다

내 고향, 포항

경상북도 포항시 두호동 175번지는 내가 태어난 고향으로, 팔순을 바라보는 나이에, 지금도 가슴을 설레게 하는 곳이다.

나는 아래로 여동생 넷과 남동생 하나를 둔 6남매의 장남으로 태어났다. 1950년 6월 25일 전쟁이 발발하기 전인 1950년 5월 25일에 포항시에 하나밖에 없던 포항유치원을 졸업할 정도였으니, 생활은 비교적 넉넉한 편이었다.

포항유치원 졸업 기념(1950. 5. 25.)(앞줄 좌로부터 셋째가 필자)

아버지는 꽁치와 오징어를 잡는 선박의 선주였으며, 어머니는 약사는 아니었지만, 약종상 면허로 신약방이라는 이름으로 포항시 항구동에서 의약품을 판매하였다. 고향집은, 옆집에 자전거 수리점이 있었고 왕복 2차선 도로의 길갓집이었다.

포항중앙초등학교 1학년 때 6·25 전쟁이 발발하여 두 살 아래의 여동생과 함께 피란 가게 되었는데, 나는 전쟁이 무엇인지도 모르고 소풍 가는 기분으로 들떠 천방지축으로 뛰어다녔기 때문에 아버지는 나에게 쌀 한 말이 들어가는 배낭을 메게 하여 피란을 가도록 하였다. 포항 시내에 인민군이 쳐들어오면서 총성이 울렸고, 나는 죽은 사람의 시체를 직접 목격하기도 하였다.

포항초등학교 학예발표회를 마치고(좌로부터 첫째가 필자)

나의 피란 생활은 한반도 지도의 토끼 꼬리 부분인 영일군 감포라는 산골에서 하게 되었는데, 아버지는 국군에 징용되어 일선으로 가시는 바람에 어머니와 나, 그리고 여동생이 마음 졸이며 피란 생활을 하였다. 전쟁이 끝났을 때는

학교가 파괴되어 교실이 없어 모래사장에 앉아 화판 위에 교재나 노트를 얹어 수업을 받기도 하였다.

6·25 전쟁 직후에는 헐벗고 굶주린 사람들이 많았다. 외동아들인 아버지는 5년제 중학교를 졸업하시고 일본 오사카의 가셔서 사업으로 크게 성공하여 귀국하셨다. 당시는 2차 세계대전 말기라 어수선한 정국에서 마땅한 직업을 선택하기가 힘들어서 어려운 생활이 계속되는 가운데 아버지가 어선을 구입하게 되셨는데, 이것이 계기가 되어 후일 아버지의 직업 또한 수산업으로 이어졌다.

중앙초등학교 5학년 때에는 포항시교육청 주최로 포항시 초등학생들의 그림 그리기 대회가 열렸는데, 이 대회의 수채화 부문에서 내가 금상을 탄 것과, 1·4 후퇴 때 황해도에서 피란 온 중앙초등학교 동기였던 안경붕이란 친구가 공부를 잘하여 서울에 있는 경기중학교에 입학한 것이 기억난다.

세월이 흘러 1974년 7월부터 포항중앙초등학교 동기동창인 아홉 명 친구들이 매달 만나는 친목 모임을 하면서 중앙초등학교 졸업생 아홉 명이 만나는 모임이라는 뜻으로 '구중회'라 명명해서 매월 모임을 하고 있는데, 어느덧 친구 3명(구대식, 이승박, 이재철)은 세상을 떠나고 이제는 여섯 명만 남게 되었다.

친구 김유석(어릴 때의 이름은 김만석)은 일찍이 항공화물 업계에 투신하여 자수성가한 의리의 사나이인데, 지금은 H해운주식회사 회장이고, 황봉수는 일찍이 상경하여 서울 신촌 로터리에서 야채 도매로 크게 성공하여 자신의 빌딩을 소유하게 된 억척같은 사나이이며, 김은남은 조흥은행에서 최연소 지점장으로 지내다가 퇴직 후, 바위를 뚫는 물방울의 집념으로 1991년부터 30년간 매주 2회 국내 3,000여 개 산을 산행하며 시조집을 발간하였는데, 이번에는 『삼천산 시탑을 위하여』라는 시조 시집을 출간하였다. 단순한 시조가 아니라 그 산에 관한 자연, 역사적인 인물, 역사, 전투, 학교 교가, 본인이 직접 이름을 지은 산 등으로 묶어 노래한 시조로서, 실로 장한 집념의 사나이이다.

한편 장지만은 국제항운주식회사를 정년퇴직한 후, 골프에 심취하여 외국에 나가 아내와 함께 두 달씩이나 골프를 치고 올 정도의 건강을 자랑하고 있으며, 김문헌은 숭실대학교 기계공학과 교수로 33년간 봉직하면서 공과대학장을 비롯한 여러 보직을 수행하였고, 한국자동차공학회 부회장직을 네 번이나 맡아 활동하였다. 또 2009년에는 이명박 대통령으로부터 황조근정훈장을 받았고, 정년퇴직 후, 지금은 독서로 소일하고 있다.

구중회의 중국 장자제(張家界) 여행(필자는 앞줄 좌로부터 둘째)

포항중학교 수석 졸업

　나는 인구 4만 명이던 포항 시내에서 북쪽으로 10여 리 떨어진 곳에 있는 포항중학교에 다녔다. 시내에서 학교로 가자면 자전거로 갈 때는 바닷가 쪽으로 조금 돌아서 가지만, 지름길로 가자면 '희망봉'이라는 해발 70미터쯤 되는 산을 넘어가야 했다. 등하교 시 '희망봉'은 친구들끼리 주먹 싸움을 하는 체력단련장 역할을 하였다. 특히 태권도를 배우던 친구들의 실력을 자랑한 장소이기도 하였다. 비가 오는 날에는 빗물에 길이 막혀 등하교를 못 하던 친구들도 있었다.

　여름날 하교 시에는 학교에서 가까이 있는 동쪽 바닷가에 가서 수영도 하고 놀다가 집에 돌아가는 날이 많았다. 어느 뜨거웠던 여름날 아버지는 나에게 집에서 가까운 곳에 있던 고추밭에서 풀을 뽑고 김을 매라고 지시하셨으나, 너무나 더워서 나는 일을 팽개치고 해수욕장으로 가서 노는 바람에 저녁에는 두 종아리에 자국이 날 정도로 회초리를 맞은 적도 있다.

　돌아가실 때 입으실 수의를 미리 장만하실 정도의 유교 신봉자인 아버지로부터 엄격하게 가르침을 받고 자란 나는 외출 시 어디로 가서 언제쯤 돌아오며, 돌아와서도 돌아왔다고 반드시 아버지께 보고하였다. 아버지는 너무 엄격하셨으나, 어머니는 자상하시어 언제나 따뜻한 마음으로 우리 형제들을 감싸 주셨다. 아버지께 참고서를 사달라고 조르면 교과서만 있으면 되지 무슨 참고서가 필요하냐고 꾸짖어서 친구들의 참고서를 빌려서 공부하였다.

중학교 3학년 때 나는 동기생 성문환(포항동지고등학교 교장 역임)의 가정교사였던, 서울대학교 문리대 사학과에 재학중이던 현영록이라는 선배로부터 매일 저녁 친구 성문환의 집에서 무료로 공부를 하는 바람에 실력이 꽤 향상되었다.

방학 때에는 포항중학교를 수석으로 졸업하고 포항고등학교 1학년에 재학중이던 최휘기라는 선배로부터 수학을 무료로 지도받아 내가 포항중학교를 수석으로 졸업하는 데에 큰 도움이 되었다. 그러나 나는 전교 1등을 놓치지 않으려는 강박 관념 때문에 한때 몽유병을 앓기도 하였다. 최휘기 선배는 후일 서울대학교 공대 원자력공학과에 입학하였고, 졸업 후 미국으로 이민 갔으며, 미국 원자력위원회에서 일하고 있는 것으로 전해 들었다.

중학교 2학년 때에는 악대가 생겨 악장을 맡게 되었다. 이때 여러 가지 악기를 만질 기회가 있었는데, 드럼이 마음에 들어 열심히 연습하게 되었다. 특히 나는 다른 사람들보다 박자 감각이 뛰어나서 한 번 들은 음악의 박자는 결코 잊어버리지 않았다. 행사가 있어 시내를 행진할 때에는 악장으로서 지휘봉으로 지휘하여 행진곡을 연주하면서 으스대기도 했다.

눈이 많이 온 겨울에는 전교생이 체육시간에 학교 뒷산에서 산토끼사냥을 하기도 했다. 이때 학생들은 산 전체를 포위하고 산꼭대기에서 아래로 소리치며 포위망을 좁혀 몰아가면서 맨손으로 토끼를 잡았다. 산토끼는 앞다리가 짧고 뒷다리가 길어서 산 아래에서 위쪽으로는 잘 달리지만, 반대로 위쪽에서 아래쪽으로는 잘 달릴 수 없는 점을 이용한 토끼사냥 방법이었다. 이렇게 하여 한나절에 잡은 산토끼가 무려 14마리였는데, 잡은 산토끼들이 어떻게 처리되었는지는 알 수가 없었다.

어느 한 여름날 밤, 동네 선배들을 따라 깜깜한 밤에 형산강을 헤엄쳐 건너가서 송도 해수욕장에 있던 수박밭을 서리하던 일도 기억난다.

음력 정월 보름에는 통조림 깡통의 한쪽 뚜껑을 잘라낸 후, 깡통에 철사를 연결하고, 깡통 안에 조그마한 나뭇조각으로 불을 피운 다음 이를 빙빙 돌리는 쥐불놀이를 하였다. 하루는 동네 뒷산에 올라가 친구들과 불을 피운 깡통을 빙빙 돌리다가 그만 철삿줄이 끊어지는 바람에 산 밑으로 불이 든 깡통을 굴러 떨어뜨리고 말았다. 바로 깡통이 떨어진 방향에는 초가집이 있었는데, 나는 불이 난 줄 알고 겁이 나서 줄행랑을 쳐서 집으로 돌아와 버렸다. 나중에 알고 보니 이 집에 불이 난 것은 아니고 산에 있던 나무 몇 그루가 불에 타서 하마터면 산불이 날 뻔했다는 것이었다. 그때 놀란 가슴이 며칠간 쿵쾅거리는 바람에 다시는 이런 쥐불놀이를 하지 않기로 하였다. 이 시기에 포항에서는 고래가 많이 잡히어 튀긴 고래고기 과자를 즐겨 먹던 추억이 있다.

이런 추억들이 있는 중학생으로 나는 포항중학교를 수석으로 졸업했다.

나는 1959년에 포항중학교를 졸업한 후, 줄곧 고등학교, 대학교, 대학원을 다닐 때 대구와 서울에서 객지 생활을 하였기 때문에 어릴 때의 고향 친구들이 보고 싶어 45년 만에 합동 회갑연을 기획하게 되었다. 그래서 2004년 가을, 포항시 송라면에 있는 내연산 보경사 유원지에서 포항중학교 동기동창들의 합동 회갑연을 가졌다. 전국의 친구들이 보경사 유원지까지 오기만 하면, 숙박비, 식대, 행사비, 선물, 심지어 돌아갈 차비까지 전부 내가 부담한다고 홍보하여 서울, 부산, 대구, 포항 등 전국에서 60여 명의 친구들이 모여 1박 2일로 두터운 우정을 나누는 계기를 마련하였다. 이때의 친구들은 모두 젊어서 밤새 술 마시고 노래하고 춤추어도 아침에 해장국 한 그릇이면 거뜬한 정도였다. 회갑기념선물은 소가죽 혁대를 마련하였다.

　지금 돌이켜보면, 이미 유명을 달리한 친구들이 많이 있어 그때 내가 비용부담은 컸었지만, 추억에 남는 합동 회갑 행사였다고 생각된다.
　세월이 흘러 내가 대한변리사회장으로 취임한 것을 기념하여 1996년 12월 재경 포항중·고등학교동창회 최상영 회장(전 법무부 장관)으로부터 모교를 빛낸 사람이라고 축하하는 감사패를 받기도 하였다.

포항중학교 악대 악장

경기고 낙방과 경북대사대부고 진학

포항중학교를 수석으로 졸업하였다고 담임 선생님이 경기고등학교에 입시원서를 내라고 하여 아무것도 모르고 원서를 내게 되었다. 그도 그럴 것이 해마다 1명씩 선배들이 경기고등학교에 입학하였기 때문이었다.

나는 어떻게 될지 몰라 특차인 경북대학교사범대학부속고등학교(경북대사대부고)에 입시원서를 제출하고, 1차인 경기고등학교에도 입시원서를 제출하였다. 경기고등학교의 필기시험을 치르려 대구에서 야간열차를 타고 밤새 달려 다음 날 새벽에 서울역에 도착하였는데, 서울이 춥다고 어머니가 입으시던 털 코트를 입고 시험장으로 간 기억이 난다. 그런데 특차인 경북대사대부고의 필기시험은 치렀는데, 신체검사 날이 바로 1차인 경기고등학교의 필기시험 날이어서 부득이 특차인 경북대사대부고의 신체 검사장에는 응시를 못 하고, 경기고등학교 필기시험에만 응시하게 되었다.

그러나 고대하던 경기고등학교의 필기시험 낙방으로 실의의 나날을 보내던 어느 날, 특차시험을 치렀던 경북대사대부고에서 의외의 전화가 왔다. 필기시험 성적이 우수하여, 신체검사 날에 나타나지 않았던 몇몇 친구들과 함께 합격시키기로 하였다는 것이었다. 그리하여 경북대사대부고를 다니게 되었다.

대구에서 하숙할 때의 일이다.

어느 날 같이 하숙하기로 한 대구고등학교에 재학 중이었던 친구와 나는 외관이 깨끗한 하숙집에 들어가게 되었으나, 이 하숙집 할머니는 도시락 반찬으로 언제나 삶은 검정콩만 주는 바람에, 검정콩에 질리게 되어, 지금도 나는 검정콩 반찬에는 별로 손이 가지 않게 되었다.

고등학교 재학시절

당시 대구는 여름에는 지독하게 덥고 겨울은 또 엄청 추웠던 것 같았다.

독일어를 가르치신 유재봉 선생님은 독일어 문법을 특히 중시하였는데, 'der, des, dem, den, die, der, der, die'와 같은 정관사를 제대로 외우지 못하면 교실 앞에 나와 친구들을 향하여 "Ich bin ein narr(나는 바보입니다)"를 10번씩 복창하도록 하여 이런 창피를 당하지 않으려고 독일어 공부를 열심히 하게 되었다. 유재봉 선생님은 후일 대학교 교수를 역임하셨다고 한다.

그리고 3학년 재학 중, 같은 반의 친구가 과목 낙제로 재시험을 치르게 되었다고 나에게 대리시험을 쳐달라고 통사정하는 바람에 순진하게 대리시험을 치다가 그만 김재경 선생님께 발각되어 불이 나게 따귀 몇 대를 맞고 2주간의 정학 처분을 받은 적도 있었다.

내가 고등학교에 재학 중이던 1960년 4월 19일에 학생혁명이 일어났는데, 아버지는 민주당에 입당하시면서 포항시 의원에 출마하여 당선되었다. 위로 고모 한 분을 두고 외동아들로 자라신 아버지는 대인 관계가 대쪽 같아서 좋아하는 사람의 수는 극소수였으며, 얼렁뚱땅하는 사람들을 아주 싫어하던 성격이셨는데도 어떻게 표를 모아 당선되었는지 지금도 이해가 안 간다.

서울에 있는 경북대사대부고 동기들의 모임이 있는데, 나는 1987년부터 1988년까지 동기회 회장으로 봉사한 적이 있지만, 이선국, 김지훈, 고(故) 김길웅, 고(故) 이창수, 김능태가 회장으로 수고를 많이 한 기억이 있으며, 최근에는 특히 박두열 총무가 동기회를 위하여 애를 많이 쓰고 있다.

2·28 민주화운동 참여

1960년 정·부통령 선거에서 민주당의 대통령 후보 조병옥 선생이 선거 1개월을 앞두고 사망하였고, 3·15 부정선거로 이기붕 자유당 후보가 당선되었다. 바로 이 부정선거 때문에 1960년 4월 19일 학생혁명이 일어난 계기가 되었다. 그리고 그 직전인 1960년 2월 28일 내가 경북대사대부고 2학년에 재학하던 때에 대구에 있던 학생들이 대규모 항의 시위를 하였는데, 나도 그 대열에 참가하였다.

그 이유는 야당인 민주당의 부통령후보인 장면 박사의 선거유세가 일요일 대구 수성천 변에서 있을 예정이었는데, 학생들이 이 유세에 참가할 것 같아 일요일에 학교에 나오라고 무리하게 지시한 것이 도화선이 되어 대구의 많은 고등학교 재학생들이 대구 시내 중앙거리에서 부정선거운동 타도를 외치며 행진을 하였다. 이로 인하여 상당수의 학생들이 경찰에 잡혀가거나 얻어맞아 부상을 당하기도 하였다.

이러한 사실을 까맣게 잊고 지내던 2020년 10월 28일 나에게 2·28 민주화운동 유공자패가 전달되었다. 내가 2·28 민주화운동 유공자로 선정되는 데 대하여 동기생 박대원의 수고가 많았다고 전해 들었다.

2 · 28 민주운동유공자패 수령(2020. 10. 28.)

지식재산
강국을
꿈꾸라

제2장
—
청년학도로서

고려대 법학과 입학

    고등학교 입학시험에서 낙방의 쓴맛을 본 나는 당연히 대학교 선택을 신중하게 할 수밖에 없었다. 당시에는 국가고시제도가 있었는데, 나는 384점을 받아이 점수로 서울대학교 법학과로 입학원서를 내느냐 아니면 고려대학교 법학과로 입학원서를 내느냐 하는 갈림길에 있었다.

    이 두 대학교의 행정학과는 전통적으로 커트라인이 법학과보다는 훨씬 낮았다.

    결국 '소꼬리보다는 닭 머리가 낫다'라는 속담처럼 다시 한번 시련을 겪지 않으려고 고려대학교 법학과를 지원하여 합격하였다. 후일 알게 되었지만 내 점수로 서울대학교 법학과에 지원하였어도 합격선에 들어갈 수 있었다는 말을 들었다.

    고등학교를 졸업할 때까지 아버지 앞에 앉아 대화를 나눌 때는 꼭 무릎을 꿇어앉아 대화를 나누었으나, 대학교에 입학하자 이제부터 성인이 되었으니 평좌를 하여도 좋다고 허락하시어 해방된 기분을 느꼈으며, 특히 술을 제대로 마시는 요령과 매너를 가르쳐 주신다며 나를 기생집으로 데려가서 현장교육을 시키시던 추억이 새롭다.

    대학 1학년 때 오른쪽 눈의 시력이 차츰 떨어지면서 백내장이 오게 되어 대구 동산병원 안과 백준기 박사의 집도로 백내장 수술을 받게 되었다.

    당시 수술 후 침대 위에 판자를 깔고 환자 머리에는 석고를 하여 환자를 움직이지도 못하게 하고, 손과 발을 침대에 묶어 놓고 일주일을 버티게 하였는데, 하루가 지나면서 나는 허리가 아프기 시작하여 3일째에는 다리에 쥐가 나는 등 무거운 형벌을 받는 기분이었다.

대학 1학년 때 전 가족과 함께

한편 1년에 한 번 열리는 고·연전 체육대회 때에는 이기든 지든 선배들이 사주는 막걸리로 젊음을 불태운 추억이 지금도 생생하다.

어느 날은 이런 일도 있었다. 대학교 1학년 때 모처럼 청계천에 헌책을 사러 나가게 되었다. 서점 바로 앞에 작은 고추장을 담는 사기그릇 세 개를 엎어 놓고 이리저리 움직이면서 그 안에 있는 검정주머니가 어느 그릇에 있는지 맞추는 야바위꾼의 술수에 많은 사람들이 관심을 가지고 둘러싸고 있었다. 이 게임에 참가한 사람이 맞추게 되면, 본인이 걸어 놓은 돈의 3배를 준다고 약속하였다. 여러 사람이 맞추어 돈을 받아가는 모습을 보고 나도 호기심이 발동하여 그만 참가하게 되었다. 그리 어려운 일이 아니라고 판단하였다. 그러나 책을 사러 가져간 돈을 몽땅 그 야바위꾼에게 바쳤다. 나중에 알게 되었지만, 현장에서 돈을 받아간 사람들은 모두 야바위꾼과 같은 일행이었다.

대학교 재학시절 친구들은 검게 물들인 군복이나 교복 차림에 붉은색 군화를 염색한 검정 군화를 신고 매일 도서관에서 살다시피 하였다. 특히 고려대학교 본관 서쪽에 있는 옥탑방에서 20여 명의 친구들이 각종 국가고시 공부를 하던 시절이 그립다. 이 방에서 함께 공부하던 친구들이 대부분 사법시험, 행정고시, 변리사 등 국가고시에 합격하였다.

고려대를 졸업하면서(부모님, 두 여동생과 함께)

그 후 세월이 흘러 나는 변리사로서, 봉사인으로서 큰 업적을 달성하였다고 2013년 2월 19일 고려대학교 법과대학 교우회 김종빈 회장(전 검찰총장)으로부터 자랑스러운 고대 법대인 상패를 받게 되었다.

자랑스러운 고대법대인상을 수상하고 동기들과 함께, 필자(우로부터
다섯째), 이진강 대한변호사협회 회장(우로부터 둘째)(2013. 2. 19.)

자랑스러운 고대법대인 상패 수령(2013. 2. 19.)

입학30주년기념 모교방문 축제
일시 : 92. 10. 10 (토) 장소 : 모교인촌기념관

고려대 입학 30주년을 기념하여 모교를 방문하면서, 동기들과 함께
(둘째줄 우로부터 여덟째가 필자)

지도교수 추천으로 변리사시험에 응시

1966년에 대학교를 졸업한 이후 한쪽 시력이 거의 없기 때문에 신체검사에서 병종 판정을 받아 군대에 갈 수 없게 되어, 나는 고려대학교 대학원 법학과에 입학하여 공부를 계속할 수 있었다.

대학원 2학년 재학 시 사법시험 1차에 합격하여 2차 시험을 준비하던 중, 지도교수이셨던 고(故) 이윤영 교수께서 어느 날 나에게 뜻밖의 권고를 하셨다. 변리사시험에 응시하여 보지 않겠느냐는 것이었다. 나는 처음 들어본 직업이라 변리사가 무엇을 하는 직업이며, 특히 앞으로 전망이 있을지를 여쭈어보게 되었다. 이 때 이 교수님의 답변은 천연자원이 부족하고 인구가 많으나, 교육열이 높은 우리나라에서 향후 두뇌 재산을 다루는 변리사 업(業)의 전망이 좋을 것이라고 설명하셨다. 그러나 전망은 좋지만 10년 정도는 고생할 각오가 되어 있어야 변리사로 자리 잡을 것이라고 하셨다.

변리사시험에 합격

　그렇지 않아도 사법시험 2차 시험에서 낙방한 터에, 나의 은사님이신 고려대 법대 고(故) 이윤영 교수님의 권고에 귀가 솔깃하여 나는 1969년도 제8회 변리사시험에 응시하여 운 좋게도 합격하였다. 시험과목은 필수과목이 특허법, 실용신안법, 디자인법, 상표법과 관련 국제 조약이었고, 선택과목은 헌법, 행정법, 상법이었다. 그런데, 당시 나는 이런 시험과목을 준비하면서 이 시험이 행정고시인지 변리사시험인지를 분간할 수 없었다.

　아무튼, 이때 합격한 사람은 나와 국민대학교 법학과를 졸업한 충청북도 영동 출신의 이수웅 씨다. 이수웅 변리사는 내가 대한변리사회장을 맡기 직전 1994년부터 2년간 대한변리사회장을 역임한 변리사로서 나와 시험 동기다.

잊지 못할 대학원 시절

대학원 2학년 재학 시 서울 종로구 숭인동에서 하숙할 때의 일이다. 포항에서 초등학교를 졸업한 남동생은 경복중학교에 입학시험을 쳤으나, 낙방하여 내가 1년간 데리고 하숙하면서 학원에 보내고 있었다.

어느 날 저녁 해 질 무렵, 동생은 숭인동 버스 정류장에서 주웠다고 하면서 비닐봉투가 들어있는 보자기를 들고 집에 돌아왔다. 그래서 보자기를 펼쳐 보니 수표와 현찰이 가득 들어있었다. 나는 잃어버린 사람의 심정을 생각하여 잠시도 지체하지 않고 동생을 데리고 숭인동 파출소에 가서 신고를 하였다. 나와 동생은 그 돈이 집을 팔았거나 사기 위한 돈으로만 짐작하였을 뿐, 그 액수가 얼마인지 세어보지도 않았다.

당시 내가 아는 법률 상식에 의하면, 그 돈 주인을 찾게 되면 그 사람은 나에게 유실물법에 따라 상당한 사례를 할 것이라고 기대하였다. 그러나 그 후 경찰에서 아무런 연락이 없는 거로 미루어 볼 때, 그 돈을 잃어버린 사람을 찾지 못하였거나, 돈이 도중에서 증발한 것이 아닌가 추측된다.

한편 대학원 동기생인 서광민은 제주대학교 법학과를 졸업하고 나와 같이 고려대학교 대학원에서 석사학위를 취득한 후, 독일로 건너가 유학하고 돌아와 고려대학교에서 법학박사 학위를 받고는 서강대학교에서 법학과 교수로 정년퇴직하였는데, 성실한 학자로서 나의 좋은 인생 반려자이다.

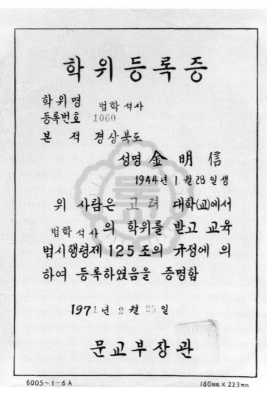

고려대 법학석사 학위등록증(1971. 2. 25.)

제3장
—
사랑하는 나의 가족

재산을 남긴
식국국다
자강꿈

사랑하는 나의 가족

대학원을 졸업하고 변리사시험에 합격하여 변리사로서 일하던 1974년 5월, 나는 서울 종로예식장에서 고려대학교 대학원 지도교수이시었던 고(故) 이윤영 교수님의 주례로 지금의 아내와 결혼하였다.

아내는 위로 오빠와 언니, 아래로 여동생 셋과 남동생 하나를 둔 7남매의 둘째 딸로서 나와 동갑이었다. 우연한 계기에 서로 만나 2년의 연애 끝에 결혼을 하였다. 그런데 결혼 후에 알게 된 사실이지만, 아버지는 당시에 전국적으로 유명하였던 백운학 선생에게 많은 보수를 주고 나도 모르게 아내의 사주는 물론이고 관상까지 본 후, 백운학 선생의 권고에 따라 결혼을 승낙하셨다고 하였다.

내가 대학원을 졸업할 때까지는 비교적 가정형편이 좋았으나, 그 이후에는 아버지의 수산업이 내리막길을 걷고 있었다. 나는 어려운 여건이었지만 동생들을 서울로 데려와 공부시키기 위하여 전세를 얻어 친척 할머니의 도움으로 자취를 하면서 생활하였다.

결혼 당시 나의 첫째 여동생은 대학 졸업 후 결혼하였으나, 둘째 여동생은 포항여중을 수석으로 졸업하고 경기여고를 거쳐 연세대학교를 다녔으며, 남동생은 용산중학교와 용산고등학교를 거쳐 한양대학교를 다녔고, 셋째 여동생은 숙명여대를 다녔다.

결혼식 사진

　나는 낮에는 변리사사무소 직원과 대학의 시간강사로, 그리고 밤이면 고등학생들의 과외선생으로 일하며 동생들의 학비를 벌었다. 공학 분야에 대한 지식이 전무하던 나는 변리사자격으로 외국사건을 유치하기 위하여 외국으로 출장 다니느라 거의 가정을 돌볼 수 없었다. 이 시기에 나의 사무소는 서울시청 앞 삼정빌딩에 있었는데, 주말에도 거의 매일 밤 9시까지 일하곤 하였다. 이렇게 하여도 한꺼번에 셋이나 되는 동생들을 대학에 보내기가 어려워 부득이 남동생을 재학 중에 군대로 보내게 되었다. 아내는 올케나 형수가 아닌 부모와 같은 심정으로 내 동생들을 헌신적으로 보살펴 주었는데, 그 고마움은 영원히 잊을 수가 없다.

　서울 서대문구에서 전세를 얻어 신혼생활을 시작한 지 2년쯤 된 1976년, 가까운 위치에 있는 1층 단독주택을 구입하게 되었는데, 싼 가격에 좋은 조건이어서 비교적 수월하게 집을 장만하게 되었다고 생각한다. 그리고 몇 년 후 다시 서울 서대문구에 조그마한 정원이 있는 2층 주택을 마련하면서 조금씩 생활이 안정되어 갔다. 이 집에서 아버지와 어머니의 장례도 치렀다.

나는 1남 1녀를 두었는데, 아들은 대학을 졸업하고 주식회사 메이슨의 전무로 재직하던 중에 결혼하였고, 딸도 대학을 졸업하고 결혼하여 아들 둘을 두었다. 첫째 여동생은 고등학교 교사로 재직 중에 결혼하여 딸과 아들을 두었고, 둘째 여동생은 상계 백병원 재직 중에 결혼하여 아들을 두었다. 남동생은 삼환기업주식회사 재직 중에 결혼하여 아들과 딸을 두었고, 셋째 여동생은 서울아산병원 재직 중에 결혼하여 딸 둘과 아들 하나를 두었다. 넷째 여동생은 홍익대 미대를 졸업하고 기성복 위에 그림을 그리는 패션회사를 운영하던 중에 결혼하여 딸과 아들을 두었는데, 지금은 시드니에서 살고 있다.

가족사진

아내의 지혜로운 결단, 증여재산의 분할

1988년 올림픽이 개최되던 해에 아버지는 췌장암으로 돌아가셨다. 워낙 술을 좋아하셔서 췌장염이 악화된 것이었다. 아버지는 당신의 사업이 어려워지면서 내가 다섯 동생들을 모두 서울로 데려와 공부시키느라 수고가 많았다고 하시면서 당신이 마지막 재산으로 가지고 있던 토지를 나에게 전부 증여해 주시겠다고 하셨다. 이 땅은 롯데백화점이 있는 위치로서, 전에는 밭이었는데, 포항시 도시계획으로 묶여 있다가 후일 대지로 형질 변경되어 꽤 자산 가치가 있게 되었다. 아버지의 마지막 남은 재산을 전부 내 이름으로 이전할 것인지를 두고 몇 달간 고민 하게 되었다.

그러던 어느 날 아내에게 나의 고민을 토로하였더니, 아내의 대답이 단호하였다.

포항에서 다섯 동생들을 전부 서울로 데려와 갖은 고생을 하면서 공부시켜 왔는데, 이제 와서 아버지의 남은 재산을 전부 당신이 가지게 되면, 지금까지 우리 두 사람이 열심히 동생들을 공부시켜 온 보람이 없어지게 되니까 법정 상속분대로 증여를 해주는 것이 좋겠다는 의견이었다. 아내와 결혼하여 살면서 이토록 고맙고 지혜로운 결정은 처음이었다. 더 이상 고민할 필요가 없게 되었고, 무거운 짐을 내려놓을 수 있게 되었다.

어느 날, 내가 형제들 명의로 이전해서 보관하고 있던 토지등기 서류를 동생들에게 전해주었더니 "그동안 우리를 가르쳐 준 것만으로도 고마운데 이렇게까지 배려할 줄은 꿈에도 몰랐다."라고 하면서 좋아하였다. 그 후 이렇게 분할 등기된 재산에 대하여 시세보다 후하게 내가 전부 사들여 제삼자에게 매도하게 되었는데, 그때 만약 그 토지를 전부 내 이름으로 이전하였더라면 오늘날 동생들로부터 제대로 된 대접을 받을 수가 없지 않았을까 하는 생각이 들게 되어, 다시 한번 아내의 지혜로운 결단에 감사하지 않을 수 없다.

이렇게 아버지의 토지를 증여받아 동생들에게 이전하여 준 뒤, 1989년 어느 봄날에 어머니는 친구분들과 화전놀이를 가셨다가 관광버스에서 내리면서 발을 헛디뎌 목뼈의 신경을 다치는 바람에 몇 달을 고생하시다가 안타깝게도 운명하시게 되었다.

제4장
—
나의 인생

특허청장 발령 대기

　김영삼 대통령 집권 시기였던 1998년, 어느 날 특허청장으로 발령 날 가능성이 있으니 마음의 준비를 해야 하는 조짐이 있었다. 마포경찰서 정보과 직원과 국가정보원 직원들이 내 사무소를 방문하면서 무언가 정보를 수집하고 있었는데, 나는 도무지 무슨 영문인지 몰라 궁금하여 살짝 그 연유를 물어보았더니 구체적인 자리는 알 수 없으나, 공무원으로 물망에 오르고 있는 것 같다는 귀띔이었다. 또한 변리사회와 주변 변리사들에게도 나에 대한 평판을 은밀히 조사하고 있음을 알게 되었다. 내가 이리저리 궁리하여 보아도 평생을 변리사로 일하여 온 사람이 공직으로 간다면 특허청밖에 없기 때문에 특허청장 자리라고 추측할 수밖에 없었다.

　당시 언론에 소개된 보도들을 보면, 김영삼 대통령은 가능하면, 실무전문가들을 차관급으로 발령할 방침이라고 발표하였기 때문에 이렇게 추측하였고, 내가 사무소에 출근하지 않더라도 사건을 처리할 수 있도록 준비하느라 심적으로 여간 바쁘지 않았다. 그러다 보니 평상시와는 달리 새벽에 일찍 일어나서 메모도 하고 저녁 늦게까지 서류정리도 하는 내 모습을 보고 있던 아내가 나의 신상에 중대한 변화가 있다고 느꼈던 모양이다.

　어느 날 저녁, 아내는 심각한 얼굴로 필시 여자 문제로 고민하는 것 같은데 이실직고를 하면 도와주겠다는 것이었다. 사실 여자 문제가 아니라, 팔자에 없던 공직 하마평 때문에 고민하고 있었는데 이러한 사실을 바로 아내에게 털어놓을 수도 없었다. 왜냐하면 털어놓았다가 나중에 발령이 나지 않으면 그보다 더 싱거운 일이 없기 때문이었다. 이런 고생을 두 달쯤 한 후에 신문과 방송을 통하여 김수동 차장이 특허청장으로 발령 났다고 발표 난 후에야 그동안의 경위를 아내에게 전부 털어놓았다. 그랬더니 나를 너무나 의심하여 본인도 괴로웠다고 아내도 고백하였다. 종전에는 개인 사무소를 운영하여 오다가 이때 합동특허법률사무소로 조직을 변경한 것은 내가 공직으로 가더라도 사무소를 유지하여야 하였기 때문이었다.

국회의원 도전

국제라이온스협회 354복합지구 의장직을 마치고 2년이 지난 2004년 8월 어느 날, 아내의 눈치를 보면서 국회의원으로 도전하고자, 밀어 달라고 요청하였더니, 아내는 정치판에 나서려면 아예 이혼에 합의하고 아내가 요구하는 합의금을 달라고 완강하게 반대하였다.

사실 나는 그동안 대한변리사회 회장, 아시아변리사협회 회장을 역임하면서, 평양라이온스안과병원 설립 운동, 국내외 안과 환자들에게 무료수술사업 전개, 전국의 라이온스 회원들을 위한 KBS TV 열린음악회 개최, 상암동 월드컵경기장 옆 판자촌 미화운동 및 라이온스 동산 조성 등 봉사단체의 리더로서 모범적으로 봉사하여 왔기 때문에 한번 도전해 볼 계획을 갖고 있었다. 아무튼 아내가 사생 결단으로 반대하였기 때문에 정치인의 길을 포기하게 되었지만, 지금 생각하면 이때 아내가 또 한 번 현명한 결단을 내렸다고 감사할 따름이다.

한편, 어느 해인가 나는 이상희 전 국회의원을 통하여 젊은 이공계 출신 여성 변리사로서, 마땅한 사람이 있으면, 전국구 국회의원으로 추천할 수 있다는 전갈을 받았다. 그리하여 백방으로 수소문하여 보았으나, 유능한 이공계 출신 여성 변리사를 찾기란 여간 어려운 일이 아니었다.

마침 미국 변호사 자격을 가진 약학 전공의 L 변리사를 찾게 되었고, 평소에 잘 알고 지내던 그녀의 아버지(변리사)를 설득하여 어렵게 승낙도 받았으며, 그녀가 근무하던 T 법무법인 오너 변호사의 승낙을 받아 마침내 본인의 동의하에 모 정당에 추천할 예정이었다. 그러나 얼마 후, L 변리사는 자신의 신상 문제로 도저히 국회의원 업무를 수행할 수 없게 되었다고 토로하여 천신만고 끝에 성사시킨 전국구 국회의원 자리를 다른 여성과학계 사람에게 양보하게 되었던 일화도 있다.

줄기세포치료 부작용으로 인공관절수술

좋아하던 골프를 하면서 언제부턴가 왼쪽 무릎에 통증을 느끼기 시작하였다. 검사를 하여 본 결과, 무릎 연골이 찢어졌다고 하여 이를 꿰매는 수술을 받았다.

이때 평소에 잘 알고 지내던 분의 소개로 줄기세포를 무릎에 주입하면 연골조직이 재생한다고 하여 2015년 내 몸에서 줄기세포를 추출하여 이를 배양하여 둔 일본 오사카의 일본인 정형외과 의사로부터 줄기세포치료를 받게 되었다. 이때에는 이와 같은 줄기세포치료가 한국 내에서 불법이었기 때문에 많은 사람들이 일본에 가서 치료를 받았다.

줄기세포 주사를 맞은 오후 3시쯤부터 휴식을 취한 후, 일본 오사카의 신사이바시(心齋橋)에 있는 니코 오사카(日航 大阪)호텔로 돌아와 숙박하게 되었는데, 저녁 10시쯤 되니 갑자기 머리에 열이 나면서 주사 맞은 왼쪽 무릎에 엄청난 통증을 느끼게 되었다. 호텔 당직자에게 부탁하여 진통제를 먹었으나, 도무지 통증 때문에 잠을 이룰 수 없었다. 일본 정형외과 의사와 한국의 정형외과 의사에게 전화로 상담하여 보니 아주 드물게 나타나는 부작용이었다고 한다. 그리하여 귀국 후, 줄기세포 치료비를 받은 한국의 정형외과 의사로부터 줄기세포 치료비 전액을 환불받게 되었다.

이후에도 여전히 왼쪽 무릎의 통증이 가시지 않아 2017년 9월에는 분당 서울대병원 정형외과 김태균 교수의 집도로 인공관절 수술을 받게 되었다. 몇 달간의 재활치료 기간에는 불편하였으나, 지금은 보행에 전혀 지장이 없게 되었다. 진작 인공관절 수술을 할 것을 망설이다가 그동안 고생만 하였다고 후회하게 되었다.

고혈압으로 쓰러지면서까지

2000년부터 국제라이온스협회 354-A지구 총재 선거운동이 시작되어 2001년 4월 라이온스 총재선거, 2001년 7월 1일부터 354-A 지구 총재 겸 354복합지구(서울 3개 지구, 경기, 인천, 강원, 제주지구) 의장 업무를 시작하여 2002년 6월 30일까지 수행하였다. 또 2000년 11월 필리핀 세부(Cebu)에서 개최된 아시아변리사협회 정기총회에서 회장으로 당선되어 2003년 10월까지 회장 업무를 수행하면서, 한편으로 내 개인 사무소의 업무도 처리해야 했다. 때문에 이 시기의 스트레스와 과로는 이만저만이 아니었다. 나는 평소에 운동을 즐기는 편이 아니어서 피로가 쌓이면 술로 해결하는 경향이 있었다.

2005년 어느 날 갑자기 자다가 코피를 많이 흘리게 되었는데, 이는 평상시에 흘리던 코피가 아니었다. 머리를 뒤로 젖히면 코피 때문에 숨이 막힐 지경이었고, 고개를 숙이면 코피가 한없이 흘러나왔다. 간신히 진정시킨 후, 날이 밝아지자 바로 신촌에 있는 세브란스병원 응급실로 가서 진단을 받은 결과, 혈압이 높아 코로 피가 터져 나왔다는 것이었다. 응급조치와 투약으로 몇 달간 혈압을 어느 정도 진정시킨 후에 당시 임상시험 중이었던 혈관 청소용 주사 주입 시술도 받았다. 더불어 양파즙과 마늘즙을 복용하면서 채식을 강행하는 등 죽기 살기로 체중을 줄이면서 술과 커피를 멀리하고 온갖 좋다는 민간요법을 모두 시도하게 되었다.

이런 시련의 기간이 1년쯤 지나면서 먼저 체중이 줄고 코피가 나지 않게 되어, 다시 세브란스병원에 가서 진찰하여 보니 모든 신체 상황이 상당히 호전되었다고 하여, 또다시 종전의 민간요법과 임상시험 중이었던 혈관청소 주사의 주입을 계속하게 되었는데, 처음 발병한 날로부터 2년이 경과하여 정밀검사를 하여 보니 놀라운 결과가 나타났다. 심장에 막혀 있던 혈관의 90%가 원활하게 순환되고 있으며, 심장의 실핏줄이 확장되어 모자라는 피의 순환을 돕고 있다는 것이었다. 천우신조였다. 주치의 장양수 교수는 어떤 처방과 무슨 요법을 하였길래 상태가 호전되었는지 알려 달라고 하였는데, 이런 특이한 케이스가 세브란스병원 설립 이래 세 번째 경우였다고 하였다. 사실 나는 모든 방법을 모두 동원하였기 때문에 어느 약과 어느 처방, 어느 시술 때문이었는지 모른다고 대답하였을 때, 장 교수는 어처구니가 없다는 표정이었다.

심한 증상일 때 느끼던 가슴의 통증이 사라졌으며, 이제는 고혈압 약을 1년에 한 번 처방받을 정도로 건강이 회복되어 당뇨병 초기의 약만 복용하고 있다. 나는 어떤 일이든 한번 시작하면 끝장을 보는 성격이라 건강을 돌보지 않았던 것이 그 원인이었다. 결론은 과로, 스트레스, 수면 부족, 음주, 운동 부족, 이 모든 것이 나를 죽음의 문턱까지 안내하였던 것이었다.

나의 취미

　중학교 2학년 때 학교에 악대가 생겨 악장을 할 때 틈틈이 배운 드럼이 전부였으나, 1993년 지금의 연희동 단독주택으로 이사 오면서 지하에 드럼과 피아노 그리고 가라오케와 각종 술이 있는 홈바(Home Bar)를 만들게 되었다.

　처음에는 가라오케를 틀어 놓고 딸이 피아노를 연주하면서 내가 드럼을 치곤 했었는데, 딸이 시집간 후에는 거의 개점휴업이었다. 야마하(YAMAHA) 드럼이 싫증 날 무렵 사위가 전자 드럼을 사주어, 그동안 즐기던 야마하 드럼은 나에게 드럼을 가르쳐 준 선생님께 선물로 드렸다. 시간 날 때 혼자서 가라오케 음악을 틀어 놓고 연습을 하기도 하였지만, 집에서 가까운 곳에 악기 연습학원이 생겨, 이곳에서 조갑출 선생으로부터 드럼을 본격적으로 배울 수 있게 되었다.

　2019년 10월 31일 유니세프 한국위원회 창립

홈바

25주년 기념공연 때에는 나도 전자 드럼을 가지고 참여하여 대전에 있는 퓨전 국악밴드 '에이도스'와 함께 '라밤바'와 '댄싱퀸' 등을 함께 연주하였다.

1962년의 일이다. 고려대학교 법학과에 입학하여 1학년 재학 중, 서울 중구 회현동에 있던 지금의 신세계 백화점 꼭대기 층에 김광수 악단이 저녁마다 생음악을 연주하는 극장식 레스토랑이 있었다.

그때는 드럼을 가르치는 학원이 없었기 때문에 악기 청소와 잔심부름을 열심히 하겠으니 드럼을 배우게 해달라고 김광수 단장에게 간청을 하였다. 그랬더니 김 악단장은 내가 어느 학교에 다니느냐고 물으면서 학생증을 보여 달라기에 고대 법학과에 다닌다고 하면서 학생증을 보여주었더니 대뜸 "내가 그래도 한국에서 음악연주로 성공한 사람인데도 겨우 생활을 유지하는 정도이고, 악단원들은 생활이 아주 어렵다."라고 하시면서 "취미로라도 아예 드럼을 배우지 말라"라고 크게 꾸짖었다. 이때만 하더라도 음악을 연주하는 사람들의 생활이 얼마나 어려웠는지는 쉽게 알 수 있었다.

스위스여행 시 현지 공연에 참가

세월이 지나 지금은 취미로 가끔 드럼을 연주하지만, 나에게 뼈저린 충고를

국제라이온스협회 이태섭 회장 당선 파티. 덴버에서 축하 공연

유니세프 한국위원회 창립 25주년 기념공연(우로부터 다섯째가 필자)

해 주셨던 김광수 선생을 또 한 분의 인생 멘토로 생각하고 있다.

카리브 음악 연주

나는 골프에 입문한 지는 30년 정도가 된다. 변리사로 어느 정도 자리를 잡은 후에 아내에게 골프를 가르치게 된 지 3년쯤 되었을 때, 원주에 있는 오크밸리 골프장이나 일본 가고시마에 있는 공항36골프장을 아내와 같이 이용하였다. 오크밸리 골프장은 회원이면 아침 일찍 두 사람이 골프를 할 수 있도록 배려해 주었기 때문에 편리하였는데, 오크밸리콘도 회원권도 있어 숙박을 한 후, 다음 날 아침 일찍 라운딩을 하거나 하루 더 숙박하면서 아내와 골프를 치는 경우가 많았다.

일본 가고시마(鹿児島)에 있는 공항36골프장은 일본 친구의 소개로 회원권을 사게 되었는데, 내가 회원권을 구입하던 2008년 5월에는 한국인 회원이 별로 없었다. 그러나 이 골프장 사장에게 내가 한국 회원들에게 회원권 가격을 반으로 내리도록 권유하여 800여 명의 한국 회원들을 확보하게 되었고, 이러한 공로로 나는 무기명 회원권을 가지게 되었다. 이 공항36골프장은 페어웨이까지 두 사람이 캐디를 동반하여 카트를 운행할 수 있어 나는 항상 아내와 2인 플레이로 황제골프를 치면서 즐기곤 하였다. 가고시마로 골프를 치러 갈 때에는 항상 기리시마(霧島)에 있는 캐슬호텔이라는 온천 호텔에 숙박하였는데, 온천물이 좋을 뿐만 아니라 방이 비교적 넓어 안락감이 있었으며 특히 뷔페 음식이 다양하여 인기가 있었다.

그런데 문제는 아내와 내기골프를 하는 날이면 거의 내가 졌기 때문에 그리 유쾌하지 않았다. 아내는 중·고등학교 재학 시 배구선수 출신이어서 그런지 스포츠 감각이 뛰어난 데다 스코어가 나보다 좋아서, 나와 내기만 하면 거의 대부분 아내가 이겼다. 아내는 비록 비거리는 짧으나 실수가 없는 편임에 반해, 나는 비거리는 비교적 긴 편이나, 스코어 관리가 되지 않는 스포츠 둔재였음을 시인하지 않을 수 없다. 2017년 9월 왼쪽 무릎에 인공관절 수술을 하고는 골프가 무리인 것 같아 골프를 그만두게 되었다.

금강산 관광

내가 라이온스 총재를 할 때, 나를 직접적으로 도와준 지역부총재, 지대위원 장들과 그 부인들 일행과 함께 금강산 관광을 간 2008년 6월의 일이다.

최초 금강산 관광은 속초에서 배를 타고 동해로 나갔다가 북한으로 갔었는데, 우리 일행은 강원도 최북단인 고성에서 육로로 버스를 타고 금강산으로 바로 갔다. 금강산으로 가는 도로에 띄엄띄엄 도열해 있던 북한 군인들은 하나같이 새까만 얼굴을 하고 키가 작은 군인들이었다. 나중에 알고 보니 얼굴이 까만 것과 키가 대체로 작은 이유는 영양실조 때문이라고 들었으며, 그나마 북한 전역에서 키가 크고 잘생긴 군인들만 선발하였다는 소문이었다.

현대그룹에서 건설한 금강산호텔에 묵게 되었는데, 도착한 날 저녁에는 북한이 자랑하는 서커스를 보게 되었다. 내 어릴 적에 본 남한 쪽의 서커스와는 현격한 수준 차이가 있었으며, 고도의 훈련을 받아야 가능한 쇼여서 우리 일행들은 감탄하였다.

다음날 금강산을 올라가게 되었는데 과연 천하의 명산이라 자랑하여도 손색이 없었다. 기암절벽에 수정처럼 맑은 물이 흐르는 내금강과 외금강, 그리고 내금강 장안사 등 과연 우리 민족의 금강산으로 칭송을 받아 마땅하다고 생각되었다. 가는 곳마다 군인이나 안내원이 지키고 있었는데, 잊을 수 없는 추억은 금강산의 여기저기에 설치한 간이 화장실의 사용료였다. 소변은 1달러, 대변은 2달러였는데, 일행 중 한 사람이 장난으로 2달러를 지불해야 할 것을 1달러만 내고 나왔더니 밖에서 지키고 있던 안내원이 1달러를 추가로 내라고 하였다. 그래서 자기는 소변만 보고 나왔다고 우기니까 그 안내원은 소리만 들어도 다 알고 있으니 1달러를 더 내라고 하여 결국 2달러를 지불하였는데, 그 기막힌 절대 청각에 놀라지 않을 수 없었다.

우리 일행들이 금강산을 다녀온 그다음 달 7월에 한국의 관광객 박왕자 씨가 북한군 초병의 총격으로 사망하면서 그만 금강산 관광이 중단되어 오늘에 이르게 되어, 안타깝기 그지없다.

금강산호텔 앞(필자는 뒷줄 좌로부터 넷째)

부동산과 행운

지금까지 살아오면서 부동산을 살 때마다 나는 몇 번의 큰 행운이 있었다.

1976년 생전 처음으로 서울 서대문구의 1층 단독주택을 구입할 때에는 매도인이 빚에 몰려 도망 다니면서 판 집이어서 집값을 조금씩 여러 번 나누어 지불하여 달라고 나에게 부탁하는 바람에 아주 쉽게 구입하였다.

그 후 1983년에 이사 간 서울 서대문구의 2층 단독주택은 감나무, 등나무와 잔디가 있는 집이었는데, 내가 어릴 때 정원이 없는 집에서 자란 탓인지 마음에 쏙 들었다. 그런데 이 집 역시 집주인이 갑자기 이민을 가게 되어 싼 값에 매입하게 되었다.

지금 살고 있는 서울 서대문구 연희동의 지상 2층, 지하 1층의 단독주택은 지인의 소개로 경매로 나온 집이라하여 알아본 결과, 집의 위치와 경관이 좋을 뿐만 아니라, 큰 정원이 있어 경매에 참가하여 운 좋게 낙찰받은 집이다.

서울 마포구 도화동에 있는 진도빌딩은 1988년에 부동산에 일가견이 있는 고향 친구의 권유로 14층 빌딩의 12층 한 층을 샀더니, 얼마 지나지 않아 이 건물 앞으로 지하철 5호선이 지나간다고 발표되었으며, 그 후에도 더 구입하는 것이 좋겠다고 하여 몇 개 층을 추가로 구입하였더니 이번에는 5호선 마포 전철역이 건물 바로 앞에 건설되는 것이 아닌가?

이 친구의 권유로 조금씩 사 모으다 보니 이제는 이 건물에서 지분이 제일 많은 부동산 임대회사를 설립하게 되었다. 옛날에는 비만 오면 질퍽거리던 마포 전철 종점 지역이 이제는 마포 공덕동 로터리에 지하철이 5개나 지나가게 되면서 땅값과 건물가격이 크게 올라 재미를 보게 되었다.

2013년 어느 여름날, 후배 한 사람이 나에게 다급한 전화를 걸어왔다. 전화한 용건은 수원시에 농지로 있던 땅이 수원시의 도시계획으로 성토되어 대지로 형질 변경되었는데, 60%는 수원시에 기부하고 남은 40%의 토지를 구입하면 전망이 좋다는 것이다. 특히 현재의 농지소유자는 소송에 휘말리어 금명간 이 토지를 매도하지 않으면 안 될 처지에 있다고 했다.

진도빌딩 건물

그다음 날인 월요일에 수원 현지에 내려가 보았다. 땅의 위치나 가격은 마음에 들었으나 매도인의 긴급한 사정 때문에 금요일에 계약금을 지불하고 3일 후인 월요일에 잔금을 치러야 한다는 것이었다. 그래서 부득이 금요일에 계약은 하였으나, 큰 채무변제 때문에 긴급하게 매도하는 사정으로 미루어 볼 때, 제삼자의 채권행사로 토지에 압류나 가처분이 되어 있으면, 토지 이전등기가 불가능하므로 잔금을 치르는 월요일에 법무사를 수원지방법원 등기소로 보내어 혹시 법적 문제가 있는지의 여부를 신속하게 조사하여 보도록 하였다. 다행히 다른 복잡한 법적 문제는 없었기 때문에 새마을금고에서 빌린 돈을 갚으면서 잔금을 지불하고 매매계약을 완료하게 되었다.

이렇게 우연한 계기에 소개받은 토지매매로 고생은 하였지만, 땅을 매입한 지 8년 만인 2021년 3월에 매도하게 되었는데, 매입 시 토지가보다 상당히 비싸게 팔게 되었다. 이는 어디까지나 운이 좋았던 덕분이지 내가 노력한다고 될 일이 아니었다. 그러나 양도소득세와 주민세가 양도차익의 약 50%나 되어 크게 놀라기도 하였다. 앞으로 이렇게 위험부담이 큰 부동산 매입은 절대로 하지 않겠다고 다짐을 하게 되었다.

하지만 지금까지 딱 한 번의 불운이 있었다.
서울 강남구 논현동 사거리의 6층 건물이 경매로 나왔는데 당시 건물 옥상의 전광판 임대수입만 연간 6,000만 원이었다. 그런데 나는 불과 약간의 금액 차이로 낙찰을 받을 수 없게 되었는데, 지금도 이 거리를 지나갈 때면 가끔 아쉬운 생각이 들곤 한다.

제5편
못다 한 이야기

국민제안에 대한 보상

어느 시대 어느 사회이든 모든 분야에 사회갈등이 있기 마련이다.

2012년 한 해 우리나라의 형사고소 및 민사 소송사건이 무려 632만 건에 달하였다는 사법연감 통계가 있는데, 이를 일본의 사건 수와 인구로 대비하여 보면 무려 4배에 달한다. 우리나라의 1인당국민소득이 3만 달러에 달하고, 무역규모가 전 세계 8위를 달성하였다고 자랑해 보아야 이렇게 많은 사회적 갈등을 가지고 있는 한, 국민들의 행복지수는 여전히 낮을 것이다.

도대체 우리가 어떤 사회적 환경을 가지고 있길래 이와 같은 사태가 벌어지고 있을까? 언제부터인가 "빨리빨리" 문화가 정착해 가면서 무조건 고소나 소송을 제기하여 놓고 보자는 심리도 크게 작용하고 있으며, 타협을 모르는 일부 정치인들의 '한건주의' 행태도 일조하였다고 본다. 그 원인이 어디에 있든 간에 '어떻게 하면 지나친 국민들의 갈등을 완화시켜 주는 묘안이 없을까?'하고 고민한 끝에 국민제안에 대한 보상제도를 생각하게 되었다.

지금까지 우리나라는 대부분의 정책이 대통령, 장관, 국회의원 또는 사회지도층이 제안하여 톱 다운 방식으로 시행되어 왔으나, 이제는 반대로 국민들의 정책 제안을 공개적으로 모집하여 시행하여 보자는 것이다.

현재 정부에서 시행하고 있는 「민원사무처리에 관한 법률」을 보면, 좋은 제안을 하더라고 상당한 보상이 뒤따르는 조항이 없기 때문에 그 효과가 크지 않다고 생각된다. 흔한 표창장 정도로는 획기적인 제안이 나올 수 없다.

전기절약의 예를 들어 본다. 우리나라의 전기료는 개인국민소득 수준과 대비하여 볼 때, 국제적으로 아주 싼 편에 속한다. 그러나 전기료 인상에 따른 물가 상승을 우려하는 정부는 전기료 인상을 억제하고 있다. 예를 들어, 500억 원을 종잣돈으로 하여 전 국민들을 대상으로 전기절약정책에 관한 국민제안을 받아 보면 어떨까?

훌륭한 정책 제안이 나오면 이에 대하여 엄격한 심사를 거쳐 채택하고, 채택되면 제안자의 성명을 공개하면서 그 보상은 매월 연금형식으로 500만 원을 10년 정도 지급하면 좋겠다. 이렇게 해 보아도 당첨된 국민에게 6억 원의 보상금이 지급되는 것이며, 국가적으로 엄청난 예산 절약이 가능하게 된다.

만약 이러한 보상제도를 각 분야에서 시행한다면, 서로 헐뜯고 비난하고 시기하는 시간에 국가재정에 큰 도움을 주면서 자신에게도 물질적으로 큰 도움이 되는 정책 제안에 집중하게 되므로 사회갈등을 간접적으로 감소시키는 효과가 있을 뿐만 아니라, 전반적인 사회분위기를 생산적으로 전환시킬 수 있을 것이다. 내가 알기로는 그 어떤 나라에서도 이러한 제도를 시행하고 있는 나라는 없다.

(부록 2011년 4월 19일 중앙일보『국민제안제도 시행 필요하다』, 2015년 10월 13일『한국경제』「소송 만능주의 제도개선 시급하다」참조)

오늘이 있기까지

먼저 나를 변리사의 길로 인도하여 주셨던 고려대학교 법과대학 고(故) 이운영 교수님께 특별한 감사의 말씀을 드린다. 나는 비교적 젊은 나이에 이공학의 배경도 없이 외국사건을 취급하는 변리사로 출발하여 50년간 운도 좋았지만, 많은 분들의 도움으로 성공하였다고 믿는다.

먼저 내가 신세를 진 회사와 사람들이 많이 있지만, 그중에서도 다음의 회사들과 사람들의 고마움을 잊을 수가 없다.

지식재산제도와 변리사제도의 개선 운동을 할 때에는 언제나 나를 지지하여 주신 이상희 전(前) 회장, 쌍방울(주) 고(故) 이봉녕 회장, 미국 미시간주 마스터 데이터센터(주), 일본 가부시키가이샤 도시바(株式会社 東芝), 닌텐도(任天堂) 가부시키가이샤, 크로바 가부시키가이샤 고(故) 오카다 히데가즈(岡田 秀一) 사장, 프랑스 파리의 산업재산권 및 저작권 보호를 위한 제조업자 연합회(U.D.F.), 네덜란드의 DSM그룹, 일본 도쿄 웬핑(Wenping)의 고(故) 라이 도시후미(賴 俊文) 회장, 일본 도쿄의 요시다 겐지(吉田 硏二) 변리사, 일본 오사카의 츠타다 마사토(蔦田 正人) 변리사, 고(故) 히구치 도요하루(樋口 豊治) 변리사, 츠지모토 가즈요시(辻本 一義) 변리사, 프랑스 파리의 알랭 트리에(Alain Thrierr) 변호사, 독일 뮌헨의 고(故) 볼케어 보시우스(Volker Vossius) 변리사, 미국 뉴욕의 고(故) 에드워드 더블유 그리슨(Edward W. Greason) 변리사, 캐나다 오타와의 에드윈 게일(Edwin Gale) 변리사, 중국 베이징의 웨이 치수에(Wei Chixue) 변호사, 대만 타이페이의 패트릭 윤(Patrick Yun) 변리사, 싱가포르의 머지아나 하크(Murgiana Haq) 변호사, 미국 뉴욕의 에릭 지솔피(Eric Gisolfi) 변호사, 영국 런던의 브리파(Briffa) 사무소, 이탈리아 밀라노의 토르타(Torta) 사무소, 프랑스 파리의 마크 사바티에(Marc Sabatier) 사무소, 소데마(Sodema) 사무소, 스위스 제네바의 리치몬드(Richmond) 사무소, 태국 방콕의 돔네른 솜지아트 앤드 분마(Domnern Somgiat & Boonma) 사무소에게 진심으로 감사를 드린다.

1972년에 개업한 이래, 1986년경부터 많은 사건이 들어왔는데 이때 영문보고서는 서울대 조선항공학과 출신의 한상익 부장이 담당하였고 일본어 보고서는 방의순 부장이 담당하였다. 당시 글자 한 자씩 픽업하여 공판타자기로 일본어 보고서를 작성하는 데에 너무나 많은 시간이 소요되어 내가 일본에서 도시바의 첫 일본어 워드프로세서를 구입가, 보험료, 포장비, 운반료 및 관세 포함하여 약 1,000만 원에 사서 귀국하니까 방의순 부장이 뛸 듯이 좋아하던 모습이 눈에 선하다.

공판타자기

그러나 이 일본어 워드프로세서도 3년 뒤에는 'Rupo'라는 지금의 노트북만한 크기의 제품이 나와 300만 원이면 시중에서 살 수 있게 되어 고물로 처리하여 버렸다. 이 시기에 강성구 변리사, 김장수 부장, 조현천 부장, 윤옥주 과장, 이일수 과장, 이정순, 이순덕이 수고하였다. 특히 이순덕 직원이 전동타자기를 치면 그 속도가 얼마나 빨랐던지 기관총 쏘는 소리가 들려 일본 고객들이 내 사무소를 방문하면 관광코스로 안내하였는데 그녀의 타자 치는 모습에 놀라기도 했다.

1997년에는 외화가 부족하여 초유의 아이엠에프(IMF) 경제위기가 도래함으로써 달러환율이 1달러에 1,200원 하던 것이 1,800원까지 치솟는 바람에 환율 차이로 큰 이익이 생겨 전 직원들에게 특별보너스를 지급한 적도 있었다. 2002년에는 개업 30주년을 기념하는 직원들의 위로여행으로 중국 베이징을 3박 4일로 다녀오기도 하였다.

사무소 개업 30주년 기념 중국 직원 단체여행

시청 앞에 있던 사무소를 지금의 마포로 이전한 이후, 외국사건이 많이 늘어났는데, 이 시기에는 정희영 변리사(특허법원 부장판사로 재직 중), 이완휘 변리사, 원석희 변리사(특허법인 신성의 대표변리사), 김민철 변리사(미국에서 특허변호사로 활동 중), 김원오 변리사(인하대학교 로스쿨 교수로 재직 중), 김국현 변호사(사법시험에 합격하여 변호사로 활동 중), 신흥호 변리사(현재 춘천지방법원 부장판사로 재직 중), 최성우 변리사 및 이용진 변리사(후일 특허법인 우인 설립), 윤여강 변리사(경기대학교 교수로 재직 중), 정태호 변리사(대법원 재판연구관을 역임한 후, 경기대학교 교수로 재직 중)들이 활약하였는데 이 시기가 사무소의 전성기였다.

오크밸리 직원야유회

특히 이 시기에는 조현천 부장, 윤옥주 부장, 정수정 부장, 오재도 부장, 최유리 과장이 열심히 일하였고, 특허료 납부를 전문으로 하는 미국 미시간주에 있던 마스터 데이터 센터(주)(후일 상호를 클라리베이트(주)로 변경)의 업무로 엄청난 사건 의뢰가 오기도 하였다.

최근에는 남완용 변리사가 파트너로 합류하면서 주식회사 실리콘웍스의 많은 사건을 가져오면서 사무소의 운영이 크게 개선되면서 명신특허법률사무소를 2021년 7월 1일 자로 '특허법인 명신(特許法人 明信)'으로 바꾸게 되었다.

끝으로 새로운 기술을 발명한 사람들과 항상 생활을 같이하여 온 변리사의 직업의식인지는 몰라도 나는 산업재산권제도, 지식재산제도, 변리사제도뿐만 아니라 각종 단체의 제도개선 시 항상 남보다 앞서 각종 제안을 하였고, 주위 분들의 도움으로 대부분 성공적인 결과를 가져왔다.

오늘의 내가 있기까지 나를 도와주신 변리사, 변호사, 직원 기타 사회의 많은 분들에게 이 책을 통하여 진심으로 감사를 드린다.

지금까지의 나의 삶을 되돌아보니 명예와 재물을 추구할 때에는 노력, 지식, 기술과 행운이 크게 작용하였으나, 한정된 재물을 값어치 있게 사용하고자 할 때에는 지혜로운 철학이 필요하였다고 생각한다.

라이온스클럽을 창시한 멜빈 존스 씨의 말처럼 "제아무리 성공하였다 하나, 나보다 어려운 사람들을 도와주지 않은 사람은 결코 성공한 사람이라 할 수 없다."라는 철학에 충실하려고 노력하였으나, 이를 제대로 실천할 수 없었다. 그러나 시늉은 하면서 살아오지 않았나 하는 생각은 해 본다.

마지막으로 작지만 강한 나라를 만들기 위하여 산업재산권과 저작권을 함께 관장하는 지식재산처 설립과 변리사가 모든 지식재산권에 관한 전문가가 되도록 하는 운동에 그동안 필자를 도와준 사람들이 한 번 더 도와주시기를 간절히 바란다.

【필자연보】

김명신(金明信)
아호(雅號) : 소담(素潭)

1944.1.28.	경북 포항시 두호동에서 부친 김장하[金長河, 아호 (雅號): 죽원(竹園)]와 모친 이수란(李壽蘭)의 6남매 중 장남으로 출생
1959.2.	포항중학교 졸업
1960.2.28.	2·28 민주화운동 참여
1962.2	경북대학교 사범대학 부속고등학교 졸업
1966.2	고려대학교 법학과 졸업
1969	제8회 변리사시험 합격
1971.2.	고려대학교 대학원 법학석사학위 취득
1971.9.	변리사 자격 취득
1971~1974	한국항공대학, 강원대학교 강사
1972~현재	변리사 개업
1979	변리사의 특별회비 납부용 증지제도 창안
1979~1984	고려대학교 경영대학원 강사
1982~현재	대한상사중재원 중재인
1982.6.	프랑스의 산업재산권 및 저작권 보호를 위한 제조업자 연합회 초청 강의
1985.12	미국통상관련법 해설 (한국발명특허협회 발행)
1986	반도체회로배치설계의 보호에 관한 법률과 컴퓨터프로그램 보호법 제정에 참여
1987	한국의 개정공업소유권법과 그 실무 (일본어판)

1987.10.	Recent Developments in Intellectual Property Field in Korea (영어판)
1987.8.	일본 통산성 산하 통산산업조사회 초청 강의
1987.10.	오스트레일리아 AUSTRADE(한국의 KOTRA에 해당) 초청 강의
1988	KBS1 라디오 특허상담 출연
1988	KBS 1TV "상쾌한 아침입니다" 특허상담 출연
1988	정부제출문서의 종이 규격을 B5에서 A4로 변경시켜 종이를 절약하고 건물의 무게를 줄임
1988	사법연수원 강사
1990	변호사법개정안에 대한 반대운동
1990	개정 한국특허법해설(일본어판)
1990~현재	국내외 안과환자들에게 무료수술봉사사업을 주도적으로 전개
1991~1993	아시아변리사협회 한국부회 회장 (www.apaakorea.org)
1991	중국 베이징 전리국 협상차 방문
1991~2001	한국중재학회 이사
1992	통상마찰을 줄이기 위한 정부의 대대적인 수사에 고소인 대리인으로 참여
1994	특허청장 표창장
1994.12.	무료안과수술사업 기금마련 자선공연 주최
1995~1997	특허법원(고등법원급) 설립운동 주도
1995~2003	민주평화통일자문회의 자문위원
1996~2002	서울중앙지방법원 민사조정위원

1996~1998	대한변리사회 회장
1996.12.	대한변리사회창립 50주년 기념행사 주관
1996.6.	무료특허상담센터 개설
1996.7.	대한변리사회 기관지 "특허와 상표" 지면증대, 부수확대 및 편집형태의 변경
1996.9~1996.12	변리사의 민사소송실무연수 실시
1996.7.	대한변리사회 감정사건운용규정 개혁
1996~1998	변리사의 전문직 손해배상보험제도 신설운동
1996~1998	한국과학기술단체총연합회 이사
1997	한국지적재산관련 법규해설(일본어판)
1997	변리사시험 주관식 과목으로 민사소송법 추가
1997.7.	실용신안 무심사법안에 대한 반대입법안 마련
1997.10.	지적재산권 민사·형사 판례집(대한변리사회 발행)
1997	한자(漢字)는 문자가 아니라는 인도네시아 특허국의 심사기준을 변경시킴
1997.10.	변리사회관 마련
1997.10.24	한·중·일 변리사회장의 공동선언문 발표 주도
1997.10.29.	한·영 변리사회 자매결연 체결
1997	아시아변리사협회 밴드(APAA BAND) 창설
1998~2000	한국지적소유권학회 회장
1998~2002	서울지방법원 민사조정위원

1998.5.19.	특허법원창립 공로로 김대중 대통령으로부터 동탑산업훈장 수상
1999	Recent Major Precedents of Patent Disputes (영어판)
1999	소멸된 특허권의 회복을 위한 특허법 개정
1999	대한변리사회가 법정단체로 환원 운동
2000~2003	아시아변리사협회 회장
2001~2002	국제라이온스협회 354-A지구(서울)총재 겸 354복합지구(서울 3개지구, 경기, 인천, 강원, 제주)의 의장
2001.9.11.	평양라이온스안과병원 설립을 위한 현지시찰
2001.8.	지미 카터 미국대통령 주관으로 국내 사랑의 집짓기 운동에 참가하여 136동의 주택을 건립
2002.5.	KBS TV 열린음악회 개최
2002	국제라이온스협회 회장의 친선대사상과 일등공로메달 수상
2002.5.	월드컵축구대회 개최를 위하여 상암동 판자촌 미화사업과 라이온스동산을 조성
2002.6.20.	고건 서울특별시장 감사패 수상
2003	국제라이온스협회 354-A지구(서울)회관을 구입하기 위하여 회관위원장으로서 공매에 참여
2004.5.	희갑기념논문집 3권 Legal Action against Intellectual Property Infringement in Asia, Present and Future of Intellectual Property, 지적재산권의 현재와 미래(한국산업재산권법학회 발행)

2004~2008	국제라이온스협회 한국연합회에서 발행하는 "LION" 월간지의 편집위원, 편집인 및 고문으로 활동
2004.5.14	남·북한의 상표권 보호를 위하여 북한 당국자 면담
2004.10.	북한의 아시아변리사협회 가입타진에 대한 검토
2005	아시아변리사협회 노래(APAA SONG) 제정 제안
2005~2016	사단법인 지식재산포럼 회장
2005.1.	한국중재학회의 국제거래신용대상 수상
2005~2011	지식재산기본법 제정운동 주도
2008~2010	중앙공무원교육원 강사
2010.10.16	KBS TV "일류로 가는 길" 특집프로그램 강의
2011.7.20.	지식재산기본법 시행
2011~2015	대통령소속 국가지식재산위원회 위원
2011~2013	국가지식재산위원회 산하 지식재산보호전문위원회 위원장
2011.7.	지식재산혁명(피알라인 발행)
2011.12.	이제는 지식재산이다(매일경제신문사 발행)
2011.12	일류로 가는 길(자음과 모음 발행)
2013.2.19	자랑스러운 고대법대인상 수상
2013~2016	서울중앙지방법원 전문심리위원
2013.5.15	박근혜 대통령으로부터 은탑산업훈장 수상

2013~2014	삼성경제연구소 SERI CEO 강사
2015.12.15	대한변호사협회, 대한변리사회, 대한법무사협회, 한국세무사협회, 한국감정평가사협회 및 한국공인노무사협회 합동 주최 제1회 사회공헌대상 수상
2016	특허침해소송의 관할법원의 집중
2016~2021	유니세프 한국위원회 이사, 임시사무총장, 부회장
2017	발명진흥법 개정안에 대한 반대운동
2018	미얀마에 양곤라이온스클럽과 뉴양곤라이온스클럽을 창설
2018	미얀마에 조선위안부위령비 건립을 계획
2018.7.31	서울 한강 천호대교 남단에 한강무궁화공원을 조성
2019.4.	부탄 국왕의 초청으로 부탄 방문
2019.12.30	한국과학기술원(KAIST), 대한변리사회 및 한국지식재산서비스협회 합동 주최 제8회 지식재산대상 수상
2020~현재	대통령 소속 국가지식재산위원회 고문
2021	지식재산처 설립운동
2021	변리사시험에 저작권법을 주관식 과목으로 추가운동

부록

〈주요칼럼〉

차 례

知財權 보호 관리 강화하자

1997.02.24. 『동아일보』

5조 원 사건으로 일컬어지는 한보사태는 온 국민을 떠들썩하게 하면서 수많은 기업의 연쇄 부도 위기를 불러오는 등 나라 경제를 휘청거리게 하고 있다. 올해 정부의 일반회계예산 총규모가 67조5천억 원이니 5조 원이면 국가적으로 떠들썩할 만한 금액이다.

그러나 상표권 하나의 평가액만 해도 우리나라의 한 해 예산 규모의 절반을 넘어서는 경우도 있다. 세계 10대 저명상표 중 하나인 코카콜라의 예를 들면 코카콜라 회사의 유무형 총자산액 4백80억 달러(약41조 원) 중 무형자산인 상표권은 무려 총자산 규모의 90%에 달하는 4백34억 달러(약37조 원)로 평가되고 있다.

지적재산권의 위력은 우리의 상식 수준을 넘어선다. 국내 반도체 관련 유수 기업체가 미국회사에 지불해 온 연간 로열티가 무려 2천억 원에 달한다는 사실은 공공연한 비밀이다.

우리나라가 외국으로부터 도입하는 기술 및 상표 건수는 연간 1천여 건. 이에 대한 로열티는 무려 1조 원을 넘어서고 있다. 이 수치도 정부에 신고된 액수만 포함한 내용이니 실제 해외로 빠져나가는 기술로열티는 이를 훨씬 상회할 것으로 보인다.

미국의 경우 수출액의 절반이 지적재산권 로열티라고 하니 지적재산권이 국가경제에 미치는 힘을 가히 짐작하고도 남는다.

인간이 추구하는 가치의 형태는 변화하게 마련이다.

인류사회는 원시 수렵사회로부터 농경사회를 거쳐 산업사회로 발달했고 오늘날에는 고도의 첨단기술 정보화시대로 변모하고 있다. 지적재산권은 이 같은 인류의 삶의 형태 변화와 함께 오늘날 우리에게 부여된 큰 자산이다.

세계무역기구(WTO) 시대가 열리고 우리도 경제협력개발기구(OECD)의 일원이 됐다. 이젠 지적재산권에 대해 범국가적으로 지대한 관심과 지혜를 모아야만 할 때다.

다행히 내년 3월 2일부터 특허법원이 문을 열게 되면서 지적재산권 시대에 즈음한 우리의 발걸음은 세계화에 한 발짝 성큼 다가서게 됐다. 그런 만큼 컴퓨터프로그램을 비롯해 반도체칩, 캐릭터, 인공지능, 멀티미디어 등 첨단 신기술의 발달과 함께 생겨나는 각종 신지적재산권을 효율적으로 관리하고 육성할 정부 기구의 신설이 요망된다.

산업재산권 주무기관인 특허청을 캐나다처럼 지적재산부 형태로 승격시켜 그 기능과 활동 범위를 더욱 강화해나가야 한다. 미래 국가 흥망의 열쇠로 일컬어지는 지적재산권 정책이 소홀해진다면 국가경쟁력 제고를 위한 정책은 한갓 탁상공론으로 남을 수밖에 없다.

"지적재산권부 신설하자"

- 각 부에 흩어진 업무통합 효율적 관리 필요
- 우수 특허보유기업에 감세혜택 등 제도 활성화

1997.05.19. 『한국경제』

한국경제 1997년5월19일 월요일

기/고

"지적재산권부 신설하자"

金明信
<대한변리사회장>

각 부에 흩어진 업무통합
효율적 관리 필요
우수 특허보유기업에
감세혜택등 제도 활성화

한보사태를 계기로 더욱 거세게 몰아닥친 경제침체는 심각한 지경에 이르고 있다. 정부가 집계한 우리나라 경상수지 적자는 무려 20조원에 달하고 있는데 이는 금년도 정부 일반회계 총예산 규모인 67조 5천억여원과 비교할때 우리 경제위기가 얼마나 극심한지 실감케 한다. 경기침체의 근본요인은 노동생산성보다 높은 임금상승률, 높은 금리와 취약한 기업재무구조, 선진국의 2배를 훨씬 넘는 높은 물류비용등 '고비용 저효율'의 구조적 경쟁력 약화에서 비롯된다고 분석된다. 그러나 더욱 근본적인 요인은 기업의 기술개발및 생산성향상이 미흡하다고 생각한다. 한국산업은행 통계에 따르면 지난해 국내기업의 설비투자 장부자는 전체투자액의 73.2%에 달하고 있는 반면 경영합리화등 기술개발에 대한 투자는

고작 16.8%에 머물고 있다. 95년 일본의 경우는 각각 29.4%, 46.9%에 이르고 있어 아주 대조적이다.

세계무역기구(WTO)등장으로 다가온 세계경제환경의 급속한 변화는 지적재산권에 대한 보호압력강화로 이어지고 있다. 94년 우리나라가 외국으로부터 도입한 기술에 대한 로열티가 1조원을 넘고 있으며 미국 전체 수출액의 절반은 로열티로 거둬들이고 있다는 점을 보더라도 이제 국가나 기업의 성패여부가 각기 지향하고 있는 지적재산권에 대한 정책 또는 투자에 달려있다고 해도 과언이 아니다.

이점을 고려할때 최근 정부가 특허심사적체해소를 위해 1백97명의 심사·심판인력을 증원시킨 것은 매우 시의적절한 조치로 평가된다. 하지만 여기에 더욱 획기적이고 근본적인 조치가 추가돼야 한다고 생각한다. 이를 테면 통상산업부 정보통신부 문화체육부 농림부 해양수산부 등에 흩어져 관리되고 있는 지재권업무를 특허청을 지적재산권부로 승격시켜 통합관리하게 하는 것이다. 더욱 효율적이고 체계적인 지재권관리가 이뤄질 것으로 기대된다. 이와 함께 특허권을 담보로 기업운영자금을 지원하고 우수특허보유기업에 조세감면 및 발명장려금지급 혜택을 주는 제도를 활성화해야 될것이다.

21세기는 지적재산권의 발달에 따라 국력이 좌우될 것인만큼 경제회생의 활로를 지재권을 국가정책의 중추에 놓는데서 찾아야겠다

한보 사태를 계기로 더욱 거세게 몰아닥친 경제침체는 심각한 지경에 이르고 있다.

정부가 집계한 우리나라 경상수지 적자는 무려 20조 원에 달하고 있는데 이는 금년도 정부 일반회계 총예산 규모인 67조 5천억여 원과 비교할 때 우리 경제위기가 얼마나 극심한지 실감케 한다.

경기침체의 근본요인은 노동생산성보다 높은 임금상승률, 높은 금리와 취약한 기업재무구조, 선진국의 2배를 훨씬 넘는 높은 물류비용등 '고비용 저효율'의 구조적 경쟁력 약화에서 비롯된다고 분석된다. 그러나 더욱 근본적인 요인은 기업의 기술개발 및 생산성 향상이 미흡하다고 생각한다.

한국산업은행 통계에 따르면 지난

해 국내기업의 설비확장투자는 전체투자액의 73.2%에 달하고 있는 반면 경영합리화나 연구개발에 대한 투자는 고작 16.8%에 머물고 있다.

95년 일본의 경우는 각각 29.4%, 46.9%에 이르고 있어 아주 대조적이다.

세계무역기구(WTO) 등장으로 다가온 세계경제환경의 급속한 변화는 지적재산권에 대한 보호 압력 강화로 이어지고 있다. 94년 우리나라가 외국으로부터 도입한 기술에 대한 로열티가 1조 원을 넘고 있으며 미국 전체 수출액의 절반은 로열티로 거둬들이고 있다는 점을 보더라도 이제 국가나 기업의 성패 여부가 각기 지향하고 있는 지적재산권에 대한 정책 또는 투자에 달려있다고 해도 과언이 아니다.

이점을 고려할 때 최근 정부가 특허심사 적체 해소를 위해 1백97명의 심사·심판인력을 증원시킨 것은 매우 시의적절한 조치로 평가된다.

하지만 여기에 더욱 획기적이고 근본적인 조치가 추가돼야 한다고 생각한다.

이를테면 산업통상부,정보통신부,문화체육부,농림부,해양수산부 등에 흩어져 관리되고 있는 지재권업무를 특허청을 지적재산권부로 승격시켜 통합관리하게 하는 것이다.

더욱 효율적이고 체계적인 지재권 관리가 이뤄질 것으로 기대된다.

이와 함께 특허권을 담보로 기업운영자금을 지원하고 우수특허보유기업에 조세감면및 발명장려금 지급 혜택을 주는 제도를 활성화해야 할 것이다. 21세기는 지적재산권의 발달에 따라 국력이 좌우될 것인 만큼 경제회생의 활로는 지재권을 국가정책의 중추에 놓는 데서 찾아야겠다

"통일과 知的財産"

- 국제간 힘의 원리는 경제외교
- 南北 지적재산권협의 시급하다

1997.07.01. 『내외경제』

내외경제 (´97. 7. 1. 23면)

155년 전 동양의 진주라 일컬어지는 홍콩을 차지한 영국이 7월 1일 中國에 그 영토를 반환하는 것을 보면서 다시 한번 새삼스럽게 냉혹한 국제사회에서 오로지 强者의 존재와 그 위력을 느껴본다.

최근 미국 일본 멕시코 등 8개국을 순방한 金泳三 대통령의 순방일정을 취재하고 돌아온 취재진들은 멕시코를 비롯한 대부분의 국가가 金대통령 일정에 대해 앞다투어 극진한 VIP대접을 했다고 전하고 있다.

그 이유는 아마 自國경제의 발전을 위하여 우리나라 기업들이 그들 나라에 가능한 한 많은 투자를 하여주길 바라는 때문일 것이라고 짐작된다.

어떤 나라의 국가 원수는 핑퐁외교, 스포츠외교까지 구사하면서 경제외교에 진력하는 모습도 우리는 보아왔다.

이제 국제외교가 실질적으로 경제외교임을 새삼 실감한다. 소위 밥그릇싸움이라고 하는 우리 한반도에 살고 있는 한민족의 실상은 어떠한가.

국제간 힘의 원리는 경제외교

분단된 후 50여년 동안이나 적대적인 사이로 지내오면서 통일은커녕 정상적인 대화의 분위기마저 조성되지 않은 채, 그나마 쌀을 보낸다든가 경수로 건설을 지원한다든가 하는 것으로 대화를 시도하고 있는 정도 이상은 도무지 방책을 수립하지 못하고 있는 실정이 아닌가.

金明信 칼럼

＜대한변리사회 회장＞

통일과 知的財産

이와 같은 상황하에서 우리는 먼 훗날의 통일을 위하여 南北이 동반자적 관계를 구축할 수 있는 보다 구체적이고 현실성 있는 방안을 강구해 내지 않으면 안될 것이다.

이를 위해서는 무엇보다도 상호 신뢰를 구축하는 것이 급선무일 것이며, 상호 신뢰를 구축하기 위하여 여러가지 사업 중에서도 知的財産 분야로 그 물꼬를 터보는 방법은 어떤지.

굶주리는 북한 동포를 위하여 북한에 쌀을 보내주는 것은 우리의 대외적 이미지 제고 뿐아니라 실질적으로 북한동포를 돕는데 있어 참으로 필요한 일임은 틀림없는 사실이지만, 더 중요한 것은 북한이 진정으로 필요로 하는 자본과 기술의 지원이나 투자일

은 두말할 여지가 없다 할 것이다.

그러나 현재의 체제와 법제도로는 그 어떤 나라도 막대한 자본과 기술을 투자하기가 어려울 것이다. 왜냐하면 투입된 기술에 대하여 산업재산권으로 보호해 주는 정부기구의 조

南北지적재산권협의 시급하다

직내용과 특허획득 후 법적효력이 대외적으로 공인되지 않고 있기 때문이다.

우리 한반도에는 풍부한 천연자원은 없으나 부지런하고 재능있는 7천만 한민족이 살아가고 있다. 이러한 잠재력을 선용하기 위하여 상호 허심탄회하게 논의하여 서로 신뢰하면서 상대국의 지적재산을 우선 보호해 주는 사업부터 시작하는 길이 트인다면 분명히 북한에도 많은 외국자본과 우수한 기술이 제공될 수 있을 것임을 확신해 본다.

우리 남북한은 이미 특허협력조약(PCT) 세계지적재산권기구(WIPO) 파리협약 등 많은 국제조약에 가입하고 있어 서로 결단만 내린다면 바로 실천할 수 있도록 돼 있다.

즉 남과 북이 단절하여 우리의 정신적인 창작물인 저작권을 비롯하여 새로운 기술, 새로운 디자인, 상표등은 상호 존중하고 보호해 주는 것은 독일의 경우처럼 장래의 통일에 대비하는데 있어 필수적인 요소라 하겠다.

해가 바뀌면 우리는 이제 21세기를 이끌게 되는 새로운 대통령을 맞이하게 된다.

새 지도자는 통일에 대비하여 남북 상호 신뢰구축을 위한 첫 사업으로 지적재산 분야의 대화부터 시작하면 어떨까.

155년 전 동양의 진주라 일컬어지는 홍콩을 차지한 영국이 7월 1일 중국(中國)에 그 영토를 반환하는 것을 보면서 다시 한번 새삼스럽게 냉혹한 국제사회에서 오로지 강자(强者)의 존재와 그 위력을 느껴본다.

최근 미국, 일본, 멕시코 등 8개국을 순방한 김영삼(金泳三) 대통령의 순방 일정을 취재하고 돌아온 취재진들은 멕시코를 비롯한 대부분의 국가가 김(金) 대통령 일정에 대해 앞다투어 극진한 VIP 대접을 했다고 전하고 있다.

그 이유는 아마도 자국(自國) 경제의 발전을 위하여 우리나라 기업들이 그들 나라에 가능한 한 많은 투자를 하여주길 바라는 때문일 것이라고 짐작된다.

어떤 나라의 국가 원수는 핑퐁외교, 스포츠외교까지 구사하면서 경제외교에 진력하는 모습도 우리는 보아왔다.

이제 국제외교가 실질적으로 경제외교임을 새삼 실감한다. 소위 배달겨레라고 하는 우리 한반도에 살고 있는 한민족의 실상은 어떠한가?

분단된 후 50여 년 동안이나 적대적인 사이로 지내오면서 통일은커녕 정상적인 대화의 분위기마저 조성되지 않은 채, 그나마 쌀을 보낸다든가 경수로 건설을 지원한다든가 하는 것으로 그 대화를 시도하고 있는 정도 이상은 도무지 방책을 수립하지 못하고 있는 실정이 아닌가.

이와 같은 상황하에서 우리는 먼 훗날의 통일을 위하여 남북이 동반자적 관계를 구축할 수 있는 보다 구체적이고 현실성 있는 방안을 강구해 내지 않으면 안될 것이다.

이를 위해서는 무엇보다도 상호 신뢰를 구축하는 것이 급선무일 것이며 상호 신뢰를 구축하기 위하여 여러 가지 사업 중에서도 지적재산(知的財産) 분야로 그 물고를 터보는 방법은 어떨런지?

굶주리는 북한 동포를 위하여 북한에 쌀을 보내주는 것은 우리의 대외적 이미지 제고뿐 아니라 실질적으로 북한동포를 돕는 데 있어 참으로 필요한 일임은 틀림없는 사실이지만, 더 중요한 것은 북한이 진정으로 필요로 하는 자본과 기술의 지원이나 투자임은 두말할 여지가 없다 할 것이다. 그러나 현재의 체제와 법제도로는 그 어떤 나라도 막대한 자본과 기술을 투자하기가 어려울 것이다. 왜냐하면 투입된 기술에 대하여 산업재산권으로 보호해 주는 정부기구의 조직 내용과 특허취득 후 법적효력이 대외적으로 공인되지 않고 있기 때문이다.

우리 한반도에는 풍부한 천연자원은 없으나 부지런하고 재능있는 많은 한민족이 살아가고 있다. 이러한 잠재력을 선용하기 위하여 상호 허심탄회하게 논의하여 서로 신뢰하면서 상대국의 지적재산을 우선 보호해 주는 사업부터 시작하는 길이 트인다면 분명히 북한에도 많은 외국자본과 우수한 기술이 제공될 수 있을 것임을 확신해 본다.

우리 남북한은 이미 특허협력조약(PCT), 세계지식재산기구(WIPO), 파리협약(PARIS CONVENTION) 등 많은 국제조약에 가입하고 있어 서로 결단만 내린다면 바로 실천할 수 있도록 되어 있다.

즉 남과 북이 단결하여 우리의 정신적인 창작물인 저작권을 비롯하여 새로운 기술, 새로운 디자인, 상표들은 상호 존중하고 보호하여 주는 것은 독일의 경우처럼 장래의 통일에 대비하는 데 있어 필수적인 요소라 하겠다.

해가 바뀌면 우리는 이제 21세기를 이끌게 되는 새로운 대통령을 맞이하게 된다.

새 지도자는 통일에 대비하여 남북 상호 신뢰구축을 위한 첫 사업으로 지적재산 분야의 대화부터 시작하면 어떨까?

"기술수출과 로열티수입"

– 코카콜라 상표가치 무려 35조(兆) 원

– 선진국 기술식민지 돼선 안 돼

1997.07.15. 『내외경제』

내외경제 (97. 7. 15. 23면)

코카콜라 상표 하나의 가치가 금년 도 우리나라 정부 일반회계 예산 총 규모의 절반을 넘어서는 35조 원(4백34억달러)에 달하고, 이 상표가치 평가액은 코카콜라 회사 전체 有·無形 총자산 38조4천억원(4백80억달러)중 90%를 차지하고 있다는 것을 안다면 대부분 놀랄 것이다.

말보로는 무려 36조여원(4백46억달러)에 달하고, 맥도널드와 IBM상표도 각각 15조여원(1백85억달러)의 가치로 평가되고 있다.

상표 뿐 아니라 특허에 대해서도 그 가치의 중요성에 대해서는 여러가지 통계로 이를 뒷받침해준다.

재정경제원이 공식적으로 집계한 통계에 의하면 지난 10년간 우리나라가 외국에 지급한 로열티(기술대가)는 무려 10조원(1백16억7천백만달러)에 달하며, 96년 한해동안만 해도 1조8천억원(22억9천7백만달러)을 넘어서고 있다.

코카콜라 상표가치 무려35兆

업종별로 살펴보면 전기·전자부문이 약 8천8백억원, 기계부문은 4천억원, 섬유·화학부문은 약 2천2백억원을 기록하고 있으며 주목할만한 점은 최근 통신분야가 급격한 신장세에 있다는 것이다.

나라별로 살펴보면 미국과 일본에 지급한 로열티만 우리나라가 외국에 지급한 로열티의 82%에 달하는 1조5천억원(18억8천만달러)에 이르며 미국 한나라에만 지급한 로열티는 무려 외국에 지급한 전체 로열티의 절반인 9천2백80억원(11억6천만달러)에 이른다.

기술의 도입은 자국의 기술향상 및 산업발전을 촉진시켜주는 역할을 할 뿐아니라 한편으로는 향상된 기술을 외국에 수출하여 외화를 획득할 수도 있기 때문에 이를 반드시 부정적인 측면만으로 접근할 필요는 없을 것이다.

그러나 아직 우리나라에 있어서 기술수출에 관하여는 큰 기대를 가질 수는 없다.

한국산업기술진흥협회가 집계한 통계에 의하면 95년도에 우리나라가 외국으로 수출하여 수취한 로열티는 약 9백억원(1억1천4백만달러)에 달했으며, 96년에는 약 8백억원(1억8백만달러)으로 감소했다.

물론 이러한 액수는 우리가 한해동안 지급한 로열티에 비한다면 5%에도 채 못치고 있을 뿐만 아니라 그 기술내용에 있어서 도무지 비교할 수 없을 만큼 부실함이 이들테 없다.

요컨대 우리가 도입하는 기술의 대부분은 특허·실용신안·의장 또는 상표 등 産業財産權에 대한 기술수입임에 비하여 우리가 수출하는 기술의 대부분은 산업재산권에 관한 기술은 극히 일부분일뿐 대부분은 기업의 해외진출전략에 부수적으로 이루어지는 기술수출 형태로서 해외 현지와의 합작투자와 병형하는 기술수출 또는 3D업종을 중심으로 인력난에 허덕이는 중소기업들이 인력확보라는 목표를 겨냥하여 외국인 산업기술연수를 통해 기술비급을 전수하는 기술이전유형으로서 이들은 모두 기술이전 초기에 나타나는 현상에 불과한 것으로 평가되고 있다.

선진국 기술식민지돼선 안돼

우리나라의 산업재산권 출원건수가 세계에서 4번째로 많은 나라라고는 하지만 실제로 우리기업중 特許權을 1件이라도 보유하고 있는 기업 수가 1%도 되지 않는다고 하는 통계하니만을 보더라도 우리의 산업재산권에 대한 인식내지 기술수준을 가늠할 수 있다.

가까운 예로 일본의 경우, 도시바, 히타치, 미쓰비시, 후지쓰 등 go%以上로 세계적으로 충분한 경쟁력을 갖춘 회사에서는 특허전담요원 數만 보더라도 회사마다 평균 3백여명씩 배치되어 있는 반면, 우리나라의 경우에는 특허관리전담부서가 설치되어 있는 기업체는 고작 전체 제조업체의 1% 수준인 8백여개 업체에 도합 2천여명의 인원이 있어 특허관리전담부서가 설치되어 있는 회사당 평균 2.5명 정도의 전담요원 밖에 없는 실정이다.

산업기술발전은 국가경제에 결정적인 영향력을 미친다.

지금까지 우리가 외국의 선진기술을 받아들여 산업발전을 일으켜왔지만, 이제는 우리 자체의 기술개발을 통한 경제부국을 건설함으로써, 자칫 선진국의 기술식민국이 되지 않도록 힘을 모아야 할 것이다.

코카콜라 상표 하나의 가치가 금년도 우리나라 정부 일반회계 예산 총 규모의 절반을 넘어서는 35조 원(4백34억 달러)에 달하고, 이 상표 가치 평가액은 코카콜라 회사 전체 유·무형 총자산 38조4천억 원(4백80억 달러) 중 90%를 차지하고 있다는 것을 안다면 대부분 놀랄 것이다.

말보로(Marlboro)는 무려 36조여 원(4백46억 달러)에 달하고 맥도널드 (Mcdonald)와 IBM상표도 각각 15조여 원(1백85억 달러)의 가치로 평가되고 있다.

상표뿐 아니라 특허에 대해서도 그 가치의 중요성에 대해서는 여러 가지 통계로 이를 뒷받침해준다.

재정경제원이 공식적으로 집계한 통계에 의하면, 지난 10년간 우리나라가 외국에 지급한 로열티(기술대가)는 무려 10조 원(1백16억7천7백만 달러)에 달하며, 96년 한 해 동안만 해도 1조8천억 원(22억9천7백만 달러)을 넘어서고 있다.

업종별로 살펴보면, 전기·전자 부분이 약 8천8백억 원, 기계 부분은 4천억 원, 정유·화학 부분은 약 2천2백억 원을 기록하고 있으며 주목할만한 점은 최근 통신 부분이 급격한 신장세에 있다는 것이다.

나라별로 살펴보면 미국과 일본에 지급한 로열티만 우리나라가 외국에 지급한 로열티의 82%에 달하는 1조5천억 원(18억8천만 달러)에 이르며, 미국 한 나라에만 지급한 로열티는 무려 외국에 지급한 전체 로열티의 절반인 9천2백80억 원(11억6천만 달러)에 이른다.

기술의 도입은 자국의 기술향상 및 산업발전을 촉진시켜주는 역할을 할 뿐 아니라, 한편으로는 향상된 기술을 외국에 수출하여 외화를 획득할 수도 있기 때문에 이를 반드시 부정적인 측면만으로 접근할 필요는 없을 것이다.

그러나 아직 우리나라에 있어서 기술수출에 관하여는 큰 기대를 가질 수는 없다.

한국산업기술진흥협회가 집계한 통계에 의하면, 95년도에 우리나라가 외국으로 수출하여 수취한 로열티는 약 9백억 원(1억1천2백만 달러)에 달했으며, 96년에는 약 8백억 원(1억8백만 달러)으로 감소했다.

물론 이러한 액수는 우리가 한 해 동안 외국에 지급한 로열티에 비한다면 5%에도 채 못 미치고 있을 뿐만 아니라, 그 기술내용에 있어서 도무지 비교할 수 없을 만큼 부실하기 이를 데 없다.

요컨대 우리가 도입하는 기술의 대부분은 특허·실용신안·의장 또는 상표 등 산업재산권에 대한 기술수입임에 비하여, 우리가 수출하는 기술의 대부분은 산업재산권에 관한 기술의 극히 일부분일 뿐, 대부분은 기업의 해외진출전략에 부수적으로 이루어지는 기술수출 형태로서 해외 현지에의 합작투자와 병행하는 기술수출 또는 3D업종을 중심으로 인력난에 허덕이는 중소기업들이 인력확보라는 목표를 겨냥하여 외국인 산업기술연수를 통해 기술비법을 전수하는 기술이전 유형으로서, 이들은 모두 기술이전 초기에 나타나는 현상에 불과한 것으로 평가되고 있다.

우리나라의 산업재산권 출원 건수가 세계에서 4번째로 많은 나라라고는 하지만, 실제로 우리 기업 중 특허권(特許權)을 1건이라도 보유하고 있는 기업 수가 1%도 되지 않는다고 하는 통계 하나만을 보더라도 우리의 산업재산권에 대한 인식 내지 기술 수준을 가늠할 수 있다.

가까운 예로 일본의 경우, 도시바 (東芝),히타치(日立),미츠비시(三菱), 후지츠(富士通) 등 그야말로 세계적으로 충분한 경제력을 갖춘 회사에서는 특허전담 요원 수만 보더라도 회사마다 평균 3백여 명씩 배치되어 있는 반면, 우리나라의 경우에는 특허관리전담부서가 설치되어 있는 기업체는 고작 전체 제조업체의 1% 수준인 8백여 개 업체로 도합 2천여 명의 인원이 있어 특허관리전담부서가 설치되어 있는 회사당 평균 2.5명 정도의 전담요원밖에 없는 실정이다.

산업기술발전은 국가경제에 결정적인 영향력을 미친다.

지금까지 우리가 외국의 선진기술을 받아들여 산업발전을 일으켜왔지만, 이제는 우리 자체의 기술개발을 통한 경제부국을 건설함으로써, 자칫 선진국의 기술식민국이 되지 않도록 힘을 모아야 할 것이다.

기술전쟁시대 / "「지재부」 신설하자"

대한변리사회, 4당에 건의

– 특허청 인력·체제만으론 역부족
– 10여개 관련부처 업무 "제각각"
– 창구 일원화 국제경쟁력 갖춰야

1997.12.13. 『국민일보』

국민일보   1997년12월13일 토요일

기술 전쟁 시대   "「知財部」 신설하자"

대한변리사회 4黨에 건의

특허청 인력·체제만으론 역부족

10여개 관련부처 업무 "제각각"

창구 일원화 국제경쟁력 갖춰야

우리나라도 21세기 치열한 기술전쟁에 대비하고 지적재산권 보호를 둘러싼 국제정세변화에 능동적으로 대처하기 위해 지적재산업무를 총괄하는 행정부처인 「지적재산부」(가칭)를 설립해야 한다는 목소리가 높아지고 있다.

기술이 국가의 생존과 번영을 좌우하는 기술전쟁시대를 맞아 각국이 기술개발에 박차를 가하면서 지적재산권의 중요성이 높아지고 인터넷을 이용한 전자상거래 등 보호대상이 확대되고 있어 지적재산권을 전담하는 부처의 설립이 시급하다는 산업계의 주장이 설득력을 얻고 있다.

더욱이 IMF(국제통화기금)구제금융에 따른 경제위기를 극복하고 국가경쟁력에 결정적 영향을 미치는 기술발전을 뒷받침하기 위해 고부가가치를 창출하려는 노력이 제대로 보호받을 수 있어야 하는 만큼 지적재산권 관련제도를 개선, 정책지원을 아끼지 말아야 한다는 것이다.

이와관련, 대한변리사회(회장 尹明률)는 최근 「우리 경제에 지대한 영향력을 미치고 있는 지적재산분야의 과제들을 현 특허청의 인력과 체제만으로 해결하기 어렵다」고 지적, 「10여개 부처에 흩어져 있는 지적재산권관련 업무를 통합한 행정부처를 만들어 정책의 일관성과 효율성을 높이고 국제협상에서의 창구를 일원화해야 한다」며 4당에 지적재산부 설립을 건의했다.

즉 현재 기술도입심사나 프랜차이징업무는 재정경제원, 반도체칩은 통상산업부, 컴퓨터프로그램과 데이터베이스는 정보통신부, 의약품특허가는 보건복지부, 저작권과 캐릭터는 문화체육부, 식물 신품종 등 생명공학은 농림부, 정기간행물 제호등록은 공보처, 산업재산권과 영업비밀은 특허청이 각각 맡는 등 10여개 부처에 분산되어 있는 지적재산권 관련 업무를 지적재산부로 통합, 新 지적재산권보호를 위한 행정체제를 갖춤으로써 21세기 경제재도약의 발판을 마련해야 한다는 구체적 방안을 제시했다.

변리사회는 「이제는 자체기술개발을 통한 技術立國으로 선진국의 기술수입국에서 벗어나 적극적으로 기술수출에 나서야 할 단계」라며 「국가 경쟁력확보의 핵심요소로 작용하고 있는 지적재산권보호를 통해 경제를 살리면서 급변하는 국제조류에 부합하기 위해 지적재산권업무에 책임을 지고 지원하는 새로운 행정부처의 필요성이 절실하다」고 지적했다.

지적재산부 설립에 발벗고 나선 尹明률변리사회장은 「고부가가치를 취급하는 행정부처의 일관된 정책지원이 21세기 한국경제의 재도약을 기대할 수 없다」며 「꼭 지적재산부가 아니더라도 신지적재산권을 효율적으로 보호·육성하고 일관성 있는 정책을 수립·집행 할 수 있는 전담 정부기구의 설립이 시급하다」고 주장했다.

이처럼 技術立國의 무기로 활용할 수 있는 知的財産權은 특허 실용신안 意匠 상표 같은 산업재산권과 문화예술분야의 창작인 저작권과 반도체설계 영업비밀 컴퓨터프로그램 데이터베이스 응집특허 캐릭터 등 新지적재산권을 망라한 개념. 권리자가 다른 사람에 대해 실시권 또는 사용권을 설정하거나 권리자체를 넘겨 거액의 로열티나 판매수익을 얻을 수 있다.

지적재산권의 위력이나 가치는 상상을 넘어「코카 콜라」상표를 갖고 있는 코카 콜라사는 유무형 총자산 4백80억달러(약 5백조원)중 산업재산인 상표권가치가 90%에 달하는 4백34억달러(약 4백50조원)로 평가하고 있다. 또 말보로 4백46억달러를 비롯, 맥도날드 1백89억달러, IBM 1백85억달러, 디즈니 1백54억달러, 코닥 1백33억달러, 켈로그 1백14억달러 등 유명브랜드의 자산가치가 천문학적 숫자에 이르고 있다.

(田桓秀)

우리나라도 21세기 치열한 기술전쟁에 대비하고 지적재산권 보호를 둘러싼 국제정세 변화에 능동적으로 대처하기 위해 지적재산권 업무를 총괄하는 행정 부처인「지적재산부」(가칭)를 설립해야 한다는 목소리가 높아지고 있다.

기술이 국가의 생존과 번영을 좌우하는 기술전쟁 시대를 맞아 각국이 기술 개발에 박차를 가하면서 지적재산권의 중요성이 높아지고 인터넷을 이용한 전 자상거래 등 보호 대상이 확대되고 있어 지적재산권을 전담하는 부처의 설립 이 시급하다는 산업계의 주장이 설득력을 얻고 있다.

더욱이 IMF(국제통화기금) 구제금융에 따른 경제위기를 극복하고 국가경쟁 력에 결정적 영향을 미치는 기술발전을 뒷받침하기 위해 고부가가치를 창출하 려는 노력이 제대로 보호받을 수 있어야 하는 만큼 지적재산권 관련 제도를 개 선, 정책지원을 아끼지 말아야 한다는 것이다.

이와 관련, 대한변리사회(회장 김명신)는 최근 "우리 경제에 지대한 영향력을 미치고 있는 지적재산권 분야의 과제들을 현 특허청의 인력과 체제만으로 해 결하기 어렵다."고 지적, "10여 개 부처에 흩어져 있는 지적재산권 관련 업무를 통합한 행정부처를 만들어 정책의 일관성과 효율성을 높이고 국제협상에서의 창구를 일원화해야 한다."며 4당에 지적재산부 설립을 건의했다.

즉 현재 기술도입 심사나 프렌차이징 업무는 재정경제원, 반도체칩은 통상산 업부, 컴퓨터프로그램과 데이터베이스는 정보통신부, 의약 품명 허가는 보건복 지부, 저작권과 캐릭터는 문화체육부, 식물 신품종 등 생명공학은 농림부, 정기 간행물 제호 등록은 공보처, 산업재산권과 영업 비밀은 특허청이 각각 맡는 등 10여 개 부처에 분산되어 있는 지적재산권 관련 업무를 지적재산부로 통합, 신 지적재산권 보호를 위한 행정체제를 갖춤으로써 21세기 경제 재도약의 발판을 마련해야 한다는 구체적 방안을 제시했다.

변리사회는『이제는 자체 기술 개발을 통한 기술입국으로 선진국의 기술 수 입국에서 벗어나 적극적으로 기술수출에 나서야 할 단계』라며『국가 경쟁력 확보의 핵심요소로 작용하고 있는 지적재산권 보호를 통해 경제를 살리면서 급변하는 국제 조류에 부합하기 위해 지적재산권 업무에 책임을 지고 지원을 하는 새로운 행정부처의 필요성이 절실하다」고 지적했다.

지적재산부 설립에 발 벗고 나선 김명신 변리사회장은 "고부가가치를 취급하는 행정부처의 일관된 정책지원 없이 21세기 한국경제의 재도약을 기대할 수 없다."며 "꼭 지적재산부가 아니더라도 신지적재산권을 효율적으로 보호·육성하고 일관성 있는 정책을 수립·집행할 수 있는 전담 정부 기구의 설립이 시급하다."고 주장했다.

이처럼 기술입국의 무기로 활용할 수 있는 지적재산권은 특허·실용신안·의장·상표 같은 산업재산권과 문화예술 분야의 창작인 저작권 및 반도체 설계, 영업 비밀, 컴퓨터프로그램, 데이터베이스, 물질특허, 캐릭터 등 신지적재산권을 망라한 개념. 권리자가 다른 사람에 대해 실시권 또는 사용권을 설정하거나 권리 자체를 넘겨 거액의 로열티나 판매 수익을 얻을 수 있다.

지적재산권의 위력이나 가치는 상상을 넘어 「코카 콜라」 상표를 갖고 있는 코카콜라회사는 유무형 총자산 4백80억 달러(약 5백조 원) 중 산업재산인 상표권 가치를 90%에 달하는 4백34억 달러(약 4백50조 원)로 평가하고 있다. 또 말보로 4백46억 달러를 비롯, 맥도널드 1백89억 달러, IBM 1백85억 달러, 디즈니 1백54억 달러, 코닥 1백33억 달러, 켈로그 1백14억 달러 등 유명 브랜드의 자산가치가 천문학적 숫자에 이르고 있다.

"지적재산부 빨리 신설하자"

– 고부가 지적산업 보호·육성 위해 통합관리부서 필요

1998.03.01. 『매일경제』

"정부 조직개편에 바란다"

'국제통화기금(IMF)의 위기상황에서 우리나라는 무엇으로 어떻게 앞설 것인가.'

세계 경제가 국제화 개방화 소프트화로 급진전 되면서 이제 우리는 말 그대로 '기술전쟁의 시대'에 살고 있다. 기술만이 국가의 생존과 번영을 가져올 수 있는 원천임과 동시에 자국의 연구개발 성과를 보호하고 활용하는 정도가 오늘날 국가경쟁력의 기반이 되고 있다.

국내기업들은 그동안 노동집약적 상품 수출로 개발도상국의 각종 혜택을 누려왔다. 또 장기적 안목의 기술개발투자보다는, 물가상승률보다 더 높은 이익을 주는 부동산 투자나 금융 혜택으로 단기적 이윤을 추구하면서 무분별한 사세 확장에 진력해 왔다.

그러나 지금은 어떤가?

중소기업은 물론 대기업의 잇따른 부도에다 환율이 급등하고 주식시장이 붕괴되는 등 우리 경제의 구조적 모순과 허점이 여실히 드러나고 있다.

세계무역기구(WTO) 체제에서의 국경없는 무한경쟁시대를 맞아 수없이 흘린 땀방울의 결과가 한순간에 사라지고 있는 것이다.

특히 선진국은 첨단기술 우위에 바탕을 둔 지적재산권을 무기로 우리 기업제품이 자국에 도달하기도 전에 경쟁력을 약화시키고 있다. 로열티의 지급이라든지, 국제적 특허분쟁, 부정경쟁방지법, 반덤핑법 등이 그것이다.

그러므로 이제 고부가가치를 창출할 수 있는 지적재산권을 강화하고 활용하지 않고서는 원천적으로 수출이 어려워질 수밖에 없게 됐다. 따라서 우리나라도 캐나다처럼 모든 지적재산권 업무를 통합관리하는 '지적재산부'(가칭)를 설립해야 한다. 또 대통령 직속으로 '지적재산권 정책위원회'나 '지적재산 정책담당 특별보좌관제'를 신설해야 한다.

지금까지의 국내 특허행정은 관리중심인데다 정책과 서비스 또한 기술의 발전속도를 따라가지 못해 외국 선진기업에 효율적으로 대응하지 못했다.

WTO 체제의 국제교역에서는 종전의 저임금에 바탕을 둔 노동집약적 상품 수출로는 잃어버린 시장을 되찾을 수도, 따라갈 수도 없다. 오로지 고부가가치를 창출하는 기술집약적 산업 육성으로 우리 경제의 활로를 열어가는 방법밖에 없다.

특히 IMF의 긴급 구제금융을 받아야 하는 지금 상황에서는 근검절약운동에서 더 나아가 국가적 차원에서 새로운 장기비전을 짜야 한다. 앞으로 세계 무역전쟁은 새로운 기술이 끊임없이 개발·창안되고 각종 지적산업 분야가 더욱 활발히 육성될 것이기 때문이다. 예를 들면 반도체 칩, 영업비밀, 트레이드 드레스, 컴퓨터프로그램, 데이터베이스, 인공지능, 미생물, 생명공학, 캐릭터, 프랜차이징, 소리상표, 냄새상표 등이 그것이다. 이들 신지적재산권은 전 세계, 특히 선진국에서 하루가 멀다하고 쏟아져 나오고 있다.

우리나라는 현재 이들 신지적재산권의 경우 반도체 집적회로는 통상산업부, 컴퓨터프로그램은 정보통신부, 저작권은 문화체육부가 담당하고 있다.

또 종자산업법은 농림수산부, 기술도입 심사나 프랜차이징은 재정경제원, 특허 실용신안 의장 상표 등 산업재산권은 특허청, 수출입 시 지적재산권을 침해하는 상품의 통과 규제나 병행수입문제는 관세청 등으로 각각 분산돼 있다.

또한 미국 일본 등 선진국의 선행기술 움직임에 대해서는 전혀 어떻게 대응하고 준비할 것인지에 대해 일관성 있고 체계적으로 대책을 수립하지 못하고 있다. 따라서 우리나라는 산업입국의 가장 중요한 수단이 될 지적산업분야의 조직 재정비가 하루빨리 이뤄져야 한다.

미국의 코카콜라는 상품매출이 아닌 상표가치가 코카콜라 회사 자본금의 무려 90%에 해당하는 434억 달러(약 45조 원)나 된다. 또 코닥(KODAK)은 폴라로이드(POLAROID)사에 특허침해건으로 9억 달러의 로열티를 지불했다.

우리나라도 현재 외국업체에 지불하는 기술과 상품 로열티가 반도체업체는 연간 2,000억 원, 산업 전체로는 무려 1조 원이 넘어 무역역조의 중요한 원인이 되고 있다.

최근 미국의 부즈 앨런 컨설팅이 내놓은 「21세기를 향한 한국경제의 재도약」이라는 보고서에 따르면 "한국은 경제발전을 위해 지식에 기반을 둔 사업을 활발히 전개하지 않으면 안 된다."고 지적하고 있다.

이는 지적재산권의 중요성을 다시 한번 일깨운 것이라 할 수 있다.

다행히 우리 사법부는 내년 3월 2일부터 고등법원급의 '특허법원'을 설립하는 등 시의적절한 대책을 세우고 있다.

그러나 여기에서 더 나아가 지적재산권 관련 행정조직의 개편도 반드시 재검토돼야 한다. 지적재산부는 우리 경제의 활로를 모색하기 위해 불가피한 '기술입국'을 포괄적으로 관리 운영해야 하는 조직이기 때문이다. 또한 현재 통상산업부, 정보통신부, 문화체육부, 농림수산부, 재정경제원, 특허청 등으로 분산돼 있는 지적재산권의 국제협상 창구 단일화를 위해서도 필요하다.

여기에는 앞으로 전자상거래 시대가 진척될 것에 대비해 지적재산권에 정통한 전문인력 확보와 국내 기술의 보호체제 정립, 미래를 위한 대응책 마련을 위해서도 그렇다. 아무튼, WHO가 세계 무역거래를 관장하는 규범이라면 지적재산권은 앞으로 세계 기술관계를 지배하는 척도인 만큼 21세기 국가정책과 경쟁력 제고를 위해서는 지적재산부가 최우선적으로 고려돼야 할 것이다. 그래야만 오늘날 악화일로에 있는 경제문제를 근본적으로 해결하는 돌파구가 될 뿐만 아니라 무역역조에서 나아가 로열티 종속구조에서 벗어날 수 있을 것이기 때문이다.

"지식재산 체계적으로 관리해야"

2007.05.02. 『매일경제』

매일경제 7년 5월 2일 수요일 분석과 전망

● 매경광장 ●

지식재산 체계적으로 관리해야

우리나라의 각종 산업을 새로운 패러다임에 적응시키기 위한 첫 단계로서 한·미 자유무역협정(FTA) 협상이 타결됐다. 바야흐로 21세기의 무한경쟁시대를 맞는 첫 단추를 꿴 셈이다.

이번 한·미 FTA가 예정대로 발효된다면 여러 가지 분야에서 다양한 의미가 있겠지만, 특히 지식재산에 관련된 특허권, 저작권, 상표권, 컴퓨터프로그램, 통신 등 산업분야에서는 특별한 의미가 있다. 우수한 두뇌인력을 활용한 지식산업으로 국부를 확대할 기회가 되기 때문이다.

그러나 시장이 개방되고 싼 가격에 상품을 수출할 수 있다고 마냥 좋아할 일만은 아니다. 국내의 상품보다 싸고 질 좋은 미국 상품이 더욱 많이 수입될 수도 있다는 점을 간과해서는 안 된다.

그렇다면 우리들은 한·미 FTA로 인한 국내외 시장 변화에 어떻게 대처하는 것이 좋을까? 이에 대한 해답은 자명하다.

우리가 가지고 있는 인적자원을 총가동해 새로운 과학·기술과 우리 고유의 문화·예술을 이상적으로 접목시킨 한국인만의 독특한 상품과 서비스를 창조해야 한다. 또한 경쟁력 있는 가격으로 국제시장에 내놓아야 한다.

이러한 국제시장의 냉혹한 현실을 일찍이 간파한 중국은 과교흥국(科敎興國)이라 하여 과학과 교육의 개혁으로 국가의 장래를 설계하는가 하면, 일본은 지재입국(知財立國)이라 하여 지적재산을 국가의 생존전략으로 채택한 바 있다.

이러한 맥락에서 한국이 동북아에서, 그리고 세계시장에서 살아남으려면 또 한 번의 근본적인 구조조정을 해야 한다고 본다. 그것은 다름이 아닌 모든 분야에서 저비용·고효율의 정책을 통합하고 관리할 수 있는 시스템 구축이 필요하다.

즉 모든 국가기구, 지방자치단체, 회사, 협회와 같

김명신
지식재산포럼 공동대표

은 조직은 능률과 비용을 감안해 상호 유기적이고도 생산적인 시스템으로 개편되어야 한다.

그리고 이러한 정책을 채택한다면 당연히 지식재산의 창조, 보호, 육성과 창조적인 인재양성을 위한 대혁신이 뒤따라야 한다.

따라서 자원이 부족하고 국토가 좁으나 비교적 우수한 두뇌를 가진 우리나라 국가경쟁력을 높이는 방법은 두뇌를 활용한 지식재산뿐이다.

이 같은 맥락에서 국회에 제출돼 있는 지식재산기본법안을 눈여겨 볼 필요가 있다. 이 법안에 의하면 정부 부처별로 지식재산에 관한 고유 업무는 그대로 수행하되 국가적인 의제는 대통령이 관장하는 상설 심의기구인 국가지식재산위원회에서 다루도록 돼 있다. 국가지식재산위원회에는 이를 뒷받침하는 사무국을 신설하며 지식재산에 관한 전반적인 국가정책을 조율해 다시 한번 우리 산업을 중흥시키는 데 결정적인 도움이 되도록 한다는 것이다.

끝으로 국가경쟁력을 높이기 위한 범국가적인 분위기를 조성하려면 건전한 회의문화를 육성하고 국민제안제도를 전국적으로 시행해야 한다.

모든 단위 조직의 예산을 절감하고 능률을 제고하는 훌륭한 제안이 나오면 이를 채택하되, 일과성의 표창 정도로 그칠 것이 아니라 절약된 예산의 일부를 재원으로 활용해 제안자에게 파격적으로 보상하는 등 발상의 전환이 필요하다.

새로운 지식창조에 대한 일종의 보상인 셈이다. 이렇게 한다면 별다른 예산을 마련하지 않고도 거국적인 프로젝트를 추진할 수 있을 것이다.

우리나라의 각종 산업을 새로운 패러다임에 적응시키기 위한 첫 단계로서 한·미 자유무역협정(FTA) 협상이 타결됐다. 바야흐로 21세기의 무한경쟁시대를 맞는 첫 단추를 뀐 셈이다.

이번 한·미 FTA가 예정대로 발효된다면 여러 가지 분야에서 다양한 의미가 있겠지만, 특히 지식재산에 관련된 특허권, 저작권, 상표권, 컴퓨터프로그램, 통신 등 산업분야에서는 특별한 의미가 있다. 우수한 두뇌인력을 활용한 지식산업으로 국부를 확대할 기회가 되기 때문이다.

그러나 시장이 개방되고 싼 가격에 상품을 수출할 수 있다고 마냥 좋아할 일만은 아니다. 국내의 상품보다 싸고 질 좋은 미국 상품이 더욱 많이 수입될 수도 있다는 점을 간과해서는 안 된다.

그렇다면 우리들은 한·미 FTA로 인한 국내외 시장 변화에 어떻게 대처하는 것이 좋을까? 이에 대한 해답은 자명하다.

우리가 가지고 있는 인적자원을 풀가동해 새로운 과학·기술과 우리 고유의 문화·예술을 이상적으로 접목시킨 한국인만의 독특한 상품과 서비스를 창조해야 한다. 또한 경쟁력 있는 가격으로 국제시장에 내놓아야 한다.

이러한 국제시장의 냉엄한 현실을 일찍이 간파한 중국은 과교흥국(科敎興國)이라 하여 과학과 교육의 개혁으로 국가의 장래를 설계하는가 하면, 일본은 지재입국(知財立國)이라 하여 지적재산을 국가의 생존전략으로 채택한 바 있다.

이러한 맥락에서 한국이 동북아에서, 그리고 세계시장에서 살아남으려면 또 한 번의 근본적인 구조조정을 해야 한다고 본다. 그것은 다름이 아닌 모든 분야에서 저비용·고효율의 정책을 통합하고 관리할 수 있는 시스템 구축이 필요하다.

즉 모든 국가기구, 지방자치단체, 회사, 협회와 같은 조직은 능률과 비용을 감안해 상호 유기적이고도 생산적인 시스템으로 개편되어야 한다.

그리고 이러한 정책을 채택한다면 당연히 지식재산의 창조, 보호, 육성과 창조적인 인재양성을 위한 대혁신이 뒤따라야 한다.

따라서 자원이 부족하고 국토가 좁으나 비교적 우수한 두뇌를 가진 우리나라 국가경쟁력을 높이는 방법은 두뇌를 활용한 지식재산뿐이다.

이 같은 맥락에서 국회에 제출돼 있는 지식재산기본법안을 눈여겨볼 필요가 있다. 이 법안에 의하면 정부 부처별로 지식재산에 관한 고유 업무는 그대로 수행하되 국가적인 의제는 대통령이 관장하는 상설 심의기구인 국가지식재산위원회에서 다루도록 돼 있다. 국가지식재산위원회에는 이를 뒷받침하는 사무국을 신설하며 지식재산에 관한 전반적인 국가정책을 조율해 다시 한번 우리 산업을 중흥시키는 데 결정적인 도움이 되도록 한다는 것이다.

끝으로 국가경쟁력을 높이기 위한 범국가적인 분위기를 조성하려면 건전한 회의문화를 육성하고 국민제안제도를 전국적으로 시행해야 한다.

모든 단위 조직의 예산을 절감하고 능률을 제고하는 훌륭한 제안이 나오면 이를 채택하되, 일과성의 표창 정도로 그칠 것이 아니라 절약된 예산의 일부를 재원으로 활용해 제안자에게 파격적으로 보상하는 등 발상의 전환이 필요하다.

새로운 지식창조에 대한 일종의 보상인 셈이다. 이렇게 한다면 별다른 예산을 마련하지 않고도 거국적인 프로젝트를 추진할 수 있을 것이다.

"국민제안제도 시행 필요하다"

2011.04.19. 『중앙일보』

중앙일보 2011년 4월 19일 화요일   오피니언

세설(世說)

김명신
지식재산포럼 회장

'국민제안제도' 시행 필요하다

1. 최근 일본 동북부 지방의 지진과 쓰나미로 야기된 후쿠시마 원전의 방사능 유출과 그 후 계속되는 여진 때문에 일본은 물론 전 세계 사람들이 불안에 떨고 있다. 필자는 방사능에 오염된 물과 토양을 미생물로 정화하는 기술을 가진 일본의 다카시마 야스히데 박사를 간 나오토 일본 총리에게 소개하는 일에 참여한 적이 있는데 현재 그에 관한 실험이 진행 중에 있다.

2. 여름에는 에어컨이 없으면 살 수 없고, 겨울에는 아파트 안의 온도가 너무 높아 얇은 셔츠와 짧은 바지로 생활할 정도로 전기를 낭비하고 있다. 이대로 가면 또 하나의 큰 발전소를 바로 건설해야 할 지경이지만 무턱대고 발전소만 계속하여 건설하기만 하면 되는 일일까. 그렇지 않다. 전

기절약에 관한 근본 대책을 수립하면서 어떤 종류의 발전소를, 어느 장소에, 어떤 규모로, 어떤 시스템으로 건설할 것인지를 먼저 결정해야 할 것이다.

이런 크고 작은 정책이 결정되는 과정을 면밀히 살펴보면, 짧은 기간 내에 정치 논리로 이익집단의 주장만을 듣게 되는 것이 오늘날의 현실이다. 지역, 정치, 교육, 실업, 고령화 갈등 등 수많은 사회갈등이 있으나 이를 해결하기 위하여 충분한 시간을 가지고 제대로 된 토의과정 한번 거치는 모습을 볼 수 없어 안타까울 뿐이다. 이런 환경 속에서 어떻게 하면 우리 국민들의 숨은 저력을 국력으로 승화시킬 수는 없을까. 그것은 바로 국민제안제도를 시행하면 가능하다고 생각한다.

정치나 행정을 하는 사람들은 자신들의 정책만이 혜안이고 국민들로부터는 그 어떤 대책도 나올 수 없다고 오해할 수도 있을 것이다. 그러나 현직에서 은퇴한 고령자, 고학력의 전업주부, 청년실업자, 회사원, 군인 등 전 국민을 대상으로 거액의 현상금을 걸고 우수한 정책들을 제안토록 하여 공정한 심사를 거친다면 기상천외의 정책을 많이 개발할 수 있다고 확신한다.

이러한 제도가 성공하려면 공정한 심사를 거쳐 채택된 정책에 대해 상당액의 수당을 지급하는 등 국민적 관심을 유도할 필요가 있다. 치열한 국제경쟁에서 살아남기 위해선 수많은 사회갈등을 건전한 방향에서 해결할 수 있는 법률적 뒷받침이 있어야 한다.

1. 최근 일본 동북부 지방의 지진과 쓰나미로 야기된 후쿠시마 원전의 방사능 유출과 그 후 계속되는 여진 때문에 일본은 물론 전 세계 사람들이 불안에 떨고 있다. 필자는 방사능에 오염된 물과 토양을 미생물로 정화하는 기술을 가진 일본의 다카시마 야스히데 박사를 간 나오토 일본 총리에게 소개하는 일에 참여한 적이 있는데 현재 그에 관한 실험이 진행 중에 있다.

2. 여름에는 에어컨이 없으면 살 수 없고, 겨울에는 아파트 안의 온도가 너무 높아 얇은 셔츠와 짧은 바지로 생활할 정도로 전기를 낭비하고 있다. 이대로 가면 또 하나의 큰 발전소를 바로 건설해야 할 지경이지만, 무턱대고 발전소만 계속하여 건설하기만 하면 되는 일일까? 그렇지 않다. 전기절약에 관한 근본 대책도 수립하면서 어떤 종류의 발전소를, 어느 장소에, 어떤 규모로, 어떤 시스템으로 건설할 것인지를 먼저 결정해야 할 것이다.

이런 크고 작은 정책이 결정되는 과정을 면밀히 살펴보면, 짧은 기간 내에 정치 논리로 이익집단의 주장만을 듣게 되는 것이 오늘날의 현실이다. 지역, 정치, 교육, 실업, 고령화 갈등 등 수많은 사회갈등이 있으나 이를 해결하기 위하여 충분한 시간을 가지고 제대로 된 토의과정 한 번 거치는 모습을 볼 수 없어 안타까울 뿐이다. 이런 환경 속에서 어떻게 하면 우리 국민들의 숨은 저력을 국력으로 승화시킬 수는 없을까? 그것은 바로 국민제안제도를 시행하면 가능하다고 생각한다.

정치나 행정을 하는 사람들은 자신들의 정책만이 혜안이고 국민들로부터는 그 어떤 대책도 나올 수 없다고 오해할 수도 있을 것이다. 그러나 현직에서 은퇴한 고령자, 고학력의 전업주부, 청년실업자, 회사원, 군인 등 전 국민을 대상으로 거액의 현상금을 걸고 우수한 정책들을 제안토록 하여 공정한 심사를 거친다면 기상천외의 정책을 많이 개발할 수 있다고 확신한다.

이러한 제도가 성공하려면 공정한 심사를 거쳐 채택된 정책에 대해 상당액의 수당을 지급하는 등 국민적 관심을 유도할 필요가 있다. 치열한 국제경쟁에서 살아남기 위해선 수많은 사회갈등을 건전한 방향에서 해결할 수 있는 법률적 뒷받침이 있어야 한다.

"지식재산기본법이 제정되기까지"

2011.5.20. 대한변리사회 발행 『특허와 상표』 신문

2005년 1월 28일 필자가 서울 강남 코엑스 아셈홀에서 한국중재학회의 국제거래신용대상을 수상하는 자리에서 우리나라도 일본처럼 「지식재산기본법」이 필요하다고 언급한 것이 지식재산기본법 제정과의 첫 인연이라고 할 수 있다.

2005년 4월 6일 도쿄의 일본정부내각관방 지적재산전략추진사무국의 아라이 히사미츠 국장(전 특허청장)을 한양대 법대 윤선희 교수와 함께 예방할 기회를 가졌다. 이 자리에서 우리나라도 두뇌재산을 중시하는 지식재산기본법을 제정하여 하루빨리 정부조직을 정비하고 분발하지 않으면 지금까지 수출입국으로 이루어 놓은 국가경쟁력을 하루아침에 잃어버릴 가능성이 높다는 점을 절실하게 느꼈다.

그 후, 지식재산포럼이라는 단체의 설립을 위하여 저명한 발기인들을 모시고자 5개월 간 동분서주한 결과, 당시 전국경제인연합회 강신호 회장, 하나은행

이사회 김승유 회장, 한국무역협회 김재철 회장, 한국개발원 김중수 전 (前) 회장, 대한상공회의소 박용성 회장, 국제형사재판소 송상현 소장, 주식회사 SBS 안국정 사장, 한국발명진흥회 이구택 회장, 한국예술문화단체총연합회 이성림 회장, 대한변호사협회 이세중 전 회장, 중앙일보 이어령 고문, 매일경제신문사 장대환 회장, 한국과학기술단체총연합회 채영복 회장 등 40명의 발기인을 모실 수 있게 되었다.

2005년 8월 30일 서울 중구 태평로 프레스센터에서 지식재산포럼의 창립총회를 열어 공동회장으로 강신호 회장, 이상희 회장, 김명신 회장을 선출하고 회칙을 통과시켰으며, 지식재산업무가 행정 각 부처에 산재하여 있는 관계로 사단법인설립은 국회사무처를 감독관청으로 하기로 하였다. 그리고 "이제는 지식재산이다. 지식재산의 창조와 보호가 인재를 기르는 지름길이다. 지식재산의 힘은 문화·예술과 과학·기술의 결합에서 나온다. 지식재산만이 미래의 살길이다. 지식재산이 바로 국가경쟁력이다."라는 선언문을 채택하였다.

2005년 10월 10일 서울 중구 태평로 프레스센터에서 「지식재산기본법제정을 위한 토론회」를 지식재산포럼이 주최하고, 이날 지식재산포럼 사무총장 윤선희 교수가 주제발표를 하고 LG전자 함수영 상무, 벤처기업협회 우성화 부회장, 한국소프트웨어저작권협회 김규성 부회장, 충남대 신희권 교수가 토론에 참여하였다.

2005년 11월 9일 서울 중구 태평로 프레스센터에서 「국가경쟁력제고를 위한 지식재산정책 심포지엄」을 지식재산포럼이 주최하고, 연사로는 일본 지적재산 전략 추진사무국의 아라이 히사미츠(荒井 寿光) 국장과 중앙일보 이어령 고문이 각각 강연하였다.

2005년 11월 8일 정성호 의원이 대표발의한 지식재산기본법안(지식재산처를 신설하고 처장은 장관급임)과 2005년 11월 8일 김영선 의원이 대표발의한 지식재산기본법안(지식재산부를 신설함)이 각각 국회에 제출되었다.

2005년 11월 9일 국회 귀빈식당에서 일본 지적재산전략추진사무국의 아라이 히사미츠 국장을 초청하여 정성호 의원, 김영선 의원, 이은영 의원, 강혜숙 의원 등이 참석하여 지식재산정책에 관한 간담회를 가졌다.

2006년 7월 6일 서울 역삼동 르네상스서울호텔에서 「지식재산정책대토론회」를 산업자원부와 지식재산포럼이 공동주최하여, 이날 이상희 회장의 기조연설에 이어, 도쿄대학 법학부 나카야마 노부히로(中山 信弘) 교수, (주)KT 김영일 상무, 서울대 공대 홍국선 교수, 필자, 한양대 법대 윤선희 교수가 각각 주제를 발표하였다.

2006년 7월 7일 지식재산포럼이 만든 지식재산기본법안(대표발의: 이병석 의원)이 국회에 제출되었다.

2006년 11월 2일 국회 산업자원위원회 회의실에서 정성호 의원이 대표발의한 지식재산기본법안, 김영선 의원이 대표발의한 지식재산기본법안, 이병석 의원이 대표발의한 지식재산기본법안에 대한 공청회가 개최됐다. 그러나 상기 3개 법안은 17대 국회의 종료와 함께 자동으로 폐기되었다. 2006년 12월 지식재산포럼이 홈페이지와 UCC를 제작하여 지식재산에 관한 국민계몽운동을 시작하였다.

2007년 4월 16일 지식재산포럼의 강신호 공동회장이 사임하고 김재철 공동회장이 취임하였다.

2008년 1월 16일 지식재산포럼은 조선일보에 정부조직개편에 즈음하여 지식재산정책의 중요성을 강조하면서 다음과 같은 성명을 발표하였다.

- 우리가 가진 최고의 자원은 인적자원이다.
- 인적자원은 문화·예술·과학·기술·서비스로 표현된다.
- 문화·예술·과학·기술·서비스는 지식산업으로 집약된다.
- 지식산업이 바로 국가경쟁력이다.

- 강대국의 경제식민지가 되지 않으려면 거국적인 지식산업발전 시스템을 만들어야 한다.

2008년 5월 19일 서울 성북구 고려대학교 신법학관에서 대한변리사회와 고려대학교가 주최하고, 지식재산포럼과 법률소비자연맹이 주관하여 「특허강국, 지식재산 강국 건설을 위한 토론회」를 개최했다.

2008년 11월 12일 매일경제신문사에서 이상희 회장, 이희범 한국무역협회 회장, 이기수 고려대 총장, 김명신 회장, 홍기영 매일경제신문 과학기술부 부장이 참석하여 지상좌담회를 개회하였고, 그 좌담 내용이 2008년 11월 27일자 『매일경제신문』 18면에 전면 게재되었다.

2009년 3월 5일 서울 강남구 코엑스 그랜드볼룸에서 지식재산강국추진협의회가 주최하고 특허청이 주관한 21세기 지식재산비전과 실행전략 선포 및 지식재산강국추진협회 출범식을 가지고 지식재산의 중요성에 관한 사회여론을 조성하기 위한 행사를 가졌다.

2009년 4월 10일 필자가 일본 도쿄 지적재산전략추진사무국의 소가와 도미지 사무국장(전 문화청 청장)을 예방하여 최근 일본 정부의 지식재산정책 추진방향에 관하여 의견을 청취하였다.

2009년 5월 27일 국회 헌정기념관에서 특허청, 대한변리사회, 서울지방변호사회, 지식재산포럼, 한국산업재산권법학회가 공동주최한 「국가경쟁력 강화를 위한 한·일 지적재산 정책 국제세미나」가 개최됐다. 이 자리에서 일본 특허청 스즈끼 다까시 청장, 대한변리사회 이상희 회장, 일본 지적재산전략본부 사또오 다쯔히꼬 위원이 각각 발표하였다.

2009년 9월 1일 국회의원회관에서 국회의원 이종혁, 한국지식재산연구원, 한국행정학회 주최로 「국가지식재산위원회 설립에 관한 토론회」를 개최했다.

2009년 11월 4일 지식재산포럼이 초안을 마련하여 의원입법안으로 국회의원

102명이 서명한 지식재산기본법안(이종혁 의원이 대표 발의)이 다시 국회에 제출되었다.

2009년 11월 26일 서울 강남구 그랜드인터콘티넨탈호텔에서 제2차 지식재산강국추진협의회가 개최되어 아라이 히사미츠(일본 지적재산전략추진사무국의 전 국장)와 특허청 산업정책국 김영민 국장이 각각 발표하였다.

2009년 12월 1일 지식재산포럼이 청와대에 건의한 내용에 근거하여 청와대가 각 부처에 의견을 조회한 결과, 지식재산기본법 제정의 필요성이 인정되어 국가경쟁력위원회에서 대통령에게 보고함으로써 전기가 마련되어 국무총리실장을 중심으로 13개 행정부처가 합동으로 법안을 만들라는 대통령의 지시에 따라 2010년 4월 16일 국무총리 명의로 지식재산기본법안이 입법예고되기에 이르렀다. 그러나 국가지식재산위원회 위원장이 대통령이어야 한다는 지식재산포럼의 건의안이 제출됐으나 2010년 8월 4일 정부법률안의 공동위원장은 수정되지 않은 채 국회에 제출되었다.

2010년 4월 26일 서울 강남구 팰레스호텔에서 특허청이 주관하여 한국과학기술단체총연합회, 지식재산포럼 등 16개 단체장이 지식재산강국실현을 위한 대정부건의문을 공동명의로 채택하였다.

2010년 9월 1일에는 김영선 의원이 대표발의한 지식재산기본법안이 17대 국회에 제출된 내용을 일부 수정하여 18대 국회에 다시 제출되었다.

2010년 10월 16일 KBS 1TV『일류로 가는 길』(정종원 프로듀서 기획, 황수경 아나운서 진행) 프로그램으로 필자가 50분간 지식재산기본법 제정의 필요성을 강의하였다.

2010년 9월 29일 제294회 국회 제5차 정무위원회에서, 2009년 11월 4일 이종혁 의원이 대표발의한 지식재산기본법안, 2010년 8월 4일 정부가 제출한 지식재산기본법안 및 2010년 9월 1일 김영선 의원이 대표발의한 지식재산기본법안을 법률안 심사소위원회에 회부하였다.

또한 정무위원회는 제294회 국회 제9차 법률안심사소위원회(2010년 12월 2일), 제10차 법률안심사소위원회(2010년 12월 6일) 및 제298회 국회 제2차 법률안 심사소위원회(2011년 4월 18일)에서 이상 3건의 법률안에 대하여 심사한 결과, 이들 내용을 포함하여 일부를 조정한 정무위원회안을 따로 마련하기로 결정하였다.

지식재산기본법안에 관련된 업무는 많은 정부부처에서 관장하고 있기 때문에 국회에서의 심의도 어느 위원회에서 하는 것이 좋을지 오랜 검토 끝에 최종적으로 정무위원회에서 심의하기로 결정되었다.

2011년 4월 20일 드디어 국회 정무위원회안인 지식재산기본법안이 정무위원회를 통과하였고, 2011년 4월 29일 국회본회의를 통과하게 되었다(참석의원 206명, 찬성 205명, 기권 1명).

끝으로 2006년부터 지금까지 지식재산기본법안을 대표발의하여 주신 이병석 의원, 정성호 의원, 김영선 의원, 이종혁 의원께 감사를 드리며, 특히 102명의 국회의원이 서명한 법안을 마련하여 주신 이종혁 의원에게 특별히 감사를 드린다. 그리고 특허청이 주관하여 지식재산강국추진협의회를 발족시킨 것이 이 법안제정에 큰 힘이 되었다고 생각한다.

또한 지금까지 이상희 회장, 김재철 회장, 윤선희 사무총장 등 임원들을 위시하여 많은 분들의 성원에 감사드리며, 특히 큰 금액을 기부하여 주신 김앤장, 리앤목, 리인터내셔널, 코리아나, 신성, 와이·에스·장, 김원호, 하영욱, 황의만, 강명구, 박장원, 정태련, 최달용, 신관호, 강일우, 김연수, 조인제, 백홍기 및 남호현 등 사무소와 회원들에게도 이 지면을 빌어 특별한 감사를 드린다.

"변리사의 선택적 공동소송대리"

2011.08.25. 『동아일보』

⑮ 제28016호 2011년 8월 25일 목요일 동아일보

변리사의 선택적 공동소송대리

변리사법 개정안은 17대 국회에서부터 7년째 잠자고 있다. 변리사법 8조에 따라 변리사는 특허법원과 대법원에서 소송대리를 하고 있다. 법원이 유독 특허침해 사건에서만 변리사의 소송대리를 인정하지 않기 때문에 상당수 회원의 반대에도 소송 당사자의 실익을 고려해 변호사가 대리인으로 있는 특허기술소송에서 당사자가 원하면 변리사도 소송대리인으로 참여할 수 있도록 하자는 것이 변리사법 개정안의 취지다.

따라서 당사자가 변호사만으로 소송을 수행하고자 하면 종전대로 하면 될 것이다. 한 여론조사에 따르면 특허침해소송을 해본 기업들의 74.3%가 변호사와 변리사가 공동으로 소송을 수행하기를 바라고 있다.

특허침해소송은 특허법이라는 특수한 법 영역과 특정기술에 대한 지식을 가지고 민사소송 실무에도 밝은 사람이 소송대리를 하는 것이 이상적인데 변호사도 변리사도 이 세 가지를 다 갖추었다고 하기는 어렵다.

변리사에게 침해소송대리권을 주면 다른 자격사에게도 소송대리권을 주어야 한다는 일부 주장이 있으나 다른 자격사법에는 소송대리에 관한 명문 규정이 없으므로 언급을 피하기로 한다. 우리나라와 비슷한 제도를 가진 일본은 2001년 사법제도개혁심의회가 사건 당사자들의 요청과 국가경쟁력을 고려해 변호사가 있는 사건에 한해 변리사의 특허침해 소송대리권을 부여하도록 정부에 건의해 현재 시행 중이다. 미국과 중국은 변리사 단독으로, 영국은 변호사와 함께 소송대리를 허용하고 있다.

한편 미국 변호사는 한국에서 변호사가 별도의 시험 없이 변리사 업무를 할 수 있는 제도상 허점을 이용해 장차 한미 자유무역협정(FTA)에 따라 한국 법률시장이 개방되는 것을 빌미로 한국 변리사도 대리할 수 없는 특허소송에 미국 변호사가 사실상 진출하는 현상을 무슨 논리로 설명할 수 있을까. 이는 사대주의가 아니라 자가당착이다. 변리사법에

명문 규정이 있어도 소송대리권을 부인하는 것은 헌법에 위배된다는 소원을 제기하였으므로 합리적인 판결이 나올 것으로 기대한다.

최근 삼성전자와 애플의 휴대전화 기술특허를 둘러싼 국제소송에서 기술을 모르는 변호사만으로 소송에 대처한다는 것은 국가경쟁력 차원에서도 상상할 수 없는 일이다. 지식재산기본법의 취지, 이공계 기피현상 해소, 민주당의 변리사법 개정안 찬성, 573개 과학기술단체의 염원 등을 종합적으로 고려할 때 이제는 쇄국적인 변호사만의 직역 보호보다 국익을 먼저 생각하는 현명한 결정을 할 시기가 됐다.

김명신
변리사

변리사법 개정안은 17대 국회에서부터 7년째 잠자고 있다. 변리사법 8조에 따라 변리사는 특허법원과 대법원에서 소송대리를 하고 있다. 법원이 유독 특허침해 사건에서만 변리사의 소송대리를 인정하지 않기 때문에 상당수 회원의 반대에도 불구하고 소송 당사자의 실익을 고려해 변호사가 대리인으로 있는 특허기술소송에서 당사자가 원하면 변리사도 소송대리인으로 참여할 수 있도록 하자는 것이 변리사법 개정안의 취지다.

따라서 당사자가 변호사만으로 소송을 수행하고자 하면 종전대로 하면 될 것이다. 한 여론조사에 따르면 특허침해소송을 해본 기업들의 74.3%가 변호사와 변리사가 공동으로 소송을 수행하기를 바라고 있다.

특허침해소송은 특허법이라는 특수한 법 영역과 특정기술에 대한 지식을 가지고 민사소송 실무에도 밝은 사람이 소송대리를 하는 것이 이상적인데, 변호사도 변리사도 이 세 가지를 다 갖추었다고 하기는 어렵다.

변리사에게 침해소송대리권을 주면 다른 자격사에게도 소송대리권을 주어야 한다는 일부 주장이 있으나, 다른 자격사법에는 소송대리에 관한 명문 규정이 없으므로 언급을 피하기로 한다. 우리나라와 비슷한 제도를 가진 일본은 2001년 사법제도개혁심의회가 사건 당사자들의 요청과 국가경쟁력을 고려해 변호사가 있는 사건에 한해 변리사의 특허침해 소송대리권을 부여하도록 정부에 건의해 현재 시행 중이다. 미국과 중국은 변리사 단독으로, 영국은 변호사와 함께 소송대리를 허용하고 있다.

한편 미국 변호사는 한국에서 변호사가 별도의 시험 없이 변리사 업무를 할 수 있는 제도상 허점을 이용해 장차 한·미 자유무역협정(FTA)에 따라 한국 법률시장이 개방되는 것을 빌미로 한국 변리사도 대리할 수 없는 특허소송에 미국 변호사가 사실상 진출하는 현상을 무슨 논리로 설명할 수 있을까? 이는 사대주의가 아니라 자가당착이다. 변리사법에 명문 규정이 있어도 소송대리권을 부인하는 것은 헌법에 위배된다는 소원을 제기하였으므로 합리적인 판결이 나올 것으로 기대한다.

　최근 삼성전자와 애플의 휴대전화 기술특허를 둘러싼 국제소송에서 기술을 모르는 변호사만으로 소송에 대처한다는 것은 국가경쟁력 차원에서도 상상할 수 없는 일이다. 지식재산기본법의 취지, 이공계 기피현상 해소, 민주당의 변리사법 개정안 찬성, 573개 과학기술단체의 염원 등을 종합적으로 고려할 때 이제는 쇄국적인 변호사만의 직역 보호보다 국익을 먼저 생각하는 현명한 결정을 할 시기가 됐다.

"지식재산의 가치평가"

2011.12.10. 중앙일보

중앙일보 2011년 12월 10일 토요일　　　오피니언

지식재산의 가치평가

김명신
(사)지식재산포럼 회장

지금까지 금융계는 부동산만을 담보로 대출해 왔는데 이제는 한계에 이르렀다고 생각된다. 최근 미국에서 야기된 리먼 쇼크는 부동산 담보도 안전한 것이 아니라는 사실을 알깨워주었다. 얼마 전 '뽀로로' 캐릭터를 개발한 국내 회사가 미 월트디즈니사로부터 1조원에 사겠다는 제안을 받고도 거절했다고 한다. 그런데 이 회사가 사옥을 짓기 위해 은행에 290억원의 대출 신청을 했다가 담보가 부족하다는 이유로 거절당했다는 기사를 읽은 적이 있다. 나중에 다른 은행에서 대출받긴 했으나 씁쓸했다. 1조원에 팔라는 회사를 290억원 정도로도 평가하지 않았으니 말이다.

한국 금융계도 글로벌화 시대에 생존해 나가려면 부동산만이 담보가치가 있다고 보는 편협한 사고에서 벗어나야 한다. 2005년 뉴욕증권거래소에 상장된 상위 500대 기업의 자산구조를 보면 부동산·동산의 비율이 불과 20%에 지나지 않고, 나머지 80%의 자산이 지식재산이었다. 지식재산 등 무체재산(無體財産·특허권·저작권 등 정신적·지능적 창작물로 이뤄진 무형의 재산)이 회사를 평가하는 기준이 되었다고 봐도 무리가 아닐 것이다.

지금 우리는 특허기술·컴퓨터 프로그램·캐릭터·콘텐트·만화·드라마·음악·연극·공연 등 무궁무진한 지식재산 분야의 발전이 예상되는 시대에 살고 있다. 금융계는 이 분야에 장래성 있는 이공계 및 문화·예술계 전공자를 채용하고 훈련시켜 금융계 자체의 TF팀을 만들 필요가 있다. 이를 통해 지식재산을 비롯한 새롭고 다양한 담보가치를 평가할 수 있어야 한다. 이렇게 하는 것이 벤처기업 육성과 청년 일자리 창출 및 이공계의 활성화, 나아가 국가경쟁력 강화에도 도움이 될 것으로 믿는다.

지금까지 금융계는 부동산만을 담보로 대출해 왔는데 이제는 한계에 이르렀다고 생각된다. 최근 미국에서 야기된 리먼(Lehman) 쇼크는 부동산 담보도 안전한 것이 아니라는 사실을 일깨워주었다.

얼마 전 '뽀로로' 캐릭터를 개발한 국내 회사가 미 월트디즈니사로부터 1조 원에 사겠다는 제안을 받고도 거절했다고 한다. 그런데 이 회사가 사옥을 짓기 위해 은행에 290억 원의 대출 신청을 했다가 담보가 부족하다는 이유로 거절당했다는 기사를 읽은 적이 있다. 나중에 다른 은행에서 대출받긴 했으나 씁쓸했다. 1조 원에 팔라는 회사를 290억 원 정도로도 평가하지 않았으니 말이다.

한국 금융계도 글로벌화 시대에 생존해 나가려면 부동산만이 담보가치가 있다고 보는 편협한 사고에서 벗어나야 한다. 2005년 뉴욕증권거래소에 상장된 상위 500대 기업의 자산구조를 보면, 부동산·동산의 비율이 불과 20%에 지나지 않고, 나머지 80%의 자산이 지식재산이었다.

지식재산 등 무체재산(無體財産: 특허권·저작권 등 정신적·지능적 창작물로 이뤄진 무형의 재산)이 회사를 평가하는 기준이 되었다고 봐도 무리가 아닐 것이다. 지금 우리는 특허기술·컴퓨터 프로그램·캐릭터·콘텐츠·만화·드라마·음악·연극·공연 등 무궁무진한 지식재산 분야의 발전이 예상되는 시대에 살고 있다.

금융계는 이 분야에 장래성 있는 이공계 및 문화·예술계 전공자를 채용하고 훈련시켜 금융계 자체의 TF팀을 만들 필요가 있다. 이를 통해 지식재산을 비롯한 새롭고 다양한 담보가치를 평가할 수 있어야 한다. 이렇게 하는 것이 벤처기업 육성과 청년 일자리 창출 및 이공계의 활성화, 나아가 국가경쟁력 강화에도 도움이 될 것으로 믿는다.

"이제는 말할 때가 된 것 같다"

2012.11.20.대한변리사회 발행 『특허와 상표 』신문

요즘 국내 지식재산권 분야의 큰 화두는 특허소송의 관할집중과 변호사·변리사의 선택적 공동소송대리 문제이다.

먼저 관할집중건에 대하여 살펴보자. 우리나라의 특허소송은 무효소송과 침해소송으로 이원화되어 있는 데다가 특허기술에 관한 침해소송이 일반법원에서 다루어짐으로써 소송 기간이 지나치게 장기화되고 있는 것이 사실이다. 기저귀 특허소송이 대법원판결을 받을 때까지 무려 11년 8개월이나 소요된 전례도 있다.

또한 국가지식재산위원회 산하 지식재산보호위원회와 지식재산권 분쟁해결제도선진화 특별위원회를 비롯한 각종 세미나에서 특허침해소송의 관할이 집중되어야 한다는 점에 대하여 의견이 일치하고 있으며, 특허침해소송의 1심을

서울중앙지방법원과 대전지방법원, 2심을 특허법원으로 집중하자는 필자의 주장에 대하여도 대체로 찬성하고 있는 것으로 알고 있다.

그렇다면 이제는 공동소송대리건에 대하여 살펴보자. 필자는 1969년에 변리사시험에 응시하였는데, 특허법, 실용신안법, 의장법, 상표법을 필수과목으로 하고 헌법, 상법, 행정법을 선택과목으로 하여 변리사시험제도가 제대로 정립되기 전에 변리사시험에 합격하였다. 그러나 특허업무를 수행하면 할수록 이공계의 지식이 없어 특허출원업무나 심판사건 등을 처리할 때의 애로가 이만저만이 아니었다. 지금도 특허법원의 심결취소소송에서 상표나 디자인 사건 이외의 소송에 대하여는 변론을 하지 않고 있다. 그 이유는 사건을 의뢰한 당사자에게 누가 될까 봐 스스로 자중하는 의미에서이다.

그러던 중 1996년 대한변리사회장에 출마하면서 그동안 뼈저리게 느꼈던 변리사시험제도와 심판제도의 불합리성을 개혁하고자 하였다. 당시 선거 캐치프레이즈가 두 가지였는데, 하나는 변리사시험제도의 개혁으로서, 민사소송법을 2차 주관식 필수과목으로 하고, 2차 주관식 선택과목의 대부분을 이공계 과목으로 하며, 1차 객관식 과목으로 외국어 과목 중 어느 하나를 반드시 선택하도록 하는 것이었고, 다른 또 하나는 특허청 항고심판소의 업무를 특허법원에서 취급하자는 것이었다.

선거운동을 하는 도중에 어느 선배가 필자에게 충고하기를 대부분이 이공계인 회원들을 상대로 득표하여야 하는 실정에서 민사소송법을 2차 주관식 시험으로 하면서 더구나 외국어 과목까지 추가한다고 하면 선거에서 질 것이 명백한데 어째서 바보스러운 운동을 하느냐는 것이었다. 그러나 필자는 특허법원 설립운동을 주도하던 시대적 전환점에서 변리사 스스로가 장래를 내다보고 뼈를 깎는 사전 준비를 하지 않으면 한국의 변리사는 후일 미국의 Patent Agent로 전락되고 말 것으로 전망하였다. 당시 선거에서 그 선배의 예상과는 달리 필자는 압도적인 지지로 회장으로 당선되었기 때문에 그 여세를 몰아 당시 정해주 특허청장(후일 산업자원부 장관이 됨)에게 변리사업계의 전체 여론이 정리되었음을 건의하여 지금의 변리사시험제도로 바뀌게 되었다. 만약 회장으로 선출된 후에야 이 운동을 시작하였다면 이 눈치 저 눈치 보느라 결국 시험제도를 바꿀 수 없었을 것이라고 회고하여 본다.

1996년 9월에는 당시 윤관 대법원장께 건의하여 전 회원들이 사법연수원의 교수들로부터 석 달에 걸쳐 민사소송실무연수를 받았으며, 그 후 해마다 이러한 교육이 실시되어 오늘에 이르게 되었다. 아직도 민사소송실무가 서투른 변리사도 다소는 있지만, 특허법원의 소송대리 업무를 대체로 잘 수행하고 있으며, 2006년부터 2008년까지 전체 사건의 약 7.4%는 변호사 단독으로, 64.7%는 변리사 단독으로, 22.4%는 변호사와 변리사가 함께 소송을 수행하고 있는 실정이다.

한편 변리사, 법무사, 세무사 등의 직역이 우리나라에서 자리 잡기 이전에는 적은 숫자의 변호사가 유사 법조 업무를 부득이 수행할 수밖에 없었다고 하더라도 현재는 각종 전문 직역의 자격사 숫자가 날로 증가되어 가고 있는 실정이고, 의학 분야만 보더라도 단순히 내과, 외과 정도로 전공을 분류하던 시대에서 순환기 내과, 소화기 내과, 신경외과, 흉곽외과 등등으로 세분화될 정도로 전문화되어 가고 있다. 심지어 변리사도 자기의 전공을 전자, 전기, 기계, 화학, 물리, 약학 등으로 세분화하여 공개하도록 변리사법에서 강제하고 있으나, 변호사는 그 많은 법률 분야에서 어떤 분야의 전문가인지 공개하지 않아도 된다. 과연 이렇게 하는 것이 국민들의 알 권리를 충족시키는 태도일까? 1990년도에는 변호사법개정안이 마련된 적이 있었는데 그 내용은 변호사 자격이 있으면 변리사, 세무사, 법무사, 공인노무사, 관세사, 공인중개사 등 그 어떤 협회에 가입할 필요 없이 바로 이 모든 업무를 할 수 있다는 것이었고, 당시 많은 단체의 저항으로 이 개정안이 철회되었다. 그동안 변호사들이 사회지도층으로서, 이 나라를 법치국가로 이끌어 오는 데에 중요한 역할을 하였고, 일반 국민들로부터 존경도 받아 왔다. 그런데 1955년도에 약 1,000여 명이던 변호사의 수가 2011년에는 12,698명으로 늘어났으며, 사법시험과 로스쿨 졸업 변호사가 해마다 급격하게 늘어나고 있다. 이러한 환경하에서 최근 3년간 로스쿨 입학생 중 16.55%가 이공계 출신이므로 로스쿨 졸업 변호사에게 장차 특허소송의 대리권을 주자는 일부 주장이 있으나, 학술적으로 장차 연구하여 볼 대상이 되는지는 모르겠으되, 현실적인 대안이 되지 못한다.

특허법 영역의 특수성을 무시한 채 전체 로스쿨 졸업 변호사 중 불과 소수에 지나지 않는 이공계 출신이 변호사 자격만 따면 특허소송대리를 잘할 수 있다고 본 것은, 현안인 변호사, 변리사 간의 직역에 관한 현실을 외면한 것으로 객관성이 없는 주장이다. 물론 변호사는 변리사보다 소송법에 관하여 일반적으로 전문가라고 할 수 있다. 그러나 변리사는 소송법에 전혀 문외한이라고 보는 것은 17년 전의 변리사 업계를 말하는 것이라 받아들일 수 없다.

지금 변리사 업계의 주장은 특허소송의 단독대리가 아니다. 더구나 조건 없는 변호사, 변리사의 공동대리 또한 아니다. 변호사는 종전과 같이 법정대리인이 되고, 변리사는 기술소송의 경우 사건당사자가 원하면 임의 대리인이 될 수 있도록 하고, 그러한 자격도 대법원 규칙으로 정하는 소정의 연수 교육을 받고 실무전형을 거친 자에게 부여하자는 것이다. 변리사법 제8조에 변리사가 소송대리인이 될 수 있다는 규정이 있음에도 불구하고 변호사의 소송실무에 대한 전문성을 높이 평가하여 이런 법 개정안을 17대와 18대 국회에 제출하였으나, 법사위원회의 장기간 방치로 이 법안이 폐기되었다.

따져보면, 국회의 다른 상임위원회에서 통과된 법안에 대하여 정당한 이유 여부를 불문하고 법사위원회가 법안을 장기간 방치함으로써 폐기되는 것은 우리 헌법에 위배되는 권리남용 및 월권행위로서 언젠가 사법부의 판단을 받아야 할 사항이라고 생각한다.

현실적으로 한국보다 더욱 보수적인 일본에서조차 2001년에 사법제도개혁심의회가 건의하여 변호사와 변리사의 공동소송대리제도가 시행되고 있는 점, 지식재산기본법 제21조의 취지, 특허소송에서 변리사들이 마련한 준비서면을 가지고 변호사 명의로 법원에 서류를 제출하고 있는 사실, 특허법원의 판사가 기술심리관의 도움을 받아 구두변론을 진행하고 있는 사실, 변리사에게 진술권 정도는 부여하여도 별문제가 없다는 일부 법조인의 주장, 특허침해소송에서 기술을 모르는 변호사와 판사가 사건의 핵심을 파악하는 것은 사실상 무리라고 스스로 인정하고 있는 현실, 특허침해소송은 특허법 영역, 전문기술 분야 및 민사소송이 함께 검토되어야 하는 특수소송이라는 점, 변리사의 소송대리에 관한 논쟁이 사실상 50년간 계속되어 온 점, 특허소송에서 변호사와 변리사가 공동으로 대리하는 것을 입법적으로 해결하는 것이 좋겠다는 헌법재판소의 소수의견, 실제로 특허소송을 해 본 많은 기업들이 변리사의 선택적 공동소송대리를 74.3%나 찬성하고 있는 여론조사 결과, 선택적 공동소송대리에 대한 많은 국회의원들의 지지, 우수한 학생들이 의대 또는 로스쿨만을 선호하여 장차 이공계를 어떻게 살려야 하는지를 고민할 수밖에 없는 국가적 딜레마에서 변호사만이 모든 특허기술소송을 수행할 수 있다고 할 때, 이공계 지망 젊은이들의 좌절 등등을 감안하여 볼 때, 각종 직역의 발전을 더욱 진흥시키는 차원에서 변리사의 선택적 공동소송대리 문제를 법조계에서 긍정적으로 검토하여 주기 바란다.

필자가 지식재산기본법을 제정코자 운동을 시작한 큰 배경은 국가경쟁력의 제고였다. 국내외 특허소송이 치열하게 전개되고 있는 지금, 열린 마음으로 사건당사자의 입장을 더욱 철저하게 대리할 수 있는 길이 무엇인지를 고려하지 않고 단지 밥그릇의 크기만을 고려하여서는 아니 될 것이다.

한편 변호사 업계에 자성을 촉구할 사항이 있다. 일본변리사회에 등록한 변리사 수는 2012년 9월 30일 현재 9,652명이고, 이 중에서 변리사시험 출신은 8,703명, 특허청 출신은 584명, 변호사로서 변리사자격 자동취득자는 362명,

기타 3명으로서 변호사는 전체의 3.8%에 지나지 않는다. 그나마 일본 변호사들은 특허출원사건을 취급하지 않고 있으며 회원으로서 각종 정보를 수집하여 소송사건에 도움이 될까 하여 회원 자격을 유지한다고 한다. 그러나 우리나라의 경우, 2012년 10월 31일 현재 특허청에 등록한 변리사 수는 6,988명인데, 이 중에서 변리사시험 출신은 2,299명, 특허청 출신은 548명, 변호사로서 변리사 자동취득자는 4,141명으로서 전체의 59%를 점하고 있다. 그리고 대한변리사회에 입회한 변리사시험 출신은 1,957명(85%)이고, 특허청 출신은 502명(92%)이나, 변호사는 697명(17%)에 지나지 않는다. 지금 변호사의 숫자가 급격히 증가함으로써 사회적으로 여러 가지 문제를 야기하고 있는 점은 잘 알고 있다. 그러나 특허청에 자격을 등록하여 59%를 점유하고 있는 변호사의 비율을 어떻게 받아들여야 할까? 종래 특허청의 심사관, 심판관으로서 5년 이상 경력을 가지면 자동으로 변리사자격을 부여하였지만, 2000년부터는 헌법상 평등권에 위배된다는 이유로 일부 시험과목이 면제되기는 하지만, 별도의 변리사시험에 합격하여야 되도록 제도를 개정하였다. 변리사시험에 합격하여도 자기 전공 이외의 특허출원사건을 취급하기가 어려운 실정에서 변호사들은 무슨 이유로 변리사 등록을 하였을까? 하고 면밀히 검토하여 본 결과, 일본과 같이 소송대리에 관심이 있는 것이 아니라 특허출원사건에 관심이 있는 것으로 판단된다. 더구나 많은 변호사들은 특허청에 자격등록만 하고 대한변리사회에 가입도 하지 않으며, 변리사 의무연수도 받지 않은 채로 특허출원업무를 하고 있다.

그렇다면 왜 변리사들만 소정의 연수를 받아야 하고, 받지 않으면 징계를 받아야 하는가? 변리사 업무를 수행하기 위하여는 변리사법상 누구나 대한변리사회에 가입하여야 하지 않는가?

사실이 이러함에도 불구하고 변호사는 기술을 몰라도 특허출원대리를 하는 데에 아무런 지장이 없다고 하면서 사실상 명의대여를 하면서도 변리사는 민사소송실무 지식이 부족하기 때문에 소송대리권을 줄 수 없다고 주장하는 것은 도의적으로 미안한 일이 아닐까? 변호사라고 하여 변리사 자격을 자동으로 부여하는 것은 헌법상 평등권에 위배된다고 믿는다.

필자의 실무경험으로 볼 때, 43년간이나 변리사업계에 몸을 담아 실무를 해오면서도 늘 기술이나 공학에 관한 지식이 일천하여 변리사로서의 자질이 부족하다고 스스로 인정하고 있음에도 불구하고, 하물며 그 어느 변호사가 특허법 영역의 전문성의 필요성을 부인하고 법적으로 하자가 없다고 하여 특허출원대리를 하여도 도의적 책임이 없다고 자부하며, 나아가 기술을 몰라도 법률만 알면 모든 특허기술소송을 원만히 대리할 수 있다고 감히 자만할 수 있겠는가? 모든 분야의 초심자는 본인이 무엇을 모르는지에 대하여 알지 못하다가 오랜 세월 동안 정진하여 전문가가 되었다고 자타가 공인하는 시점이 되어서는 본인이 알고 있는 것이 무엇인지를 알 수 없는 시기가 온다고들 한다. 지나치면 부족함만 못할 뿐만 아니라 내가 상대방으로부터 대접을 받으려면 내가 먼저 상대방을 존중하여야 한다. 부디 변호사업계는 국가경쟁력 제고와 합리적인 분쟁해결 및 국가백년대계를 위하여 아량 있는 용단을 내려주기를 고대하여 본다.

"지식재산보험공사 설립"

- 부실대출·투자금 회수 대비 '지식재산보험공사' 설립
- IP금융 활성화 위해 꼭 필요
- 무역보험공사사례와 유사

2014.10.15. 『전자신문』

창조경제 정책의 핵심은 지식재산 생태계의 확립에 있다. 대통령소속 국가지식재산위원회는 2011년 7월 설립 이래 지식재산의 창출, 보호, 활용, 기반 및 신지식재산 등 과제에 대해 많은 논의를 해왔으며 여러 분야에서 상당한 진전이 있었다.

지식재산의 보호 분야를 보면 특허침해소송 최종판결을 받기까지 너무나 오랜 시일이 소요되던 단점을 개선하기 위해 1심은 몇 개의 지방법원에서 선택해 다투되 2심은 고등법원이 아닌 특허법원에서 다투도록 관할을 집중시킴으로써 앞으로는 소송기간을 획기적으로 단축시키게 됐다.

지식재산의 활용 분야에서 기술보증기금의 예를 보면, 2013년도 기술보증금액이 무려 5조7,200억 원에 달했다. 그러나 지식재산기본법에 따라 지식재산의

가치평가 체계가 확립돼 지식재산 관련 거래나 금융이 활성화돼야 한다는 점에서는 아직도 환경이 미비하다.

몇 년 전 '뽀로로'로 알려진 어린이 애니메이션 회사가 사옥을 짓기 위해 모은행에 290억 원의 대출신청을 한 후 거절당했을 때 미국 월트디즈니는 '뽀로로' 회사를 1조 원에 인수할 의사가 있다고 타진해 왔다고 한다. 회사의 가치를 어떻게 평가했길래 이렇게 각각 1조 원과 290억 원 이하로 평가됐을까?

우리 금융회사는 대부분 자사 내에 지식재산전문팀이 없는 실정이어서 콘텐츠가 무엇이며, 지식재산의 가치가 과연 얼마인지를 평가할 인력조차 없는 것이 현실이다.

만약 부동산 담보대출만 계속하다가 언젠가 부동산 가치가 폭락하게 되면 부실대출의 위험성을 어떻게 관리할 것인가? 따라서 첨단기술, 상표권, 비즈니스모델, 컴퓨터프로그램, 캐릭터, 콘텐츠, 반도체 칩 설계, 데이터베이스, 멀티미디어, 식물 신품종, 영업비밀 등 다양한 지식재산을 금융권에서 합리적으로 평가할 팀을 구성해 대출함으로써 담보대출의 위험성을 사전에 분산할 필요가 있다.

이러한 환경에서 최근 금융위원회가 국민경제자문회의에서 창조금융 활성화를 위한 금융 혁신 실천계획을 대통령에게 보고한 것은 획기적인 일이 아닐 수 없다.

고의적인 부실대출이 아닌 한, 은행의 대출담당자에게 인사상 불이익이 없도록 하고, 은행별로 창조금융을 어느 정도 선도하는지 혁신성을 평가해 정책금융을 우선 지원한다. 기술금융 우수은행에 파격적인 인센티브를 부여하고 기술가치 평가에 기반한 투자금 확대, 기술기반 투자 활성화를 위한 범부처 협력체계를 마련하고 외부전문가로 금융혁신위원회를 구성해 은행별 실천상황을 계속 점검하는 전략은 그야말로 혁신적인 발상이라 할 수 있겠다.

그러나 이 같은 정책이 잘 집행돼도 부실대출이나 투자금 회수가 어려운 사례가 생길 수 있기 때문에 이에 대한 대책 강구 또한 필요하다. 나는 문제 해결을 지식재산 보험에서 찾고자 한다.

지식재산 보험은 일반적으로 지식재산을 소유한 권리자, 지식재산을 소유하고 있지 않지만 이를 실시하는 실시권자 및 사용권자의 입장에서 가입하는 보험과, 이와 달리 지식재산을 침해해 손해를 배상해야 할지도 모를 입장에서 가입하는 보험으로 구별할 수 있다.

그런데 이와는 별도로 지식재산을 담보로 대출하거나 투자한 은행과, 금융권으로부터 지식재산을 담보로 대출이나 투자를 받은 기업이 다 같이 대출금이나 투자금의 회수에 문제가 생길 경우를 예상해 각각 정부가 설립한 지식재산보험공사에 대출금이나 투자금의 일부를 강제 보험으로 가입해 두는 방안을 생각할 수 있다.

비록 지식재산보험공사는 전 세계적으로 어떤 나라에도 없으나 금융회사로서는 지식재산에 투자하거나 부실 대출된 금액을 어떤 형태로든 보전해야 하기 때문에 지식재산보험공사의 설립이 꼭 필요하다고 사료된다. 마치 무역이나 대외거래와 관련해 발생하는 위험을 담보하기 위해 무역보험법에 따라 설립된 한국무역보험공사의 설립 취지와 비슷하다고 볼 수 있다.

결론적으로 21세기는 지식경제사회이고 지식재산이 그 중심에 있기 때문에 은행은 단순한 부동산 담보 대출에서 벗어나 지식재산을 담보로 대출함으로써 담보물권의 위험성을 분산하기 위해 자체 지식재산 가치평가 전담팀을 구성하고 평가방법을 발전시킨다. 또 금융위원회가 제시한 혁신적인 금융정책을 시행하되 부실대출과 투자금 회수가 어려운 때를 예상해 지식재산보험공사를 설립, 손해를 보전하는 방법도 동시에 강구해야 한다. 이렇게 하지 않고서는 지식재산을 이용한 금융 활성화는 하나의 이벤트에 그칠 것이기 때문이다.

"지식재산의 신탁"

- 투자대상으로 보고 운용한다면 IP금융 활성화 도움
- 직접투자·담보대출보다 위험 낮아
- 신탁업무 추진 위한 법 제정 필요

2014.12.03. 『전자신문』

지식재산이 기업의 흥망을 좌우하는 시대가 됐다. 발명가가 직접 회사를 경영한 사례와 발명가가 아닌, 기업 경영 전문가가 회사를 운영한 사례를 비교해 보자.

토머스 에디슨은 세계적인 발명가다. 하지만 사업가로서는 실패한 사람이었다. 그는 백열전구에 관한 특허를 취득한 후 에디슨주식회사를 설립해 활발한 사업을 벌였으나, 오랜 시간 특허소송에 시달리면서 결국 사업에 실패했다.

올해 노벨물리학상 수상자로 선정된 나카무라 슈지(中村 修二)는 청색 발광 다이오드(LED)를 발명했다. 청색 LED는 그가 근무하던 니치아화학공업이 그에게 직무발명 보상금으로 우리 돈 약 2,000억 원을 지불해야 한다는 도쿄지방법원의 판결이 나올 정도로 천문학적인 가치가 있는 발명이었다. 그러나 그가 직접 회사를 경영했다고 생각해보자. 과연 오늘날 전 세계 연간 820억 달러 규모의 LED 시장이 나올 수 있었을까?

일본 반도체업체 교세라의 이나모리 가즈오(稻盛 和夫) 회장은 경영의 귀재로 잘 알려져 있다. 무려 23조 원에 달하는 부채를 안고 있던 일본항공을 인수해 불과 3년 만에 흑자로 전환시킨 게 대표적인 예다. 이나모리 가즈오 회장은 이공계 출신으로 발명가라는 타이틀과 동시에 경영자로서도 국제적인 두각을 나타낸 인물이다.

지식재산(IP)만을 가지고도 세계적인 기업으로 우뚝 선 이들도 있다. 마이크로소프트의 빌 게이츠(Bill Gates), 애플의 스티브 잡스(Steve Jobs), 페이스북의 마크 저커버그(Mark Zuckerberg)다.

일반적으로 모든 분야에 다재다능한 사람보다는 특수 분야에 뛰어난 사람이 더 많은 법이다. 따라서 좋은 기술이나 콘텐츠를 개발했다고 하더라도 이를 이용해 사업화하는 것은 전문가에게 위임해 진행하는 편이 위험을 줄이는 동시에 성공률을 높이는 방법일 것이다.

박근혜 정부는 창조경제를 국정철학으로 채택하고 여러 가지 정책을 추진하고 있다. 과연 어떻게 하면 지식재산의 창출, 보호 및 활용을 증진시키면서 동시에 이를 이용한 사업화를 능률적으로 할 수 있을까?

여러 가지 정책이 있겠지만 필자는 지식재산의 '신탁'을 생각해봤다. 지식재산을 가진 자가 지식재산 수탁업체에 자신의 지식재산을 신탁하고, 일정한 기간 동안 신탁회사가 이를 운용해 나온 수익금을 나누는 계약을 체결하는 식이다.

신탁회사는 신탁받은 특허권을 활용하기 위해 적극적으로 다양한 영업활동을 전개할 것이다. 특허권을 침해당했을 때 직접 소송업무를 수행할 뿐만 아니라 특허권을 유지하기 위해 해마다 특허청에 납부하는 특허료도 지급하고, 그 특허권을 이용하고자 하는 기업과의 특허 사용 라이선스 계약까지 체결한다.

이렇게 되면 특허권자는 그 특허품의 제조나 침해소송, 각종 계약체결, 광고 등 일체의 업무를 신탁회사에 맡겨두고 편안한 마음으로 수익금을 기다릴 수 있게 된다.

이 방안의 장점은 금융기관이 지식재산에 직접 투자하는 것과 특허권자가 지식재산을 근거로 담보대출을 받는 것보다 위험성이 낮다는 데 있다. 그러면서도 전문가들의 손에 의해 지식재산을 잘 운용할 수 있다. 물론 단점도 있다. 신탁 기간이 너무 짧을 경우 신탁회사가 그 사업계획을 제대로 추진할 수 없다는 점이다.

이러한 특수 분야의 신탁 업무를 추진하기 위해서는 일반적인 신탁법과는 별도로 일본처럼 토지·금전·주식·채권 등 유가증권과 지식재산도 신탁할 수 있는 신탁업법을 제정해야 한다.

최근 금융위원회를 중심으로 지식재산에 대한 금융 활성화 움직임이 포착되고 있다. 이런 정책의 일환으로 지식재산의 신탁은 어떨까? 지식재산을 단순히 하나의 담보물권으로만 볼 것이 아니라 투자대상으로 보자는 얘기다. 창조경제를 성공시키기 위한 수단으로 지식재산의 보험개발과 함께 지식재산의 신탁개발을 건의한다.

"특허소송의 관할 집중"

- 취급사건에 반도체 설계·컴퓨터프로그램 포함해야
- 中·日, 1심 법원 관할범위 확대
- 국내선 특허권 등만 인정 움직임

2015.02.11. 『전자신문』

특허소송 관할 개선에 관한 논의는 2011년 7월 29일로 거슬러 올라간다. 2011년 7월 20일 지식재산기본법이 시행된 직후 같은 달 29일 청와대에서 이명박 대통령 주재로 열린 제1차 국가지식재산위원회에서 기저귀 특허소송에 관한 대법원의 최종판결이 나오기까지 무려 11년 8개월이 소요되었다는 사실을 필자가 대통령에게 직접 보고했을 때, 대통령이 깜짝 놀라며 그 이유가 무엇인지 물었고, 특허침해소송과 특허무효소송의 이원화가 그 주된 이유라고 답한 것이 공식 논의를 시작한 계기가 됐다.

그 이후 필자는 국가지식재산위원회의 산하전문기구인 지식재산보호위원회 위원장으로서 이 문제를 중요한 이슈로 다뤘다. 2013년 11월 13일 제9차 국가지식재산위원회에서 특허 등 지식재산 소송 관할의 개선안으로서 다음과 같이 의결했다.

제1심은 서울중앙지방법원이나 대전지방법원으로 하고 취급사건은 특허권, 실용신안권, 디자인권 및 상표권으로 하되 부정경쟁, 영업비밀, 저작권 등 기타 지식재산권 사건은 다른 지방법원과 중복관할을 허용하기로 하고 제2심은 특허법원으로 할 것을 의결했다.

2014년 4월 1일 대법원장 산하의 사법정책자문회의에서는 제1심은 각 고등법원 소재 6개의 지방법원으로 하고 취급사건은 특허권, 실용신안권, 디자인권, 상표권 및 품종보호권으로 하되 서울중앙지방법원에 선택적 중복관할을 허용하기로 하고 2심은 특허법원으로 할 것을 의결했다.

2014년 9월 1일 국회 법사위원장인 이상민 의원은 산업재산권 침해소송의 제1심은 각 고등법원 소재지 6개의 지방법원으로 하고 제2심은 특허법원으로 관할을 집중하는 법률안을 국회에 제출했다.

2014년 12월 10일에 개최된 제12차 국가지식재산위원회에서는 사법정책자문회의의 의결내용과 소송당사자의 접근성 및 소송수행의 편의성 등을 고려해 제1심은 각 고등법원 소재 6개 지방법원을 전속관할로 하되 서울중앙지방법원에 선택적 중복관할을 인정하고 취급사건은 특허권, 실용신안권, 디자인권, 상표권 및 품종보호권으로 하며 현저한 손해 또는 소송지연을 피하기 위해 필요하면 전속관할법원에서 일반법원으로 사건이송이 가능하도록 하고 2심은 특허법원으로 관할이 집중되도록 의결했다.

외국의 입법례를 보면 2005년 4월 1일 개원한 일본의 도쿄지방재판소 지적재산권부는 지식재산에 관한 제1심으로서 특허권, 실용신안권 등 산업재산권 이외에 식물신품종육성자권, 반도체집적회로배치이용권과 컴퓨터프로그램 사건도 전속관할로 하고 있고, 부정경쟁(영업비밀 포함) 사건은 각 지방재판소 이외에 도쿄지방재판소 지적재산권부에서도 당사자가 원하면 중복관할을 인정하고 있다. 제2심은 도쿄지적재산고등재판소로 하고 있다.

그리고 2014년 11월 5일 개원한 중국 베이징(분원은 상하이와 광저우에 있음)의 지식재산권법원은 제1심으로서 특허권, 식물신품종, 반도체집적회로배치설계권, 영업비밀, 컴퓨터프로그램, 상표권, 부정경쟁(영업비밀 포함) 사건을 전속관할하고 있으며, 제2심은 베이징의 고급인민지식재산법원으로 하고 있다.

위와 같은 각국의 입법례와 지금까지 여러 기관의 의결내용 등을 참고로 하고 법원조직법과 민사소송법이 쉽게 개정되는 법률이 아닌 점, 지식재산기본법의 취지, 반도체집적회로배치설계에 관한 등록업무를 특허청이 수행하고 있는 점, 창조경제를 지향하는 대통령의 국정철학을 사법제도에 합리적으로 반영시킬 필요가 있다는 점 등을 종합적으로 고려할 때, 상기 국가지식재산위원회의 의결내용에 추가해 우리나라에서도 반도체집적회로배치설계, 컴퓨터프로그램(일반저작권 사건 제외), 「부정경쟁방지 및 영업비밀보호에 관한 법률」 제2조에 규정된 부정경쟁행위와 영업비밀에 관한 사건을 제1심의 관할이 집중된 법원에서 취급하고, 당사자가 원하면 서울중앙지방법원에서도 취급할 수 있도록 중복관할을 허용하는 것이 좋겠다고 생각한다.

이 같은 내용이 국회의원 64명으로 구성된 세계특허허브국가위원회와 창조경제특별위원회에서 심도 있게 토의되어 창조경제를 지향하는 합리적인 사법제도가 마련되기를 진심으로 기원한다.

"소송만능주의, 제도개선 시급하다"

2015.10.13. 『한국경제』

2015년 10월 13일 화요일　　한국경제

이슈&포인트　소송만능주의, 제도개선 시급하다

흔히 미국을 '소송 공화국'이라고 한다. 그도 그럴 것이 2013년 미국의 연간 민·형사 소송 건수는 2980만건이나 되고, 변호사도 130만명을 헤아린다. 변호사들이 생존경쟁에서 살아남기 위해 소송을 남발한다는 말도 나온다. 그런데 이런 현상은 미국에만 국한된 것일까.

대법원이 발행한 사법연감에 따르면 2014년 한국의 변호사 수는 약 2만6000명이며, 민·형사 소송 건수는 650만건에 이른다. 변호사 수 대비 소송 건수는 한국이 미국의 11배이고, 인구 대비로는 일본의 네 배가 넘는다. 어느 시대, 어떤 사회나 갈등이 있기 마련이지만 우리 사회의 소송 건수는 상상을 초월한다.

소송 공화국의 오명을 씻기 위해서는 변호사 숫자를 적정 수준으로 조정하는 게 중요하다. 서울에 집중된 변호사들이 전국에 고루 분산될 수 있도록 유인을 제공할 필요가 있으며, 회사 근무 변호사 숫자를 늘리는 것도 고려해볼 수 있다. 로스쿨파와 사법시험 존치파가 나뉘어 밥그릇 싸움을 하는 것 같은 요즘 법조계 풍토도 안타깝다.

법제도의 합리적 개선도 필요하다. 변호사에게 변리사·세무사 자격을 자동으로 부여하는 현행 제도는 시대 조류에 역행하는 것이다. 피고가 원고에게 어느 정도 손해를 입힌 것인지를 원고가 전부 입증해야 하는 손해배상제도에서의 입증방법, 입증책임 및 손해배상액 등을 개선해야 한다. 예를 들어 삼성·애플 사건이 미국에서는 조(兆) 단위의 손해배상액이 판결로 나오는데 2012년 서울중앙지방법원은 삼성과 애플사에 대해 각각 2500만원과 4000만원을 배상하라고 판결했다. 이는 법조인의 실력이 아닌 한국의 비합리적인 법제도에서 비롯된 것이다.

또 무조건 대법원까지 소송을 끌고 가는 사회 풍토의 배경에는 패소해도 대법원 규칙에 따라 소송비용 일부만 승소한 쪽에 배상하도록 한 제도상의 문제가 있다. 타협을 모르는 정치 풍토와 한건주의 덕을 본 사람들의 행태도 문제다. 건전한 상식을 가지고 중재, 조정 또는 화해절차를 통해 시비를 가리는 사회지도층의 솔선수범과 제도적 보완이 절실하다.

소송만능주의의 폐단을 불식시켜야 한다. 그러지 않고서는 국민소득이 높아지고 복지예산이 늘어나도 국민행복지수는 그에 반비례해 떨어질 것이다.

김병신 국가지식재산위원회 위원

　　흔히 미국을 '소송 공화국'이라고 한다. 그도 그럴 것이 2013년 미국의 연간 민·형사 소송 건수는 2,980만 건이나 되고, 변호사도 130만 명을 헤아린다. 변호사들이 생존경쟁에서 살아남기 위해 소송을 남발한다는 말도 나돈다. 그런데 이런 현상은 미국에만 국한된 것일까?

대법원이 발행한 『사법연감』에 따르면 2014년 한국의 변호사 수는 약 2만 6000명이며, 민·형사 소송 건수는 650만 건에 이른다. 변호사 수 대비 소송 건수는 한국이 미국의 11배이며, 인구 대비로는 일본의 네 배가 넘는다. 어느 시대, 어떤 사회나 갈등이 있기 마련이지만, 우리 사회의 소송 건수는 상상을 초월한다.

소송 공화국의 오명을 씻기 위해서는 변호사 숫자를 적정 수준으로 조정하는 게 중요하다. 서울에 집중된 변호사들이 전국에 고루 분산될 수 있도록 유인을 제공할 필요가 있으며, 회사 근무 변호사 숫자를 늘리는 것도 고려해볼 수 있다. 로스쿨파와 사법시험 존치파가 나뉘어 밥그릇 싸움을 하는 것 같은 요즘 법조계 풍토도 안타깝다.

법 제도의 합리적 개선도 필요하다. 변호사에게 변리사·세무사 자격을 자동으로 부여하는 현행 제도는 시대 조류에 역행하는 것이다. 피고가 원고에게 어느 정도 손해를 입힌 것인지를 원고가 전부 입증해야 하는 손해배상제도에서의 입증방법, 입증책임 및 손해배상액 등을 개선해야 한다. 예를 들어 삼성·애플 사건이 미국에서는 조(兆) 단위의 손해배상액이 판결로 나오는데, 2012년 서울중앙지방법원은 삼성과 애플사에 대해 각각 2,500만 원과 4,000만 원을 배상하라고 판결했다. 이는 법조인의 실력이 아닌 한국의 비합리적인 법 제도에서 비롯된 것이다.

또 무조건 대법원까지 소송을 끌고 가는 사회 풍토의 배경에는 패소해도 대법원 규칙에 따라 소송비용 일부만 승소한 쪽에 배상하도록 한 제도상의 문제가 있다. 타협을 모르는 정치 풍토와 한건주의 덕을 본 사람들의 행태도 문제다. 건전한 상식을 가지고 중재, 조정 또는 화해 절차를 통해 시비를 가리는 사회지도층의 솔선수범과 제도적 보완이 절실하다.

소송만능주의의 폐단을 불식시켜야 한다. 그러지 않고서는 국민소득이 높아지고 복지예산이 늘어나도 국민행복지수는 그에 반비례해 떨어질 것이다.

"변호사의 변리사 자동자격"

2015.12.10. 『전자신문』

전자신문 2015년 12월 10일 목요일 　　　　　 열린마당

기고

김명신
명신특허법률사무소 대표변리사
mskim@mspat.co.kr

변호사는 첨단기술을 취급하는 변리사 자격을 아무런 조건 없이 자동으로 취득하고 있다. 변호사 수가 800여명이고 변리사 수가 30여명이던 55년 전에 만든 규정이다.

17대, 18대 국회에서는 변리사가 특허사건에 관한 소송대리인이 될 수 있는 변리사법 규정이 있어 변리사가 대법원 규칙이 정하는 민사소송 실무연수를 받고 실무연수 시험에 합격하면 변호사와 함께인 때에 소송대리인이 될 수 있는 변리사법 개정안이 국회 산자위원회를 통과했으나 법사위원회 소위원회에 회부돼 장기간 방치됨으로써 이 법안이 자동폐기돼 왔다. 20대 국회의 산자위원회는

변호사에게 변리사 자격을 자동으로 주는 규정을 폐지하는 변리사법 개정안과 변리사에게 실무연수 후 소송대리권을 부여하는 변리사법 개정안을 각각 폐기했다. 진통 끝에 만든 변리사법 개정안에 따르면, 변호사는 대통령령이 정하는 변리사 실무연수를 받아야 한다고 규정하고 있다. 변호사에게 변리사 자격을 자동으로 주어서는 안 되는 것이 세계적인 추세이므로 최소한 이런 정도의 연수마저 하지 않는다면 사회정의에 어긋나는 일이다.

변리사법에 따라 변호사는 대한변리사회에 입회해 다른 변리사와 같이 변리사 실무연수를 받아야 한에도 불구하고 이를 거부해 왔다. 이제 과태료가 부과될 상황이 되자 대한변호사협회에서는 자체 연수를 하겠다고 한다. 세무사법이 개정돼 변호사는 세무사 명칭을 사용하지 못하며, 세무장부도 하지 못하게 됐다. 그러나 변호사는 특허청에 변호사 자격으로 변리사 등록을 한 후, 변리사 명

칭을 자유롭게 사용하면서 특허출원 업무마저 수행하고 있는 실정이다.

각종 기술 분야로 전문화돼 있는 변리사 업무를 분석해 보면 기술과 법률 분야로 나뉘는데 법률 분야에 정통하다고 해 첨단기술 분야 업무까지 아무런 지식 없이 할 수 있다고 주장하는 것은 국민을 무시하는 태도며 상식에 맞지 않는다. 자유무역협정에 따라 법률시장이 개방돼 미국과 유럽 변호사가 한국에서 곧 법률업무를 할 수 있게 된다. 그런데 유럽과 미국에서는 일반 변호사가 변리사 업무를 할 수 없게 돼 있다. 하지만 외국변호사가 한국변호사와 동업을 하게 되면 한국 내외의

변리사 업무를 할 수 있게 되는 기이한 현상이 벌어지게 됐다.

국회는 내년부터 특허침해사건 2심을 고등법원에서 특허법원으로 관할을 집중시켜 전문법원으로 육성하는 관계법을 통과시켰다.

이런 환경에서 변호사로 하여금 아무런 연수도 없이 변리사 업무를 하도록 방치하는 것은 지식산업시대의 조류에 역행할 뿐만 아니라 창조경제 취지에 반하는 일이다.

나는 2011년부터 시행된 지식재산기본법의 제정운동을 주도한 당사자로서 지식재산기본법 제5조에 명기된 '지식재산과 관련되는 다른 법률을 제정하거나 개정하는 경우에 지식재산기본법의 목적과 기본이념에 맞도록 하여야 한다'는 규정과, 동 제21조에 '정부는 지식재산 관련 분쟁해결의 전문성을 확보하기 위하여 소송체계를 정비하고 관련 인력의 전문성을 강화해야 한다'는 규정에 비춰 합리적인 법안이 법사위원회를 통과하기를 기대한다.

변호사는 첨단기술을 취급하는 변리사 자격을 아무런 조건 없이 자동으로 취득하고 있다. 제도는 변호사 수가 800여 명이고 변리사 수가 30여 명이던 55년 전에 만든 규정이다.

17대, 18대 국회에서는 변리사가 특허 사건에 관한 소송대리인이 될 수 있는 변리사법 규정이 있어도 변리사가 대법원 규칙이 정하는 민사소송 실무연수를 받고 실무연수 시험에 합격하면 법정대리인인 변호사와 함께인 때에 소송대리인이 될 수 있는 변리사법 개정안이 국회 산자위원회를 통과했으나, 번번이 법사위원회 소위원회에 회부하여 장기간 방치함으로써 이 법안이 자동폐기돼 왔다. 20대 국회의 산자위원회는 변호사에게 변리사자격을 자동으로 주는 규정을 폐지하는 변리사법 개정안과 변리사에게 실무연수 후 소송대리권을 부여하는 변리사법 개정안을 각각 폐기했다. 진통 끝에 만든 변리사법 개정안에 의하면, 변호사는 대통령령이 정하는 변리사 실무연수를 받아야 한다고 규정하고 있다. 변호사에게 변리사자격을 자동으로 주어서는 안 되는 것이 세계적인 추세이므로 최소한 이런 정도의 연수마저 하지 않는다면 사회정의에 어긋나는 일이다.

변리사법에 따라 변호사는 대한변리사회에 입회해 다른 변리사와 같이 변리사 실무연수를 받아야 함에도 불구하고 이를 거부해 왔기 때문에 이제 과태료가 부과될 상황이 되자 대한변호사협회에서는 자체 연수를 하겠다고 한다. 세무사법이 개정되어 변호사는 세무사 명칭을 사용하지 못하며, 세무장부도 하지 못하게 됐다. 그러나 변호사는 특허청에 변호사 자격으로 변리사 등록을 한 후, 변리사 명칭을 자유롭게 사용하면서 특허출원 업무마저 수행하고 있는 실정이다.

각종 기술 분야로 전문화돼 있는 변리사 업무를 분석하여 보면 기술과 법률 분야로 나뉘는데, 법률 분야에 정통하다고 해 첨단기술 분야 업무까지 아무런 지식 없이 할 수 있다고 주장하는 것은 국민을 무시하는 태도며 상식에 맞지 않는다. 자유무역협정에 따라 법률시장이 개방돼 미국과 유럽의 변호사가 한국에서 곧 법률 업무를 할 수 있게 된다. 그런데 유럽과 미국에서는 일반 변호사가 변리사 업무를 할 수 없게 돼 있다. 하지만 외국변호사가 한국변호사와 동업을 하게 되면 한국 내외의 변리사 업무를 할 수 있게 되는 기이한 현상이 벌어지게 됐다.

국회는 내년부터 특허침해사건의 2심을 고등법원에서 특허법원으로 관할을 집중시켜 전문법원으로 육성하는 관계법을 통과시켰다. 또 대법원은 장차 특허법원에서 영어로 된 소송서류를 접수하고 영어로 변론을 받겠다고 국제적으로 발표했다.

이런 환경에서 변호사로 하여금 아무런 연수도 없이 변리사 업무를 하도록 방치하는 것은 지식산업시대의 조류에 역행할 뿐만 아니라 창조경제 취지에 반하는 일이다.

나는 2011년부터 시행된 「지식재산기본법」의 제정운동을 주도한 당사자로서 「지식재산기본법」 제5조에 명기된 "지식재산과 관련되는 다른 법률을 제정하거나 개정하는 경우에 지식재산기본법의 목적과 기본이념에 맞도록 하여야 한다."는 규정과, 동 제21조에 "정부는 지식재산 관련 분쟁 해결의 전문성을 확보하기 위하여 소송체계를 정비하고 관련 인력의 전문성을 강화해야 한다."는 규정에 비춰 합리적인 법안이 법사위원회를 통과하기를 기대한다.

"지식재산 전담할 통합 컨트롤타워(지식재산처) 만들자"

–나눠진 정부 조직·기능으론 한계

–영국·캐나다 시너지 경험 배워야

2021.07.07. 『중앙일보』

오피니언

지식재산 전담할 '통합 컨트롤타워' 만들자
(지식재산처)

나눠진 정부 조직·기능으론 한계
영국·캐나다 시너지 경험 배워야

코로나19와 미·중 패권 갈등의 이면에 공통으로 엮여 있는 문제가 지식재산 (IP) 이슈다. 지식재산 이슈는 코로나 백신 특허 면제 논란, 미·중 기술 패권 전쟁과 전략자산 확보, 인공지능(AI)과 가상화폐 등에도 연관돼 있다.

코로나 백신 특허 면제 문제는 전 국민의 보건과 건강 문제와 직결된다. 미·중 기술 패권 전쟁이 글로벌가치사슬(GVC)의 재편을 초래하면서 주요국들은 첨단기술을 전략 자산화하고 있다. 인공지능과 관련해 무려 11개 정부 부처가 상호 조정 없이 법률안과 법 개정안을 각자 마련하고 있다.

이처럼 지식재산 문제는 특허청이나 문화체육관광부 저작권국의 제한된 업무 영역에만 머무는 것이 아니라, 이제 전 국민의 건강과 국가 안보에 직결되고 있다. 국가경쟁력과 국가의 국민에 대한 기본적 의무 이행과 연결되면서 국정 의제로 위상이 높아지고 있다.

급변하는 지식재산 생태계와 미래 신질서 형성에 능동적으로 대처하려면, 기존의 분절된 지식재산 기능을 각각 수행하는 정부조직으로서는 한계가 있다. 따라서 강력한 지식재산 추진 체계를 설계해야 한다. 이낙연·정세균 전 국무총리가 차기 정부에서 정부조직법을 개정할 경우 '지식재산처'를 설립하겠다는 정책을 나란히 제안해 고무적이다. 두 전직 총리는 지식재산기본법에 따라 신설된 대통령 직속 기구인 국가지식재산위원회 공동위원장을 역임하는 과정에서 산업재산권·저작권·신지식재산이 하나의 컨트롤타워 밑에서 일관된 기획과 정책으로 관리·조정·집행돼야 할 필요성을 절감했을 것이다.

실용적 요소와 예술적 요소를 동시에 갖춘 산업디자인 제품은 디자인보호법상 디자인이면서 동시에 저작권법상 응용미술 저작물이다. 컴퓨터 프로그램도 기능적 저작물로서 저작권법상 보호 대상이지만 컴퓨터프로그램 관련 발명은 특허법상 보호 대상이기도 하다. 반도체 집적회로의 배치 설계는 그 자체가 반도체 배치 설계권의 대상이지만, 관련 발명은 특허법상 보호 대상도 된다.

뿐만 아니라 시대 변화에 따라 새로운 개념의 신지식재산도 속속 등장한다.

예를 들면 인공지능 산출물, 데이터베이스와 데이터 세트, 식물 신품종과 유전자원, 트레이드 드레스와 도메인 네임, 퍼블리시티권, 영업 비밀, 기술 비결, 블록체인 기술과 융합 환경 관련 비즈니스모델도 속속 등장한다. 그런데 정부 정책은 통합적 컨트롤타워의 부재로 혼선이 빚어지고 있다.

4차 산업혁명과 디지털 전환 시대에 능동적으로 대처해 지식재산 강국이 되려면 새로운 비전을 가지고 종합적인 지식재산 계획을 수립하고 집행해야 한다. 이런 관점에서도 장관급 지식재산처 설립이 필요하다. 유엔 산하 세계지식재산기구(WIPO)는 산업재산권에 관한 파리협약과 저작권에 관한 베른협약을 통합해 운영한 지 오래됐다. 영국·캐나다 등 일부 국가는 산업재산권과 저작권을 하나의 기관에서 관장하면서 시너지를 얻고 있다.

미국에서는 「지식재산자원과 조직의 우선화법」이 2008년 시행되면서 지식재산집행조정관(IPEC)이 백악관의 수석비서관과 같이 지식재산 정책에 대해 대통령에게 직보하고 지식재산 집행을 총괄한다. 한국도 청와대에 지식재산비서관을 두길 권한다. 국정 의제로 격상한 지식재산 정책에 관한 국가지식재산위원회의 의결 사항을 반드시 대통령에게 보고하도록 하는 근거 조문을 지식재산기본법에 추가해야 한다.

지식재산기본법의 제정 운동을 주도한 필자 의견으로는 기본법에 따라 신설된 국가지식재산위원회를 593개 정부위원회 중 하나 정도로만 취급해서는 지식재산 강국은 요원할 것이다. 한국이 세계 지식재산 허브 국가로 도약하려면 지식재산처(국무위원급 장관)를 설립하는 결단이 필요하다.